Von der Speicherstadt bis zur Elbphilharmonie. Hundert Jahre Stadtgeschichte Hamburg

Gert Kähler

VON DER SPEICHERSTADT BIS ZUR ELBPHILHARMONIE. HUNDERT JAHRE STADTGESCHICHTE HAMBURG

Schriftenreihe des Hamburgischen Architekturarchivs
Herausgegeben von Hartmut Frank und Ullrich Schwarz

Dölling und Galitz Verlag

Für Tiffy und Johanna

Bibliografische Information Der Deutschen Bibliothek
Die Deutsche Bibliothek verzeichnet diese Publikation in der
Deutschen Nationalbibliografie; detaillierte bibliografische Daten
sind im Internet über http://dnb.ddb.de abrufbar.

Impressum
© 2009 Dölling und Galitz Verlag GmbH München · Hamburg
E-Mail: dugverlag@mac.com
www.dugverlag.de
Schwanthalerstraße 79, 80336 München, Tel. 089 / 23 23 09 66
Friedensallee 26, 22765 Hamburg, Tel. 040 / 389 35 15
Umschlagabbildung vorne: Montage unter Verwendung eines Fotos
der Speicherstadt um 1910 (© Denkmalschutzamt Hamburg, Bildarchiv)
und der geplanten Elbphilharmonie (© Herzog & de Meuron)
Umschlagabbildung hinten: Die Alster, Panorama um 1908
(© Fritz Lachmund: Die Alster, Hans Christians Verlag, Hamburg 1973)
Gestaltung: Gesine Krüger, Hamburg
Gesetzt aus der Stempel Garamond und Avenir
Papier: 135 g LuxoSamt
Druck: DZA Druckerei zu Altenburg GmbH
ISBN 978-3-937904-87-0
1. Auflage 2009

»Eine Stadt ist eine Ansiedlung, in der das
gesamte, also auch das alltägliche Leben die
Tendenz zeigt, sich zu polarisieren, d.h. entweder
im sozialen Aggregatzustand der Öffentlichkeit
oder in dem der Privatheit stattzufinden.
Es bilden sich eine öffentliche und eine private
Sphäre, die in engem Wechselverhältnis stehen,
ohne dass die Polarität verloren geht.«

Hans Paul Bahrdt[1]

Die Erforschung und Dokumentation von Hamburgs Baugeschichte hat insbesondere in den letzten Jahren in einer erstaunlich großen Zahl von Publikationen und Ausstellungen ihren Niederschlag gefunden. Dazu konnten nicht zuletzt die inzwischen mehr als 20 Bände der Schriftenreihe des Hamburgischen Architekturarchivs und in Bezug auf die aktuelle Entwicklung auch das seit 1989 erscheinende Jahrbuch »Architektur in Hamburg«, herausgegeben von der Hamburgischen Architektenkammer, ihren Beitrag leisten.

Aber trotz all der Monographien über Hamburgs wichtige Architekturpersönlichkeiten und viele stadtprägende Einzelprojekte fehlte bislang eine zusammenhängende Darstellung der städtebaulichen Entwicklung Hamburgs vom Ende des 19. Jahrhunderts bis heute, anders gesagt, eine Darstellung vom Werden der Großstadt Hamburg bis hin zur Entwicklung zu einer nordeuropäischen Metropole.

Dem Hamburger Bauhistoriker Gert Kähler gelingt es mit dem vorliegenden Buch, den zwischen Speicherstadt und Elbphilharmonie sich vollziehenden Wandel der urbanen Strukturen Hamburgs einzubetten in die politische, wirtschaftliche und gesellschaftliche Entwicklung in diesem Zeitraum. Architektur und Städtebau erscheinen so als das, was sie sind: integrale Momente der Geschichte der Stadt.

Wir bedanken uns – auch im Namen des Autors – nachdrücklich bei Norbert Baues und Marco Schwensfeger, die angesichts widriger Umstände verlässliche und kompetente Unterstützung leisteten.

Die Herausgeber

DIE REFORMIERTE GROSSSTADT

Hamburg 1909: Die Freie und Hansestadt ist »im Verbande des Deutschen Reiches eine Republik, jedoch eine solche mit starker ständiger Regierungsgewalt im Senat und unter Bevorzugung des Richterstandes und der städtischen Grundbesitzer in Bezug auf die politischen Rechte«, so Meyers Konversations-Lexikon von 1896 – Kaufleute, Juristen, Grundeigentümer regieren die Stadt. Bürger ist, wer das Bürgerrecht besitzt und einen Eid auf die Verfassung abgelegt hat; das Bürgerrecht kann man aber nur erwerben, wenn man Einkommensteuer bezahlt – das waren rund ein Viertel der in Hamburg lebenden Menschen. 18 Senatoren, auf Lebenszeit gewählt, regieren die Stadt, mindestens sieben davon, so schreibt es die Verfassung vor, müssen Kaufleute sein. In der Bürgerschaft, dem Hamburger Parlament, sitzen 160 Mitglieder, von denen die Hälfte von den Einkommensteuer zahlenden Bürgern, 40 von den Grundeigentümern der Stadt und 40 von den Notabeln gewählt werden, die meistens Juristen waren; die Bürgerschaft repräsentierte also rund zehn Prozent der Bevölkerung. Darunter, natürlich, keine Frau.

Die Stadt war die zweitgrößte im Deutschen Reich und hatte – bis heute – den größten Hafen des Landes. Die Geburtenrate lag bei knapp vier Prozent, rund zehn Prozent der Kinder wurden unehelich geboren. Zur Versorgung der Armen, die reichlich vorhanden waren, gab es unter anderem das Magdalenenstift für gefallene Mädchen, die Rettungsanstalt für »sittlich verwahrloste« und die Alsterdorfer Anstalten für »schwache und blödsinnige« Kinder.

◄◄ Die Hamburger Speicherstadt, um 1910. Das Foto zeigt in der Mitte den Kopfbau von Block G, der 1943 zur Hälfte zerstört wurde. Heute steht dort die Kaffeebörse von Kallmorgen. Links ist Block O zu sehen, rechts Block H, alles Blöcke aus dem ersten Bauabschnitt von 1885 – 1888.

▲ Der Jungfernstieg
war auch um 1910
Hamburgs Flanier-
meile. Erstaunlich
die Dominanz von
Fabrikschornsteinen
im Hintergrund.

Um 1910 wohnten rund 930 000 Menschen in der Stadt (mit Harburg, Altona und Wandsbek, bis 1937 noch selbstständige Städte, 1,2 Millionen). Ein Viertel der Haushaltungen musste Untermieter aufnehmen, etwa zwei Prozent der Wohnungen bestanden nur aus einem heizbaren Raum, den sich mehr als sechs Personen teilen mussten – dann galt die Wohnung als überbelegt. Dass ein solches Kriterium überhaupt eingeführt wurde – »überbelegt« –, war der großen Choleraepidemie geschuldet, die im Jahr 1892 fast 10 000 Tote gekostet hatte; sie hatte in den dicht gedrängten Innenstadtquartieren besonders schlimm gewütet. Seitdem wurde auf verschiedenen Ebenen – der Sanierung durch Abriss, einem Wohnungspflegegesetz aus dem Jahre 1898 und einem »Gesetz betr. die Förderung des Baues kleiner Wohnungen« aus dem Jahr 1902 – versucht, den unerträglichen Zuständen entgegenzuwirken, die hinsichtlich des Wohnens für bis zu 50 Prozent der Stadtbewohner galten. Das Problem war nur, dass die Grundeigentümer und Kaufleute – siehe

◀ Die Bebauung
des Gängeviertels
stammte vorwie-
gend aus dem spä-
ten 17. und 18. Jahr-
hundert. Am Anfang
des 20. Jahrhunderts
waren die Fachwerk-
bauten marode und
überbelegt. Aufnah-
me aus der Stein-
straße von 1927.

Streik im Hamburger Hafen.

Ein Arbeiter, der auf seine Ehre hält, rührt während des Streiks im Hafen kein Stück Arbeit an!

<small>Hamburger Buchdruckerei und Verlagsanstalt Auer & Co. in Hamburg.</small>

◀ Mit dem Begriff
der »Arbeiterehre«
konnten sich die
Arbeiter durchaus
identifizieren.
Handzettel wäh-
rend des Hamburger
Hafenarbeiterstreiks
1896/97.

oben! – an den Hebeln der Macht saßen, während die Arbeiter, das Proletariat, keine Einkommensteuer zahlen mussten (oder konnten). Und deshalb weder wählen noch gewählt werden konnten. Und, wie gesagt: Frauen hatten ohnehin kein Wahlrecht; ein »Deutscher Verein für Frauenstimmrecht« wurde 1902 gegründet.

Was die Verfassung der Stadt festlegte, war schon damals unter dem Aspekt der Demokratisierung rückständig: Im 1871 gegründeten Deutschen Reich waren die Wahlen zum Reichstag immerhin geheim, frei und gleich; so stand es in der Reichsverfassung. Die drei Hamburger Wahlkreise fielen bei den Reichstagswahlen regelmäßig an die SPD. Aber genau dieses war natürlich auch der Grund, das Wahlrecht für Hamburg nicht zu ändern ...

Auf die Idee, dass Frauen wählen könnten, waren die Verfassungsväter des Reiches übrigens auch nicht gekommen; sie wurden im Verfassungstext nicht einmal erwähnt, weil jeder annahm, ein Wahlrecht könne es nur für Männer geben.

Hamburg 1909: eine Stadt mit einer höchst konservativen Regierung, die allem politisch Neuen abhold war – schon aus Gründen des Machterhaltes –, die aber auf ihrem eigenen Gebiet, dem der Schifffahrt und des Handels, alles unternahm, was den Fluss der Geschäfte förderte; ständig wurde über Modernisierung und technische Verbesserungen nachgedacht. 1909 wurde der »Riesengasometer« für 200 000 cbm Gas gebaut – und stürzte nach wenigen Tagen wegen technischer Fehler ein; 1911 wurde er erneut und erfolgreicher in Betrieb genommen. Im gleichen Jahr gab es bereits 350 Elektrokräne im Hafen.

Es war eine Stadt, deren Kern 1842 weitgehend abgebrannt war, worauf die Stadtväter das fortschrittlichste unterirdische Wasserversorgungssystem durch den englischen Ingenieur William Lindley bauen ließen. Eine Stadt, die von Bismarck ins Deutsche Reich gedrängt worden war, was durch das Privileg der Einrichtung eines Freihafens und den Bau einer Speicherstadt gelang, zu deren Bau sie Bismarck noch 40 Millionen Reichsmark abhandelte – und dessen Einrichtung sich als äußerst profitabel erwies. Eine Stadt, die seit 1888 zugunsten dieses Freihafens und des erforderlichen Baus der Speicherstadt rund 20 000 Bewohner vertrieb – ohne Nachweis von Ersatzwohnungen. Eine Stadt, deren Selbstverständnis durch Tradition und Modernität gekennzeichnet war – was gut war für Hafen und Handel, war gut für die Stadt.

Es war auch eine Stadt, deren Bevölkerung eine immer stärker wachsende, selbstbewusste Arbeiterschaft umfasste, die sich in langen und erbitterten Arbeitskämpfen mühevoll einzelne Rechte erkämpfte. Die großen Streiks fanden Ende des 19. Jahrhunderts statt. Selbst wenn sie keinesfalls immer erfolgreich für die Arbeiter verliefen, stärkten sie doch die Solidarität untereinander, das

Gefühl, gemeinsam etwas erreichen zu können: »Neigung zu Excessen ist bisher unter der hiesigen Arbeiterbevölkerung nicht zu bemerken gewesen, jedoch ist durch die Wahlerfolge und die der Arbeiterbevölkerung jetzt günstige gesellschaftliche und politische Strömung ihr Selbstgefühl in bedeutendem Maße gewachsen und hat in ihr die Meinung erweckt, daß die jetzt bestehende Staats- und Gesellschaftsordnung in Kürze zusammenbrechen und durch den socialistischen Staat ersetzt werden wird«, hieß es in einem Bericht der Politischen Polizei in Hamburg im April 1890.

Selbst wenn die Prognose als verfrüht angenommen werden muss, so veränderte sich doch die politische Situation auch in Hamburg erheblich im Vergleich zu den eher ruhigen Zeiten zuvor, weil sich die Kräfteverhältnisse verschoben. Alfred Graf von Waldersee, Kommandierender General des IX. Armeekorps in Altona, beobachtete während eines Streiks, »wie fast die gesamte Arbeiterschaft Hamburgs zusammenhielt, und wie erhebliche Volksmassen anderer Berufsarten auf Seite der Arbeiter standen. Es sind dies zunächst die zahlreichen, von den letzteren unmittelbar abhängigen Handwerker und kleinen Gewerbetreibenden, dann aber auch viele Besitzer von Brauereien, Vergnügungslokalen, Wirtschaften usw., die durch Furcht vor Boykott, endlich eine große Anzahl besser situierter Leute, die in unglaublicher Verkennung der Verhältnisse befangen und durch eine schlechte Presse beeinflußt sind.« (1896/97)

Nein, es war nicht die »schlechte Presse«, es war eine dramatische Umwälzung auf allen Ebenen – technisch, politisch und besonders im Hinblick auf die Bevölkerungszahlen: Bei Reichsgründung 1871 hatte Hamburg 240 000 Einwohner, also ein Viertel von dem, was die Stadt 40 Jahre später hatte. Wenn man das auf heute projiziert, dann hieße das, dass wir im Jahre 2050 rund sieben Millionen Einwohner hätten! Die Sozialstruktur veränderte sich völlig mit der Entstehung eines vierten Standes, der zahlenmäßig der größte war und dem Bürgertum Angst machte. Gerade im Hinblick auf Familie, Ehe, Stellung der Frau war das Sozialverhalten unterschiedlich und unvereinbar: Die bürgerliche Frau durfte keinesfalls einem Gelderwerb nachgehen, die proletarische musste es. Durch die Enge des Zusammenlebens in den Arbeiterschichten und die nichtfamiliären Beziehungen zu Untermieter oder Einlogierer ergaben sich zwangsläufig andere soziale Formen: Geheiratet wurde in der Arbeiterschaft nicht unter dem Aspekt des Standesgemäßen, wie in bürgerlichen Kreisen (wo die Frau ihre Erfüllung in der heiß ersehnten Ehe sah), sondern eher, um ein uneheliches Kind zu legalisieren. Kindesmissbrauch oder inzestuöse Beziehungen waren nicht selten; die Prostitution war eine (schlecht bezahlte) Erwerbsform für Frauen. Die großen Unterschiede der gesellschaftlichen Normen verstärkten die Fremdheit zwischen den Klassen.

▶ Der Hof »Langer
Jammer« am Brauer-
knechtsgraben,
Teil des Gängevier-
tels und Wohnort
des Proletariats,
um 1900.

▶ Die Hamburger
Familie Ohlendorff
versammelt sich aus
festlichem Anlass –
großbürgerliches
Leben 1880.

Auf der anderen Seite stand – stärker als in anderen Städten, weil Hamburg politisch fast immer selbstständig gewesen war – die Tradition einer »gewachsenen« Kaufmannschaft, mit Weitblick handelnd (oder untergehend), mit großem Sinn für überkommene Werte und einem Selbstbewusstsein, das äußere Auszeichnungen ablehnte. So sagte Johann Heinrich Burchard, Erster Bürgermeister der Stadt von 1904 bis 1912, anlässlich einer von Kaiser Wilhelm II. geplanten »Erhebung« eines Hamburger Kaufmannes in den Adelsstand, »ein Hamburger Kaufmann« könne »überhaupt nicht erhoben werden«; der Kaiser könne ihn allenfalls in den Adelsstand »versetzen«. Bis heute ist das Annehmen ausländischer Orden den Mitgliedern der Bürgerschaft, Senatoren und Beamten verboten.

Wie sah diese Stadt um 1910 aus? Wir glauben, eine Vorstellung von ihr zu haben, weil durchaus noch substanzielle Bestände aus jenen Jahren – das Geflecht aus Straßen und Plätzen, die schönen Gründerzeitquartiere – erhalten sind. Aber wir irren uns selbst da, wo noch die Bauten jener Jahre stehen. Ein kleiner Rundgang zeigt, dass es eben nicht nur die Bauten sind, die die Stadt ausmachen:

◄ Keine Pkws, keine Lkws, keine Parkplätze ... Hohe Brücke und St. Katharinenkirche, 1904.

DIE REFORMIERTE GROSSSTADT

Im Hafen findet der Hauptbetrieb rund um Ankunft und Auslaufen der Schiffe, um deren Bau und das, was mit beidem zusammenhängt, rund um die Landungsbrücken und den gegenüberliegenden Hafenbereich statt – es gab keine Container. Die Dampfschiffe lagen in den neuen, künstlichen Hafenbecken, die seit 1862 auf beiden Elbseiten gebaut worden waren; viele Segelschiffe machten auch noch an den Duckdalben, den Pfahlbündeln im Strom, fest. Die Ladung wurde in eingeschossigen Schuppen oder in der um 1910 erst teilweise fertig-gestellten Speicherstadt im Freihafen umgeschlagen, in deren bis zu siebenge-schossigen Bauten hochwertige Güter wie Kaffee, Tee oder Gewürze veredelt wurden. Sie wurden sortiert, gereinigt und neu gemischt; diejenigen, die das taten, waren bestens ausgebildete Spezialisten, keine Hafenarbeiter, die nur Säcke schleppen konnten.

Auf dem den gerade eröffneten Landungsbrücken gegenüberliegenden Ufer der Elbe ragten die Kabelkrananlagen und Helligen von mehreren Werf-ten hoch. Der Lärm der Nietenhämmer beim Schiffbau übertönte auch den Lärm der eisenbeschlagenen Wagenräder der Pferdefuhrwerke. Der Hafen – generell aber alle Orte der Arbeit, von der kleinen Werkstatt im Hinterhof bis zur großen Fabrik – war nach heutigen Vorstellungen unvorstellbar laut, im Übrigen hochgradig umweltbelastet durch Schadstoffe in der Luft und im

► Um 1910 waren Segelschiffe keine »Traditionssegler«, sondern Trans-portmittel. Die zunehmende Zahl von Dampfern war jedoch bereits unübersehbar.

Wasser, und schließlich: Er stank. Dabei ging es nicht um ferne Gerüche nach exotischen Gewürzen, sondern um den alles durchdringenden Gestank aus verfaulendem Abfall, Dreck, verschmutztem Hafenwasser und dem Geruch, den viele Menschen bei harter körperlicher Arbeit ausströmen.

Autos, Lastwagen gab es kaum; der landseitige Transport der Waren wurde per Hand, per Sackkarre, per Eisenbahn oder durch das gute, alte Pferdefuhrwerk bewerkstelligt.

Nördlich des Elbufers und der Landungsbrücken blickte seit Kurzem (1906) die Riesenstatue von Bismarck über die Elbe (und von Hamburg weg, wie manch' einer süffisant bemerkte; der »Eiserne Kanzler« war in Hamburg nicht unumstritten, hatte er doch die Stadt ins Reich gezwungen). Zur Innenstadt hin gab es noch nicht die künstliche Schwelle durch die sechsspurige Ost-West-Straße, es gab noch kein Kontorhausviertel, stattdessen war die Innenstadt vorwiegend Wohnort: Das »Gängeviertel« in Alt- und Neustadt war nicht nur so dicht bebaut, dass keine Fahrzeuge durchfahren konnten,

▼ Ein reichlich unstrukturiertes Staatsgebiet zeigt Hamburg 1914, noch ohne Altona, Wilhelmsburg und Harburg und mit einer großen Lücke in den nördlichen Vororten – wo sollte die Stadt erweitert werden?

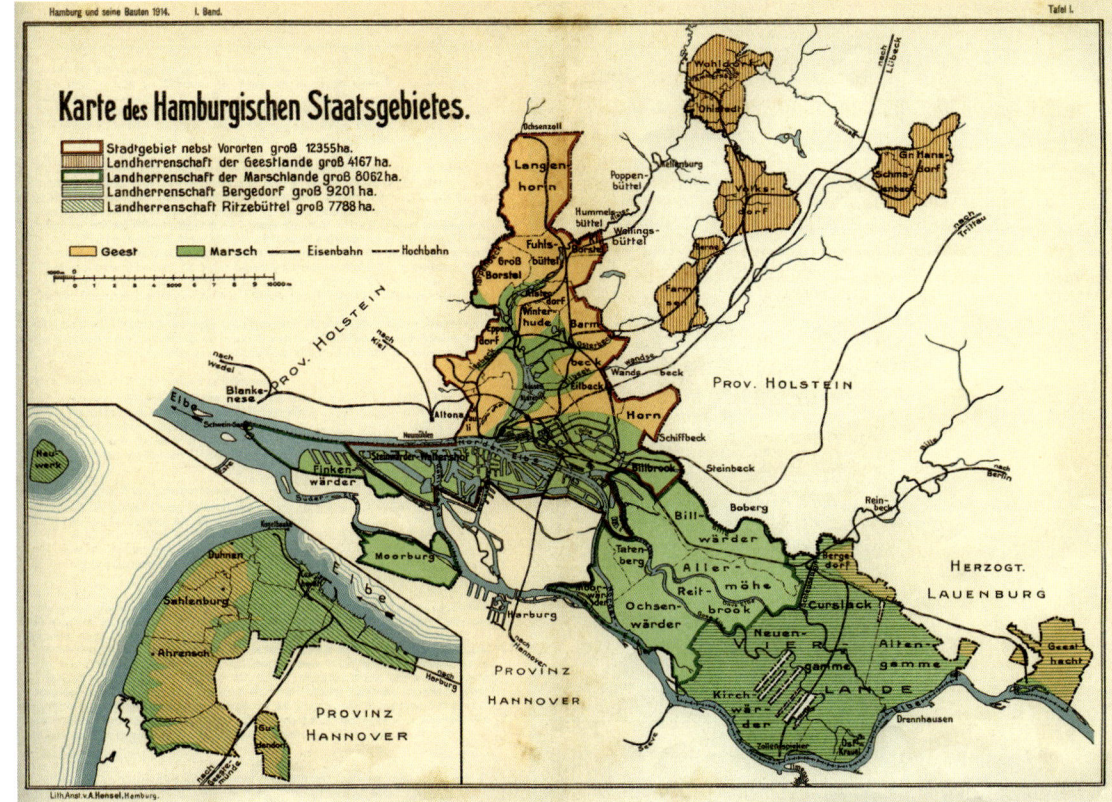

DIE REFORMIERTE GROSSSTADT

sondern auch so alt, dass an eine Sanierung in unserem Sinne (die mit der Infrastruktur von An- und Abwasserversorgung beginnen müsste) gar nicht zu denken war – wenn man sie denn gewollt hätte. Aber die guten Bürger wollten sie auch gar nicht: Hier wohnten Arme, Proletarier, auch sogenanntes »lichtscheues Gesindel«; hier hatte die Cholera 1892 am schlimmsten gewütet, sodass der große Arzt Robert Koch im gleichen Jahr an den Kaiser schrieb, er »habe noch nie solche ungesunden Wohnungen, Pesthöhlen und Brutstätten für jeden Ansteckungskeim angetroffen wie hier«. Eine Sanierung durch Flächenabriss fand auf dem Grasbrook mit dem Bau der Speicherstadt seit 1888 statt, war aber für Alt- und Neustadt um 1910 erst teilweise begonnen. Die allerletzten Reste stehen heute – eine bemerkenswerte Umkehrung ihres Ansehens! – unter Denkmalschutz.

Elektrischen Strom gab es im Gängeviertel schon gar nicht, aber der setzte sich – wie die Gasversorgung – ohnehin erst bei den neuen Wohnbauten und -quartieren durch; selbst ein Museum wie das für Hamburgische Geschichte wurde noch ohne elektrische Beleuchtung geplant.

Innerstädtische Straßendurchbrüche waren Teil der Sanierung, aber auch mehr, nämlich Teil einer allgemeinen Modernisierung der Stadt: Die Kaiser-Wilhelm-Straße durchteilte das Gängeviertel in der nördlichen Neustadt. Die Mönckebergstraße verband Rathaus und neuen Hauptbahnhof.

Auf den Straßen war viel los. Ein großer Teil der Bevölkerung hatte keine Wohnung, in der es sich – nach unseren heutigen Maßstäben – zu leben lohnte. Die Arbeiter hatten Arbeitszeiten von zehn Stunden oder mehr an sechs Tagen die Woche. Im Hafen war die Arbeit zudem abhängig von der Ankunft der Schiffe, also völlig ungeregelt. Im Werftarbeiterstreik 1910 wurde von den rund 25 000 streikenden Werftarbeitern erreicht, dass die Arbeitszeit von 60 auf 55 Stunden die Woche herabgesetzt wurde. Der Hafen war Hauptarbeitgeber der Proletarier, die von ihren Wohnungen zu den Arbeitsplätzen gelangen mussten: Das Fahrrad war das häufigste Verkehrsmittel. Wer sich keines leisten konnte, ging zu Fuß zur Arbeit – ein bis zwei Stunden waren da keine Seltenheit. Im Hafen wurde von den Landungsbrücken aus die Arbeiterschaft per Barkasse auf die Hafenbecken verteilt. 1911 kam der Elbtunnel hinzu: ein technisches und architektonisches Meisterstück. Dennoch wurden 1912 noch rund 20 Millionen Personen mit den Hafenfähren befördert.

Das Straßenbild war völlig anders als heute, nicht nur, weil die Autos weitgehend fehlten, Pferdefuhrwerke oder von Menschen gezogene Karren noch zum vertrauten Stadtbild gehörten. Was vor allem auffällt, wenn man alte Fotos betrachtet: Es gibt keine Ordnung in diesem Durcheinander auf den Straßen,

Hamburg Die modernen Verkehrsmittel über, auf und unter der Erde
1. Luftschiff Victoria Luise, 2. Eisenbahn Hamburg-Lübeck, 3. elektr. Vorortsbahn Ohlsdorf-Blankenese, 4. Hamburg-Altonaer Zentralbahn, 5. Hoch- und Untergrundbahn

◄ Um alle vorhandenen öffentlichen Verkehrsmittel in einem Bild zu zeigen, musste man ein wenig künstlich nachhelfen. Aber es gab sie immerhin schon.

◄ Hochbahnhaltestelle Rödingsmarkt, kurz nach der Fertigstellung 1912.

DIE REFORMIERTE GROSSSTADT

keine Ampeln (nicht einmal den Verkehr regelnde Polizisten), keine Zebra-streifen, keine Spureinteilungen auf der Straße. Immerhin: Es gab schon die Vorschrift, Autos dürften in geschlossenen Ortschaften nicht schneller als 15 km/h fahren. Es gab auch so gut wie keine Werbung – was dem Stadtbild gut bekommt. Schließlich: Die Menschen waren anhand ihres Äußeren, ihrer Kleidung einschätzbar; die Berufszugehörigkeit drückte sich in spezifischer Kleidung aus, die Klassenzugehörigkeit in dem, »was sich gehörte«. Man sagte »Ich gehe in die Stadt«, wenn man von Eppendorf ins Zentrum ging oder fuhr, und für ein solches Ereignis wurde sich anständig angezogen. Ans-tändig.

Der öffentliche Personennahverkehr wurde zügig ausgebaut. 1912 wur-de die Ringlinie der Hamburger Hochbahn eröffnet, in den folgenden Jahren folgten die Stichstrecken nach Norden und Osten. Bereits im zweiten Jahr nach Eröffnung hatte sich die Zahl der Fahrgäste auf rund 43 Millionen verdoppelt. Hinzu kam die schienengebundene »Elektrische«, die Straßenbahn, die den Betrieb mit Pferdebussen abgelöst hatte. 1909 betrug die gesamte Strecken-länge der 40 Linien knapp 170 km und verband auch die Nachbarstädte mit Hamburg; deren Grenzen waren eher verwaltungstechnischer als physischer Art; so lagen die eigentlichen Gebiete industrieller, nichthafengebundener Produktion in den Nachbarstädten, in Harburg oder Altona. 1918 wurden Straßenbahnbetreiber und Hochbahn in einer Gesellschaft unter Beteiligung des Staates vereinigt, 1919 kam die Alsterschifffahrt hinzu und ab 1921 auch ein Linien-Busverkehr.

Auch damals – damals besonders – änderte sich das Bild der Stadt sehr schnell. Das war für die Menschen nicht anders als heute. Wenn wir heute im Zentrum in den Bauten eine Mischung aus der Zeit von kurz vor 1900 bis kurz nach dem Jahr 2000 ablesen können, so war es damals die von kurz vor 1800 (Gänge-viertel) bis kurz nach 1900: Die Stadt hatte sich nach dem Großen Brand 1842 bis zu den großen Infrastrukturprojekten nach 1900 (Hochbahn, Elbtunnel, Straßendurchbrüche jeweils mit neuen Hochbauten) gegenüber der mittelal-terlichen Stadt völlig verändert.

Die größte Veränderung der Stadt fand schon seit geraumer Zeit statt: das war ihr unglaubliches Bevölkerungswachstum: in 40 Jahren um das Vierfache, kurz nach 1910 war Hamburg eine Millionenstadt. Die Stadt war, wie jede der Industriestädte des 19. Jahrhunderts, attraktiv für die Arbeit suchende Land-bevölkerung, hinzu kamen hohe Geburtenraten, längere Lebenszeiten durch die Verbesserung der hygienischen Bedingungen und der medizinischen Ver-sorgung – selbst wenn beide im Vergleich zu heute noch höchst mangelhaft waren.

Die Wohnquartiere Hamburgs mussten sich vergrößern, denn zum Bevölkerungswachstum kamen Verdrängungsprozesse aus den innerstädtischen Gebieten hinzu: Die Bewohner des Grasbrooks suchten seit dem Bau der Speicherstadt Ersatzwohnungen, die der Sanierungsgebiete in der Innenstadt ebenfalls; allein in den Jahren zwischen 1900 und 1912 sank die Bevölkerung in den Bezirken Altstadt und Neustadt von 140 000 auf unter 100 000, während die Gesamtbevölkerung von 718 000 auf über eine Million stieg. Wohnraum suchten aber auch die Angestellten und Beamten, die Klein- und etwas größeren Bürger: »Die große Kaufmannschaft verlegt ihre Wohnungen von der Gröningerstraße und dem Grimm, der Reichenstraße und dem Wandrahm, dem Cremon und der Deichstraße nach der Uhlenhorst und Harvestehude und belässt nur ihr Kontor in der Stadt; die mittleren Kaufleute ziehen vorzugsweise nach Hamm, Borgfelde und Eilbeck oder nach dem Rothenbaum und Eppendorf, das Kleinbürgertum nach St. Georg und Eimsbüttel; die Arbeiterschaft bevölkert nicht mehr nur das Gängeviertel und St. Pauli, sondern vor-

▼ Das Gedränge in den Straßen der Innenstadt war auch ohne Autos beträchtlich. Blick von der Ellentorsbrücke in den Graskeller, um 1905.

DIE REFORMIERTE GROSSSTADT

► Charakteristische großbürgerliche Wohnbauten in der Isestraße, kurz nach 1900 errichtet: Gleicher Maßstab, individuelle Unterschiede.

zugsweise den Hammerbrook, Rothenburgsort und Barmbek. Das Tempo dieser Flucht vom Zentrum der historischen Stadt in die Außenbezirke beschleunigt sich von Jahr zu Jahr.«² Eimsbüttel wuchs von 1900 bis 1912 von 64 000 auf 120 500, Eppendorf von 30 700 auf 79 500, Winterhude von 14 300 auf 37 400 und Hamm von 19 800 auf 57 100 Einwohner! Das ist eine Wachstumsdynamik, mit der die heutige nicht annähernd vergleichbar ist; wenn heute von einem Jahr zum anderen 2000 oder 3000 Einwohner mehr in Hamburg leben, dann sprechen wir schon begeistert von einer »wachsenden Stadt«!

Hamburg erweiterte sich nach Norden und Südosten, fein gestaffelt nach Gesellschaftsklassen: in den neuen Quartieren um die Alster die gehobenen Schichten, das höhere Bürgertum in die großen Wohnungen der heute so beliebten »Gründerzeitquartiere« (die allerdings mit der eigentlichen »Gründerzeit« nach 1871 nur wenig zu tun hatten, sondern meist um 1900 gebaut worden waren). Nach Westen war die Stadterweiterung durch die Stadt Altona begrenzt, nach Osten durch Wandsbek, nach Süden konnte man nicht ziehen – dort lagen die Industriegebiete des Hafens, dort drohte Hochwassergefahr auf den niedrig gelegenen Elbinseln.

Wer aber plante die neuen Gebiete? Tatsächlich gab es überhaupt keine Stadtplanung im heutigen Sinne, es gab kein Landesplanungsamt. Die überall in Deutschland notwendigen Stadterweiterungen waren Sache der Tiefbauämter,

◀ In engen Gassen
wie diesen im Gän-
geviertel konnte sich
kein großstädtischer
Innenstadtverkehr
entwickeln. Heute
sehen wir die Be-
bauung in romanti-
scher Verklärung.

DIE REFORMIERTE GROSSSTADT

die die Straßenführung festlegten und für die unterirdische Infrastruktur zu sorgen hatten – möglichst so, dass viele Häuser erschlossen werden konnten bei minimaler, weil öffentlich zu zahlender Straßenlänge. Das heißt, die Städte hatten immerhin erkannt, dass die Infrastruktur einer Stadterweiterung als öffentliche, als städtische Aufgabe angesehen werden musste. Darüber hinaus wurden für die zwischen den Straßengevierten anzulegenden Blocks Fluchtlinien festgelegt; an der vorderen, straßenseitigen musste man bauen, die hintere, hofseitige durfte man nicht überschreiten. Die Fluchtlinien waren durch feuerpolizeiliche Vorgaben und ein Minimum an Hygieneüberlegungen bestimmt. Das Minimum reichte allerdings zumindest für die Arbeiterquartiere nach heutigen Vorstellungen nicht aus: Die Folge für die Masse der Proletarier waren ungesunde, übervölkerte Quartiere auch in den neu gebauten Vierteln – Kellerwohnungen waren zugelassen, sofern die Decke mindestens 94 cm über dem Erdniveau lag. In diesen Quartieren waren arbeiterspezifische Krankheiten wie Tuberkulose oder Rachitis verbreitet, die heute in Deutschland kaum noch vorkommen: »Im Keller ist es duster / da wohnt ein armer Schuster«, sangen wir noch auf der Straße, heute gehört es zu den beliebtesten Kinderspielen im Kindergarten ...

Wer als Kind in diesen Gegenden aufwuchs und keine krummen Beine hatte, galt als »Herrschaftskind«, ein Begriff, der es als Titel eines Theaterstücks sogar auf die Bühne des Ohnsorg-Theaters gebracht hat. Nicht für alle Arbeiter, aber für viele galt, was eine zeitgenössische Stimme beschrieb: »Wie die Familie schlief? Mann und Frau in dem einzigen Bett. Die Kinder wurden auf ausgebreiteten Kleidungsstücken untergebracht und durften erst dann ins Bett kriechen, wenn Vater und Mutter – gewöhnlich vor fünf Uhr morgens – aufgestanden waren. Die kleinsten Kinder waren jeweils in einem Korbe, gelegentlich auch, wenn die Frau zu irgend einem Gange das Zimmer verlassen mußte, in einem halbaufgezogenen Schub der Kommode gebettet gewesen.«[3] Man muss es betonen, da diese Quartiere heute – mit Recht – so beliebt sind: Um 1910 waren sie, war die dicht bebaute Stadt allgemein laut, übervölkert, umweltverseucht. Sie war für die meisten Menschen kein schöner Ort zum Wohnen und Arbeiten. Dass die Menschen dennoch kamen, beweist nur, dass es auf dem Lande noch schlimmer war.

Die Grundstücke selbst aber lagen in privater Hand, und das hieß: Die Grundstücksspekulanten in den »Terrain-Gesellschaften« wollten Geld verdienen – manche Dinge haben sich in den letzten 100 Jahren eben doch nicht geändert. Das konnten sie am besten, wenn sie die Grundstücke optimal ausnutzten. Das hieß nun keineswegs, dass alle Bewohner zusammengedrängt wurden;

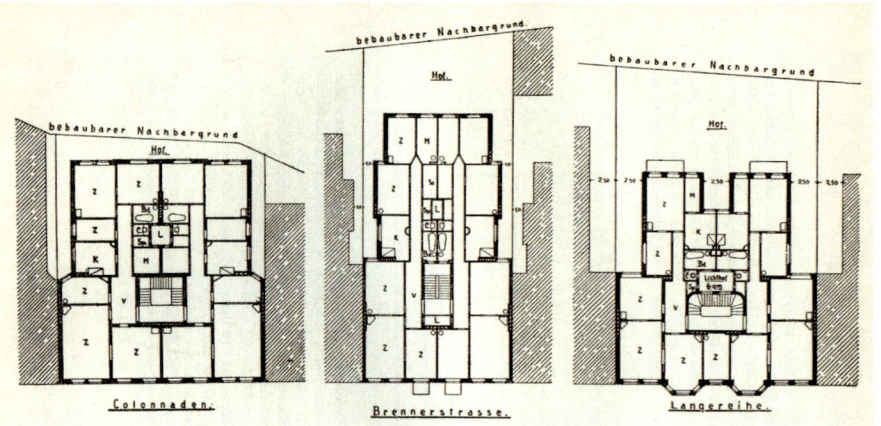

◄ Die typischen Grundrisse der »Schlitzbauweise«: Jeder Wohnraum musste ein Fenster nach außen haben, auch wenn die nächste Wand nur zwei Meter entfernt war.

◄ Schlitzbauten in Eimsbüttel, um 1900.

schließlich hätte man das einer bürgerlichen Klientel nicht zumuten können. Es hieß aber, dass die Grenzwerte der Vorschriften zur Normalität wurden – das aber ist tatsächlich »normal«. Eine Vorschrift, die da heißt, man dürfe »nicht mehr / größer / weiter als ...« bauen, wird in der Praxis immer bis genau an diese Grenze ausgenutzt. Aus den Baufluchtlinien plus den Vorschriften hinsichtlich der Belichtung und Belüftung der Wohnräume entstand die charakteristische »Schlitzbauweise« mit ihren schmalen, lang gestreckten Grundrissen um einen kleinen Lichthof oder eben den tiefen Schlitz, der erforderlich ist, um

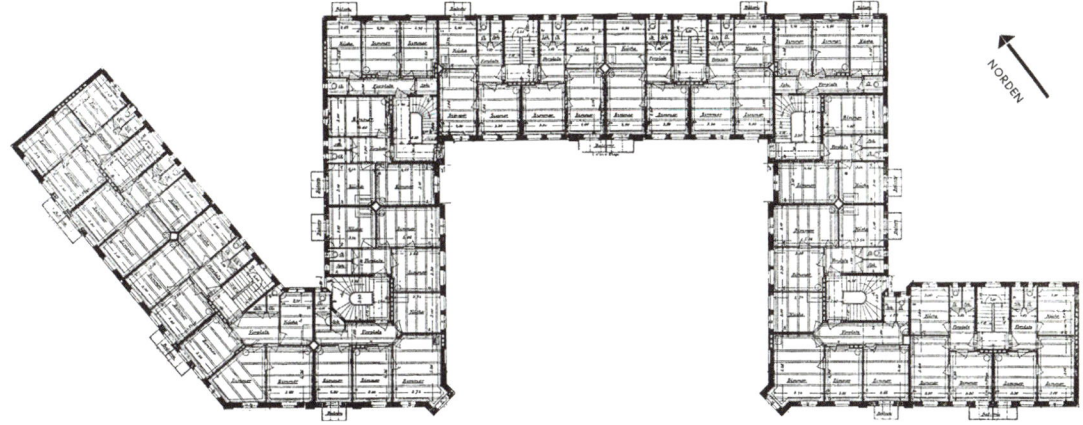

▲ »Hamburger Burg«
Um die Grundstücke annähernd gleich auszunutzen, wurde der schmale Baukörper mehrfach abgeknickt, sodass ein architektonisch hervorgehobener »Ehrenhof« entstand.

▶ Straßenansicht Hamburger Hof, Stellinger Weg / Methfesselstraße, erbaut 1899.

die innen liegenden Räume vorgeschrieben zu belichten – schließlich stand in der Bauordnung nur, die unbebaute Fläche vor einem Wohnraum müsse 20 Quadratmeter betragen – die konnte eben auch aus einem Meter mal 20 Meter bestehen.

Vor allem nach dem Gesetz von 1902 zur Förderung kleiner Wohnungen wurden die eigentlich großzügigen Blockinnenhöfe, die vor zusätzlicher Bebauung durch eine hintere Baugrenze geschützt waren, auch durch eine Innenbebauung genutzt. Senkrecht zur außen verlaufenden Straße wurden an einer schmalen Stichstraße zwei einfach gestaltete, nicht mehr als drei Geschosse umfassende Zeilen errichtet – Wohnungen für die Unterschicht, klein und qualitativ schlecht gebaut. Zur besseren Vermarktung nannte man sie im anglophilen Hamburg »Terraces«, »Terrassen«, obwohl sie damit nichts zu tun hatten. Heute zählen die Reste dieser Bauform am Falkenried und anderswo zu den beliebten Wohnungen. Aber das gilt ja auch für die anderen Bauten der Zeit um 1900 – nachdem die störende Industrie im Hinterhof verschwunden ist, die Innenstädte leise geworden, die Wohnungen selbst anstatt mit sechs oder acht Personen plus Personal von zwei oder drei Personen bewohnt werden.

Was diese Stadtviertel auch heute noch für uns so überzeugend macht, ist neben der zentralen Lage und den hohen Decken der Wohnräume etwas, das man als ihre »Ablesbarkeit« bezeichnen kann: Die rechtlichen Vorgaben einerseits, die Parzellengröße mit je einem Eigentümer andererseits führen zu Fassaden innerhalb eines Straßenzuges, die ähnlich, aber nicht gleich sind. Jedes Haus zeigt eine private Fassade zum öffentlichen Raum, der eindeutig definiert ist. Und die öffentlichen Bauten zeigten durch ihren größeren architektonischen Anspruch, dass sie öffentliche waren: Sie wurden als wichtig im Straßenbild der Stadt gezeigt.

Was erst am Ende des 19. Jahrhunderts in Gang gekommen war und zahlenmäßig nicht ins Gewicht fiel, jedoch als Typus wichtig wurde, das waren die Kleinwohnungen, die von den Bauvereinen und Baugenossenschaften errichtet wurden. Bedingt durch die geringe Größe der Wohnungen, musste ein neuer Typus auf gleicher rechtlicher Grundlage entwickelt werden, der als »Hamburger Burg« bezeichnet wird: Die Schaffung kleiner Wohnungen, die schmalere Baukörper verlangen als die großbürgerlichen, wurde dadurch erreicht, dass der straßenbegleitende Block durch Vor- und Rücksprünge in eine Art Mäander aufgelöst wurde. Zur Straße hin ergaben sich so Eingangshöfe, die fast wie bei einem »Cour d'Honneur« eines Schlosses auch architektonisch hervorgehoben wurden: Der Stolz der »kleinen Leute« auf das Erreichte wurde architektonisch artikuliert.

Und es wurden in diesen Jahren um 1910 viele öffentliche Bauten errichtet: angefangen bei der Verkehrs- und Versorgungsinfrastruktur mit Dammtorbahnhof 1903, Hauptbahnhof 1900–1906, Elbtunnel 1907–1911, Landungsbrücken 1906–1910 sowie den zahlreichen Bahnhöfen der Hochbahn und den beiden Großmarkthallen am Deichtormarkt 1911–1914; dann die Kultureinrichtungen: das Schauspielhaus 1900, die Musikhalle 1904–1906, das Museum für Hamburgische Geschichte 1913–1925, das Völkerkundemuseum 1907–1911, die Kunsthallen-Erweiterung 1906/1912–1920; die Bildungseinrichtungen mit

▲ Der Alte Elbtunnel,
1911.

dem Gebäude der Universität 1909–1911 und mit vielen Schulen. Hinzu kamen die Bauten, die für die hygienische Versorgung der Bevölkerung notwendig waren – die Volksparks, die Schwimmbäder –, und diejenigen, die Recht
und Ordnung symbolisierten – Polizeiwachen, Gefängnisse.

Insgesamt kann man sagen: Eine Stadt erfand sich neu; ihr Selbstverständnis änderte sich radikal von der noch mittelalterlich geprägten Ordnung,
bei der (im Mittelalter noch in den Zünften geschützt) jeder seinen Platz hatte
und das auch, ganz buchstäblich, in Ordnung fand, hin zu einem Staats- und
Stadtverständnis, das die Kommune als wichtigen Faktor der Daseinsvorsorge
sah: »Nach und nach entstehen aus der Selbstverwaltung der deutschen Städte
alljährlich die stolzesten Schöpfungen für die Wohlfahrt der Bürger. Enge und
schmutzige Straßen verschwinden, um geräumigen Plätzen und Verkehrswe-
gen Platz zu machen; prächtige Schulen, Kirchen und Museen, Justiz- und

Verwaltungsgebäude, Kranken- und Versorgungsanstalten, Bahnhöfe und Postgebäude, Schlachthäuser, Wasserversorgungs- und Gasanstalten, schöne öffentliche Anlagen, Volksbibliotheken und zahlreiche gemeinnützige Institute legen Zeugnis ab von dem neuen Leben, das in unsere Gemeinden eingezogen und vorzugsweise der Förderung des Gesamtwohls der Gemeindeangehörigen gewidmet ist«, so eine Stimme bereits aus dem Jahr 1824 – Hamburg war im Grunde spät dran.

In diese Stadt kam, mit Dienstantritt am 4. November 1909, Fritz Schumacher als Baudirektor des Hochbauwesens. Er sollte sie in ihren öffentlichen Bauten prägen; einige der eben genannten gehen schon auf ihn zurück. Es gab in der Stadt die »Baudeputation« aus Senatoren und Bürgerschaftsabgeordneten, die einer Behörde aus beiden Abteilungen des Strom- und Hafenbaus und des Hoch- und Tiefbaus vorstand; Hoch- und Tiefbau (»Ingenieurbau«) leitete je ein Baudirektor, die gleichberechtigt waren. Außerdem gab es noch die Baupolizeibehörde, deren Aufgabe die »Prüfung und Überwachung aller Bauvorhaben im Stadtgebiete« war, »sowohl hinsichtlich der Bestimmungen des Baupolizeigesetzes, als auch der Vorschriften des Bebauungsplangesetzes von 1892«[5]. Eine Baupflegekommission, vergleichbar einem heutigen Gestaltungsbeirat, wurde – sicher nicht ohne Einfluss Schumachers – 1912 eingerichtet, die zum Schutz »gegen die Verunstaltung des Straßen-, Orts- und Landschaftsbildes, zum Schutze der Bau- und der Naturdenkmäler sowie zur Wahrung der künstlerischen Interessen bei Ausgestaltung des Stadt- und Landschaftsbildes« dienen sollte. Könnte man heute auch gut gebrauchen.

Schumacher, 1869 geboren, war Bremer, was man ihm aber in der Konkurrenzstadt Hamburg nicht übel genommen hat, weil er seine Jugend in Bogotá und New York verbracht hatte, bevor er im Alter von 14 Jahren nach Bremen zurückkehrte, weil er in »geordnete Schulverhältnisse« kommen sollte, wie er in seiner Biographie »Stufen des Lebens« schrieb. Sein Großvater war der letzte auf Lebenszeit gewählte Bürgermeister Bremens.

Schumacher hatte in München und Berlin Architektur studiert, in München und Leipzig gearbeitet und war 1899 als Professor an die Technische Hochschule in Dresden berufen worden. Schumacher war aber nie nur Architekt; er interessierte sich politisch, er schrieb, er zeichnete, er dichtete. Er war kein radikaler Neuerer, aber er stand in den Jahren vor seiner Berufung nach Hamburg immer in der Diskussion um neue Formen, um eine angemessene Architektur. So war es nur folgerichtig, dass er 1907 zu den Gründungsmitgliedern des »Deutschen Werkbundes« gehörte (»völlig verkatert und in höchst zwiespältiger Laune kam ich in München an«[6]), der die »Veredelung der ge-

▶ Fritz Schumacher,
1890, als Student in
München, Oberbau-
direktor 1909 – 1933.

werblichen Arbeit im Zusammenwirken von Kunst, Industrie und Handwerk
durch Erziehung, Propaganda und geschlossene Stellungnahme zu einschlägigen Fragen« anstrebte, wie es in seinem Gründungsmanifest hieß, und das in
einer Brandbreite »vom Sofakissen bis zum Städtebau«. Schumacher verkör-
perte genau diese Bandbreite.

Seine politische, die Arbeit prägende Überzeugung, auf der Grundlage
der Theorien Friedrich Naumanns entwickelt, ging von Fehlentwicklungen bei
der Industrialisierung aus, die durch soziale Reformen auf der Grundlage des
bestehenden Wirtschaftssystems korrigiert werden müssten. Der wirtschaftliche Aufstieg des Landes sollte soziale Verbesserungen für den Arbeiter erreichen; dadurch identifiziere der sich mit dem Staat, was der Qualität der Arbeit
zugutekommen sollte. Als nach dem Ersten Weltkrieg Hamburg sozialdemokratisch wurde, näherte sich Schumacher den Positionen dieser Partei an, ohne
je Mitglied zu werden.

Zur Zeit seiner Berufung allerdings galt die Stadt als politisch extrem
konservativ. Er war nicht die erste Wahl der Stadtväter, die einen anderen Architekten bevorzugten, der aber dem Ruf nach Hamburg nicht folgte. Muss
man aber wirklich ernst nehmen, was Schumacher schrieb? »Wenn einer von

uns, der sich zu den Kämpfern rechnete, die Aufforderung bekam, hier an führender Stelle mit seiner Arbeit einzusetzen, so war das etwa ebenso, wie wenn ein Offizier vor die Frage gestellt wird, ob er einen wichtigen vorgeschobenen Posten übernehmen will. [...] Sie ist ein Kommando, dem man folgen muss, wenn man seine Uniform weitertragen will.«[7] Hartmut Frank schreibt dagegen: »Er wollte nach Hamburg, und so an einem Ort tätig werden, der bisher von den Reformbestrebungen weitgehend unberührt geblieben war«[8] – mit einem Wort: Er wollte der Stadt seinen Stempel aufdrücken.

Das ist ihm gelungen.

Der Offizier hatte in Hamburg kaum Truppen. Das gesamte Gebiet des Städtebaus war seiner Zuständigkeit entzogen; es war als Straßenplanung beim Tiefbauamt angesiedelt. Deren Ingenieure jedoch »betrachteten das Architektonische mit einer gewissen Vorliebe als das Gebiet, wo sie, gleichsam zur ergötzlichen Erholung, ihren Liebhabereien freien Lauf lassen konnten«, wie Schumacher nicht ohne Ironie schrieb.[9] Dagegen kämpfte er mit Erfolg an, obwohl von ihm in der Hauptsache architektonische Arbeiten, nämlich der Entwurf aller neu zu bauenden öffentlichen Bauten, erwartet wurden. Schon vor dem Weltkrieg konnte er die Errichtung einer Städtebau-Abteilung in seinem Hochbauressort durchsetzen, die aber auf Fragen der Gestaltung beschränkt blieb. Erst nach dem Weltkrieg wurden die Kompetenzen für Hochbau, Städtebau und Stadtentwicklung zusammengefasst. Damit hatte Schumacher die Mittel zur Gestaltung der Stadt als Ganzheit: er war zuständig für die Bebauungsplanung der Wohnviertel und baute als Architekt deren öffentliche Gebäude.

»Als ich an meinem vierzigsten Geburtstag mein Amtszimmer [...] zum erstenmal betrat, war der erste Brief, den ich auf meinem Schreibtisch vorfand, ein Gruß von Hugo Licht[10]: er wolle nicht verfehlen, mir sein tiefes Bedauern auszusprechen, dass ich nun auch die Bahn der Charakterlosigkeit gehen würde, denn anders wäre auf einem Posten, wie dem unseren, nicht durchzukommen.«[11] Schumacher tat genau das Gegenteil; er hatte feste Vorstellungen und Konzepte und setzte sie durch – vom ersten Tag seiner Tätigkeit in Hamburg an: »Die erste Zeichnungsrolle, die ich öffnete, war das Projekt des großen Gasometers in Fuhlsbüttel, zu dem ich mit Frist bis zum nächsten Mittag meine Zustimmung geben sollte. Ich zeichnete ihn in der Nacht, soweit es die bereits vergebene Konstruktion zuließ, um [...]. Die erste Behördensitzung, die ich mitmachte, ließ einen Bebauungsplan auftauchen, der es unvermeidbar machte, meinem Kollegen von Ingenieurwesen, der ihn aufgestellt hatte, den Krieg zu erklären.«[12].

Die Situation in der Stadt war also die: Auf der einen Seite stand eine konservativ regierte Stadt mit gewaltigem Entwicklungsdruck durch ein unglaubliches Bevölkerungswachstum, stand aber auch ein sich veränderndes Selbstverständnis der Kommune, die viele neue Aufgaben übernehmen musste. Auf der anderen Seite stand ein 40-jähriger Architekt, der mit festen Überzeugungen, aber ohne einschlägige Erfahrung eine große, sicher nicht leicht zu führende Behörde übernahm. Er hatte genaue Vorstellungen davon, was architektonisch wie städtebaulich erforderlich sei – nur, dass er eigentlich nur das Erste realisieren durfte.

Unter diesen schwierigen Voraussetzungen, die nach dem Krieg durch wiederum völlig neue wirtschaftliche und politische Rahmenbedingungen geprägt wurden, hat Fritz Schumacher sich glänzend bewährt. Er prägte durch seine Arbeit die Stadt bis zu seiner Entlassung 1933, und bis heute bezieht sich jeder seiner Nachfolger auf ihn.

1921 bis 1923 ging er für kurze Zeit nach Köln, um unter dem damaligen Oberbürgermeister Konrad Adenauer den ehemaligen Kölner Festungsring zu beplanen; als er zurückkam, wurden ihm die Kompetenzen für den öffentlichen Hochbau, Städtebau und die Stadtentwicklung übertragen. Im Rahmen einer dann sozialdemokratisch geprägten Stadt und der neuen Republik war gewiss manches in organisatorischer Hinsicht leichter, in wirtschaftlicher jedoch sicherlich schwerer.

Vor 1914 war er jedoch in die Grabenkämpfe des Amtes um Kompetenzen und Einfluss verstrickt – »Krieg« nennt er es selbst. »Die großen Ingenieure [William Lindley und Franz Andreas Meyer, die die großstädtische Infrastruktur der Stadt aufgebaut hatten; G.K.] wurden Diktatoren, sie duldeten in den Fragen öffentlicher Art nicht das ergänzende Widerspiel des Architekten«[13] – aber umgekehrt kann man es auch verstehen: Schumacher leitete sein Entwurfsbüro für öffentliche Bauaufgaben mit ähnlicher diktatorischer Entschlossenheit. Auf seiner Seite lag der unschätzbare Vorteil, dass man das Ergebnis seiner Arbeit sehen konnte. Das war sein Anspruch: eine Stadt gestalten. Gestalten aber nicht als nur formales, als künstlerisches Problem, sondern als ein soziales, das künstlerisch ausgedrückt werden muss. Sein berühmter Satz, er wolle einen neuen »Gürtel um Hamburgs alten Leib« binden, enthält im Kern sein städtebauliches Credo: etwas zu schaffen, das die Stadt zusammenhält. Dabei sollte, ganz im Sinne der jungen Disziplin des Städtebaus, die Stadt neu geordnet und dabei getrennt werden in Wohn- und Arbeitsgebiete; die Wohnbauten sollten einen ruhigen Hintergrund bilden, vor denen die öffentlichen Bauten herausragen konnten.

Die Architektur der öffentlichen Bauten zeigte das. Nehmen wir einen von Schumachers schönsten Entwürfen, das Gebäude der Finanzdeputation,

◄ Die Finanzbe-
hörde am Gänse-
markt, erbaut
1919–1926, hier
eine Aufnahme von
1994, Architekt:
Fritz Schumacher.

◄ Fassadendetail
über dem Eingang.

DIE REFORMIERTE GROSSSTADT

der Finanzbehörde der Stadt, am Gänsemarkt (1914–1926): Die städtebauliche Anlage wirkt als Eckscharnier zwischen dem Platz, der Dammtorstraße und dem Valentinskamp. Zwischen zwei gleichartigen Flügeln ist ein turmartiger Rundbau eingefügt, der von der Dammtorstraße wie auch vom Jungfernstieg aus als Blickpunkt dient; der über die Seitenbauten hinausragende Teil des Rundbaus wird durch hohe Fenster als Saal markiert. Die Fassade hat eine im Eingangsbereich stark ausgeprägte Gliederung in Erdgeschoss, darüber Normalgeschosse und drei Geschosse einer Dachzone, die durch Zurücksetzen der obersten beiden Geschosse (statt eines schrägen Daches) gebildet wird. Das erinnert an die Kontorhäuser, Mietbürohäuser, wie sie in Hamburg kurz vor 1900 entwickelt worden waren. Die gesamte Fassade ist mit Klinkern verkleidet, mit zurückgesetzten Fensterebenen, sodass die Teile dazwischen als Lisenen wirken; die Bogenfenster der oberen Geschosse betonen den Abschluss. Die Brüstungen zwischen den Fenstern haben ein dekoratives Muster im Klinker, wie überhaupt Ornamente den Bau sparsam gliedern. Im Inneren ist die Eingangshalle mit Majolika-Fliesen nach Entwurf von Richard Kuöhl verkleidet.

Dieser Bau ist nicht einzelner Formen wegen große Architektur, sondern deswegen, weil er sich selbst erläutert – *städtebaulich* mit seinem Gelenk, *architektonisch* durch das Material, das nicht nur von Schumacher bevorzugt wurde (sondern auch von einer »Heimatschutzbewegung«, die die moderne Großstadt als Bedrohung empfand und sich der »echten Werte« des norddeutschen Backsteins vergewisserte), *stilistisch* durch eine Position, die die Tektonik des Klassischen beherrschte, ohne dessen in der wilhelminischen Monumentalarchitektur abgewirtschaftete Formen zu verwenden, und *historisch* dadurch, dass sich der Bau demonstrativ gegen den Putzbau der Zeit um 1900 stellte: ein Stil als Ausdruck von etwas Neuem – der *reformierten* Großstadt. Die Großstadt selbst konnte man nicht verhindern (obwohl viele, von Ebenezer Howard bis hin zu Schumacher, das gern getan hätten), aber man wollte wenigstens die schlimmsten sozialen Folgen verhindern – eine klassische Reformposition. Auf der Suche nach einer Architektur der Großstadt aber, die dieses ausdrückte, konnte nicht der Putzbau dienen, der, so Schumacher, »leicht und mühelos erlaubt, jeder unreifen Laune Gestalt zu geben [...]. Allen geilen Instinkten der Unfähigkeit und Anmaßung kommt er willig entgegen [...]. Unser baulicher Großstadteindruck wird nur dann anständiger werden, wenn wir eine architektonische Durchschnittssprache entwickeln, die sich, wenn sie nachgesprochen wird, möglichst wenig verzerren und verbilden läßt. Der Backsteinbau hat diese Eigenschaft der Widerstandskraft von Natur aus in höchstem Maße.«[14]

Heißt im Klartext: Als Baudirektor der Stadt kann ich keine stilistische Vorgabe machen, ich kann aber in den von mir zu entwerfenden öffentlichen

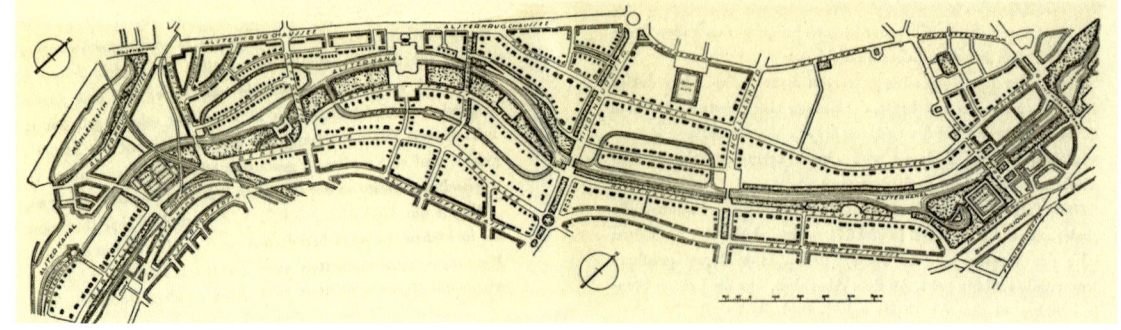

▲ Fritz Schumacher:
Einzelhaus-Quartier
in Verbindung mit
der Alsterkanalisa-
tion und ihren Grün-
anlagen

Gebäuden, von der Brücke über die öffentliche Bedürfnisanstalt bis zur Finanzdeputation, außerdem argumentativ über die Baupflegekommission und
nach 1918 auch finanziell den Klinker als (fast) einheitliches Fassadenmaterial
durchsetzen. In diesem dominierenden Material werden die Stilunterschiede
aufgehoben, und eine neue Einheitlichkeit entsteht.

**Fritz Schumacher hatte zum Zeitpunkt seiner Berufung keine Kompetenzen im
Hinblick auf die Stadtplanung – er eroberte sie sich.** Ein Generalplan für die
Stadterweiterung war bereits 1889 vom Tiefbauamt aufgestellt worden, der
sich vor allem auf die nördliche Stadterweiterung Hamburgs bezog; seit 1913
wurden auch die Landgemeinden Groß Borstel, Alsterdorf, Ohlsdorf, Fuhlsbüttel, Langenhorn und Klein Borstel, dazu Billbrook im Osten eingemeindet.
Es gab seit dieser Zeit den Plan, die Alster, den im Zentrum der Stadt zum See
aufgestauten Nebenfluss der Elbe, zu kanalisieren, also seine Ufer zu befes-
tigen und den Fluss mit Hilfe von Schleusen zu regulieren – eine Arbeit des
»Ingenieurwesens«, der Tiefbauabteilung.

Insbesondere den Abschnitt zwischen Eppendorf und Ohlsdorf aber hat
Schumacher auch gestalterisch-architektonisch begleitet; und es zeigt sich, dass
die Bandbreite seiner Arbeit keineswegs auf klassische Architekturaufgaben
beschränkt war. Schumachers Augenmerk lag auch hier darauf, die Stadt »so-
zialverträglich« zu machen; zwar waren die Grundstücke für eine gehobene
Klientel ausgelegt, aber der Uferstreifen sollte für alle nutzbar sein. Terrassen
und künstliche Becken bildeten Sicht- und Ruhepunkte, die ebenfalls für alle
zugänglich waren.

Vorbereitende Arbeiten für die Sanierung der Innenstadt – heißt: Kahl-
schlagsanierung durch Abriss der seit der Choleraepidemie als ungesund
erkannten Gängeviertel – hatte es ebenfalls schon vor dem Amtsantritt

Schumachers gegeben. 1897 hatte eine Senatskommission festgestellt, es sei notwendig, »an Stelle der abgebrochenen Wohnungen an derselben Stelle oder in der Nähe für möglichst ebenso viele Menschen derselben Bevölkerungsklasse, die früher dort gewohnt hat, neue zu schaffen«.[15] Drei zu sanierende Wohnbezirke wurden identifiziert: die östliche Altstadt, die nördliche Neustadt und die südliche Neustadt; letztere Sanierung wurde zwischen 1900 und 1904 durchgeführt – allerdings wurde das Ziel nicht erreicht, die Bevölkerung dort zu halten, vermutlich deshalb, weil die Mieten der Neubauwohnungen teurer waren; »eine andere, bessergestellte Bevölkerungsklasse hat sich in dem neu aufgebauten Viertel niedergelassen«, wie es die Bilanz des Architekten- und Ingenieurvereins trocken vermerkt, der die unschätzbaren Bände von »Hamburg und seine Bauten« seit 1868 und bis heute herausgibt, denen auch dieses Buch sehr viel verdankt.[16]

Bei der Sanierung der Altstadt kamen noch andere Gesichtspunkte zum Tragen, nämlich die Lage des neuen Hauptbahnhofs, der die bisherigen Endpunkte der Bahnlinien zusammenfasste. Dessen Bedeutung und der Druck durch die »City-Bildung«, nämlich im Zentrum Geschäftshäuser zu bauen (und damit öffentlichen Nahverkehr einzufordern, mit dessen Hilfe die dann außen liegenden Wohngebiete mit den Geschäftsvierteln verbunden werden können), führte zur Planung der Mönckebergstraße zwischen Rathaus und Hauptbahnhof, die 1905 beschlossen wurde. Die SPD schlug, entsprechend ihrer Arbeiterklientel, den Bau kleiner Wohnungen auf beiden Seiten vor, konnte sich aber, kaum verwunderlich, nicht gegen die großbürgerlichen Geschäftsinteressen des Senats durchsetzen. Es wurden also Geschäfts- und Kontorhäuser geplant: »Die großmaßstäblichen Kontor- und Kaufhäuser erhielten tatsächlich großartige Fassaden, die subtil auf ein-

▼ Plan des Straßendurchbruchs der Mönckebergstraße vom Rathaus zum Hauptbahnhof, 1908–1913. Am unteren Rand erkennt man noch die kleinteilige Struktur des Gängeviertels.

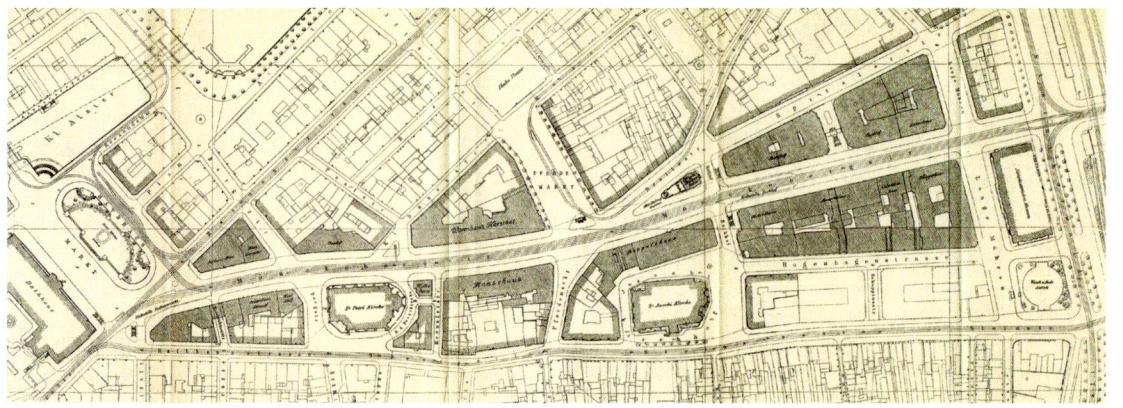

◄ Mönckebergstraße,
Blick zu Petrikirche
und Rathaus, Auf-
nahme von 1927.

ander abgestimmt waren. Zum Teil gehören sie zum besten, was im frühen
20. Jahrhundert in Hamburg gebaut wurde«, so der Bauhistoriker Hermann
Hipp, der die Straße zutreffend als städtische »Starkstromleitung«[17] bezeichnet.
Schumacher hat im Übrigen dort kein einziges Haus gebaut, es waren ja private
Geschäftshäuser; nur die »Volkslesehalle« mit dem Mönckeberg-Brunnen wur-
de von ihm entworfen – eine soziale, nicht profitorientierte Einrichtung.

Das Entscheidende für die architektonische Wirkung der Straße war etwas, das Schumacher in der Baupflegekommission durchsetzte und das er selbst
beschrieb: »Wollte man also die Straße einheitlich im Material durchführen, so
wäre es nur möglich gewesen, dieses zugunsten des Werksteins zu tun und den
Backstein grundsätzlich auszuschalten. Das hätte aber ein Verbrechen an neu
aufkeimendem architektonischem Leben bedeutet. Während die Mönckebergstraße entstand, begann in Hamburg mehr und mehr der Sinn für eine gesunde
und einsichtsvolle Neubelebung des Backsteinbaues einzusetzen. [...] und so
war es ein Gebot der Stunde, diese Regungen nicht etwa zu unterdrücken,
sondern im Gegenteil nach Kräften zu fördern. [...] Hat man diese Vorbedin-
gung im Auge, so ergibt sich, dass die beratende Kommission nur bestrebt sein

konnte, an bestimmten Stellen das eine oder andere Material nach Kräften zu konzentrieren. Es war ihr kein Recht gegeben, die Wahl des Baustoffes vorzuschreiben, sie konnte dieses nur durch überredende Beeinflussung tun, wo es nicht durch die Absichten der Bauenden von selber geschah.«[18]

Das ist schön zu lesen: wie Schumacher seinen Einfluss, sein Durchsetzungsvermögen auf geheimnisvolle »Regungen« zurückführt, auf ein irgendwie »neu aufkeimendes« architektonisches Leben. Dass er womöglich in der Kommission seinen Einfluss ausübte, kann man seinen Worten nicht wirklich entnehmen. Natürlich war das Taktik, war Politik, die die Person absichtsvoll zurücknahm, um die Ziele umso wirkungsvoller zu realisieren. Schumacher behauptete von sich, er sei unpolitisch. Das muss man nicht glauben. Er war durchsetzungsfähig und bereit, diese Fähigkeit auch einzusetzen, er hatte klare Ziele für die Stadtentwicklung. So ist es wohl auch kein Zufall, dass er nach seiner zwischenzeitlichen Arbeit in Köln mehr Kompetenzen erhielt.

Das sind Eigenschaften, die halfen, seine Konzepte zu realisieren. Aber das Wichtigere war natürlich, Konzepte zu *haben*, die der gesamten Stadt nutzten – und Schumacher kam zu einem Zeitpunkt nach Hamburg, als diese Art von Stadtentwicklung durchsetzbar war. Die Choleraepidemie war noch nicht in Vergessenheit geraten, um nicht auch bei der »besser gestellten Bevölkerungsklasse« Wirkung zu zeigen; schließlich machen Krankheitserreger nicht halt vor den Wohlhabenden.

Volksparks gehörten um 1900 zu den städtebaulichen Elementen, die helfen sollten, die Bewohner der dicht bebauten Städte gesund zu halten. Es ging nicht ums Spazierengehen in schöner Natur, es ging vorrangig um Hygiene – wie bei den Schwimmbädern, die Badeanstalten hießen und Wannenbäder zur Körperreinigung enthielten, weil ein Bad in eigener Wohnung noch Luxus war, oder wie bei den Schrebergärten, in denen nach der Idee des Leipziger Arztes Daniel Gottlieb Moritz Schreber (1808 – 1861), der der Namensgeber der Kleingärten wurde, durch körperliche Arbeit an der frischen Luft viele großstadttypischen Krankheiten vermieden werden sollten. So zogen denn am Wochenende Generationen von Arbeitern mit Kind und Spaten auf ihre Klitsche, um dort Radieschen und Kohl zu ziehen, während die Hausfrau Kirschen und Brombeeren zu Marmelade verarbeitete: Für viele Menschen war das bis ins 20. Jahrhundert hinein die einzige Art, jemals einen »Urlaub« zu machen.

Aber es gab eben auch die großen Parks, in Altona den »Altonaer Volkspark«, der schon seit 1895 geplant wurde, zumal Altona eine der am dichtesten besiedelten Städte des Reiches war. Ein paar Jahre später, 1901, beschloss auch der Hamburger Senat die Anlage eines Parks für alle. Es dauerte aber bis 1910,

◄ Der Stadtpark, 1924, geplant 1910–1916 von Fritz Schumacher: Der »Volkspark« als Abfolge unterschiedlicher Räume und Bauten entlang einer großen Achse.

dass, ein Jahr nach dem Amtsantritt Schumachers, dieser zusammen mit dem Baudirektor des Ingenieurwesens, Fritz Sperber, einen gemeinsamen Entwurf vorlegte, der dann auch gebaut wurde: Wenn es notwendig war, konnte Schumacher offenbar auch einen Waffenstillstand herbeiführen. »Wenn man [...] die Wurzel des Entstehens jener großen öffentlichen Anlagen unserer Tage näher ins Auge fasst, so findet man, dass sie [...] entstehen aus bitterer Not, aus der Not, die durch die ständig wachsende Zusammenhäufung von Menschen und Steinmassen entsteht. [...] Mit einem Worte, aus dem repräsentativen Park früherer Zeiten ist der soziale Park unserer Zeit geworden, aus dem Fürstenpark der Volkspark«, schreibt Schumacher in einer kleinen Schrift zum Stadtpark[19]. Entsprechend waren in den Stadtpark, dessen Bau sich bis in die Nachkriegszeit hinzog, neben einem großen Restaurant (»Stadthalle«), einem ländlichen Gasthof (»Milchwirtschaft«) und zwei weiteren Restaurants Planschbecken, Trinkhalle, Kaskade und Sporteinrichtungen und unterschiedliche Park- und Gartenanlagen eingerichtet – die Rasenflächen waren ausdrücklich zum Betreten vorgesehen. Es war, wie es Hartmut Frank schreibt, ein Modell einer Stadt, das dort entstand, Schumachers »Vision einer modernen Großstadt des 20. Jahrhunderts«.[20] Dann ist es allerdings auf den ersten Blick erstaunlich, dass die Grundanlage, das »Rückgrat« des Stadtparks, eine an Barockanlagen erinnernde symmetrische Achse aus Seen, Freiflächen und Park ist. Aber eben auch nur auf den ersten Blick: Um Schumacher, um überhaupt Stadtplanung in der ersten Hälfte des 20. Jahrhunderts zu verstehen, muss man sich immer vor Augen führen, wie chaotisch die Stadt des 19. Jahrhunderts, die Stadt dieses ungeheuren Wachstums geworden war.

▶ Planetarium im
Stadtpark, erbaut
1913 – 1914, hier
eine Aufnahme von
1990, ursprünglich
als Wasserturm
geplant, Architekt:
Oskar Menzel.

1918 – 1933

DIE STADT IN DER MASSENDEMOKRATIE

Am 4. August 1914 marschieren deutsche Truppen in Belgien ein. Am 13. August erreicht das letzte Schiff aus Übersee den Hamburger Hafen; die britische See-blockade, erprobtes Mittel seit Horatio Hornblowers Aktivitäten in den na-poleonischen Kriegen, lässt Hamburg sehr schnell die wirtschaftlichen Folgen des Krieges spüren. Das haben viele Kaufleute der Stadt vorher vermutet – die Kriegsbegeisterung war dort deutlich geringer als anderswo. Aber auch in Hamburg gab es Jubel zum Kriegseintritt, wurde ein »Burgfrieden« zwischen den sonst so kämpferischen Sozialdemokraten und dem regierenden Senat aus-gerufen: »Hamburgs beste Söhne ziehen das Schwert, um in höchster Not tückische Anfeindungen mit Ehren bestehen zu können. Unsere starken und erfahrenen Kräfte werden der Heimat geraubt und die lahm gelegten Betriebe bieten auch den zurückgebliebenen keine Stätte wirtschaftlichen Auskommens mehr« heißt es in einem Aufruf der »Hamburgischen Kriegshilfe« schon am 5. August 1914.

Das war sehr schnell sehr klar gesehen: Die Stadt hat vom Beginn des Krieges an wirtschaftlich schwerer als andere unter dessen Folgen zu leiden. Die teilweise vorhandene Begeisterung schlug schnell in die Erfahrung wirt-schaftlicher Not und sozialer Spannungen um, weil Hamburg mit seinem Han-del, weil insonderheit der Hafen von den Handelsbeschränkungen besonders betroffen waren. Liefen 1913 noch rund 15 000 Schiffe den Hafen an mit einer Nutzlast ihrer Güter von rund 14 Millionen Tonnen, so waren es während des Krieges jährlich unter 3 000 Schiffe mit weniger als einer Million Tonnen Nutzlast – der Hafen kam praktisch zum Erliegen, mit allen Folgen für die Arbeiter im größten Erwerbssektor der Stadt; nur die Werften konnten als Rüstungsbetriebe noch Arbeit bieten.

◄◄ Die Mönckeberg-straße, um 1930.

Es sage Niemand: „Ich habe schon gegeben"; unsere Truppen sagen auch nicht: „Wir haben schon gekämpft!"

Hamburger Weihnachtsgabe 1916

▶ »Hamburger
Opfertag« am
5. Oktober 1916,
Spendenaufruf für
die Frontsoldaten.

Steigende Preise und sinkende Löhne waren die Folge; die Arbeitslosigkeit stieg auf zehn Prozent, obwohl viele Männer eingezogen waren und Frauen ihre Arbeit übernehmen mussten (der Anteil werktätiger Frauen stieg von 20 Prozent auf ein Drittel). Der Senat versuchte zwar, durch zentrale Lebensmittelbeschaffung und -verteilung und andere soziale Maßnahmen gegenzusteuern, konnte aber die schnell wachsenden sozialen Spannungen nicht verhindern; Bereits 1916 kam es zu ersten Unruhen, die schnell eine politische Dimension bekamen; im Januar 1918 streikten 25 000 Werft- und Metallarbeiter. Der wegen der mangelnden Versorgung der Heimat mit Lebensmitteln sprichwörtlich gewordene »Steckrübenwinter« 1916/17 blieb lange im kollektiven Gedächtnis und diskreditiert dieses wohlschmeckende Nahrungsmittel bis heute.

Auch nach dem Waffenstillstand 1918 blieben die strukturellen Probleme zunächst bestehen; einerseits waren knapp sieben Prozent der männlichen Bevölkerung der Stadt gefallen, andererseits suchten die Heimkehrenden dringend Arbeit, die die Frauen, die ebenso auf den Verdienst angewiesen waren, nicht hergeben wollten. Ohnehin herrschte eine hohe Arbeitslosigkeit, da die Wirtschaft in den ersten Nachkriegsjahren nicht in Gang kam – erst im Sommer 1919 wurde die Seeblockade aufgehoben, viele Rohstoffe für die Industrieproduktion fehlten, zudem waren Reparationen zu zahlen.

Der Aufstand der Matrosen in Wilhelmshaven und Kiel führt auch in Hamburg am 5. November 1918 zur Einrichtung eines »Arbeiter- und Soldatenrates«, der die Macht übernimmt – und sie am 18. November wieder abgibt, indem er Bürgerschaft und Senat für die administrativen Funktionen wieder einsetzt. Es beginnt eine höchst merkwürdige Mischung aus Zusammenarbeit und Auseinandersetzung zwischen den sozialen Lagern. Senat und Bürgerschaft hatten das Proletariat und seinen politischen Arm, die SPD, jahrelang erbittert bekämpft; in dem Augenblick, da diese die Macht erobern konnte – spätestens nach der ersten Bürgerschaftswahl am 16. März 1919 –, suchte sie, die SPD, die Zusammenarbeit mit ihren ehemaligen Verfolgern.

Hamburg war ja vor 1914 durch die konservativen Parteien des Besitzbürgertums und der »alten Familien« politisch geprägt, die jedem Eingriff in ihre Rechte ablehnend gegenüberstanden und nur unter dem Druck äußerer Ereignisse zu Zugeständnissen bereit waren – Ereignisse vom Brand der In-

WÄHLT DIE LISTE
OTTO STOLTEN
SOZIALDEMOKRATISCHE
PARTEI

▶ SPD-Plakat zur
Reichstagswahl im
Mai 1920.

nenstadt bis zur Choleraepidemie. Das selbstgewisse Gefühl der Macht und
die Tradition Hamburgs als Stadt von Bürgern, die sich für das (von ihnen
definierte) Gemeinwohl verantwortlich fühlten, erlaubten durchaus paterna-
listisch-karitative Aktionen wie die Unterstützung der Baugenossenschaften
oder die Einrichtungen von »Stiften« als Altersheimen, aber es war immer ein
Handeln »von oben nach unten«.

Schon vor 1914 gehörte die Hamburger SPD zum rechten Flügel der
Partei; sie war – bei aller revolutionären Rhetorik – um bürgerliche Repu-
tation bemüht. Ihr Ziel war die Übernahme der Macht und deren vorsich-
tige Umverteilung zugunsten der Arbeiterschaft mit der erklärten Absicht,
auch bürgerliche Wählerschichten zu erschließen: »Eine große Partei, die
Einfluss auf die Dinge ausüben kann [...], hat die Pflicht, sich nicht selbst
auszuschalten, sondern jede Gelegenheit zu benutzen, um für die Arbeiter-
klasse herauszuschlagen, was irgend möglich ist. Alles können wir nicht ha-

ben, weil wir allein keine Mehrheit sind. Alle unsere Politik wird daher mehr oder weniger Kompromisspolitik sein müssen, und die Partei muss bereit sein, verständige Kompromisse zu machen«, sagte der Führer der Hamburger SPD, Otto Stolten, auf dem Würzburger Parteitag 1917 – die klassische Formulierung sozialdemokratischer Politik.[21] Dem entsprach die Politik der Partei nach 1918 nicht nur im Hamburg, dort aber in extremer Weise. Die revolutionären Ansätze der Arbeiter- und Soldatenräte wurden unterlaufen und organisatorisch gebändigt; praktisch gleichzeitig verhandelte die SPD-Führung mit dem Senat, um auf die Herstellung »geordneter« Verhältnisse hinzuwirken. Damit profilierte sich die SPD so weit als Stabilisierungsfaktor, dass sie für die Bürger wählbar wurde; in der Wahl am 16. März 1919 bekam sie die absolute Mehrheit der Sitze in der Bürgerschaft. Anstatt nun auch den Bürgermeister und den Senat zu stellen und eine konsequent sozialdemokratische Politik zu machen, ging die SPD eine Koalition mit der Deutschen Demokratischen Partei (DDP) ein, ließ neun der alten Senatoren im Amt und stellte noch nicht einmal den neuen Bürgermeister, mit der Begründung Stoltens, des Hamburger SPD-Vorsitzenden, »an die Spitze des hamburgischen Staates gehöre ein Mann, der auch den alten hamburgischen Familien nahestehe«[22], wie es Leo Lippmann, Staatsrat in der Finanzdeputation, in seiner Biographie erzählt.

Immerhin: Fritz Schumacher verdankt es dem vorsichtigen Beginn der neuen Regierungspartei, im Amt bleiben zu können – keiner der leitenden Beamten wurde durch Sozialdemokraten ersetzt; allerdings hätte es auch keinen inhaltlichen Grund für seine Absetzung gegeben.

Die Zurückhaltung der Hamburger SPD im Hinblick auf radikale Veränderungen blieb während der gesamten 20er Jahre unausgesprochene Politik, zumal nach der Wahl 1921 die absolute Mehrheit verloren ging. Immerhin gelang es der Partei, mit dieser gemäßigten Politik bis 1933 in der Regierungsverantwortung zu bleiben, seit 1924 immer in Koalition mit der DDP und der Deutschen Volkspartei (DVP); den ersten sozialdemokratischen Bürgermeister gab es erst 1929 mit Rudolf Roß.

Der politische Wandel ging also recht gemäßigt vonstatten – was der Stadt, im Nachhinein betrachtet, wohl ganz gut getan hat. Andererseits war die Kräfteverschiebung fundamental zu spüren, spätestens mit Inkrafttreten einer neuen Verfassung am 7. Januar 1921, nach der die Bürgerschaft jetzt tatsächlich von allen Bürgern über 20 Jahren, Männern wie Frauen, in geheimer Wahl gewählt wurde. Ihre, der Bürgerschaft Macht wurde gegenüber dem Senat gestärkt, dessen Mitglieder gegenüber der Bürgerschaft verantwortlich wurden und nicht nur auf Zeit gewählt, sondern auch abgewählt werden konnten: Die »Herrschaft des Volkes« wurde zumindest formal erfüllt. Das hatte eine Machtverschiebung im aktiven Handeln von Senat und Bürgerschaft zur

Folge, denn wer abwählbar ist, richtet sich (auch) nach Mehrheiten und der eigenen Klientel. Für die gebaute Stadt (wie für das gesamte Reich während der Weimarer Republik) hieß das, dass dem Wohnen der Masse der Arbeiter jetzt ein ganz anderes Gewicht zukam als vor dem Krieg. In einer Republik, in der jeder die gleiche Stimme hat, prägt die Masse auch die gebaute Stadt!

Es war für Deutschland die Geburtsstunde des »sozialen Wohnungsbaus«, obwohl der noch nicht so genannt wurde. Sogar die Weimarer Reichsverfassung enthielt eine Art »Recht auf Wohnung«: »Die Verteilung und Nutzung des Grund und Bodens wird von Staats wegen in einer Weise überwacht, die Missbrauch verhütet und dem Ziele zustrebt, jedem Deutschen eine gesunde Wohnung und allen deutschen Familien, besonders den kinderreichen, eine ihren Bedürfnissen entsprechende Wohn- und Wirtschaftsheimstätte zu sichern«, hieß es dort in Paragraphen 155. In unserer heutigen Verfassung steht das übrigens nicht.

Die Wirtschaftskrise mit der Inflation musste überwunden werden, bevor der Wohnungsbau zum übergeordneten Thema des Bauens werden konnte. Thema in den unmittelbaren Nachkriegsjahren war nicht der *Bau* von Wohnungen, sondern die Wohnungs*not*. Zum einen war der Neubau während des Krieges praktisch vollständig zum Erliegen gekommen. Als die Soldaten zurückkehrten und viele neue, junge Familien gegründet wurden, wurde das Wohnungsdefizit deutlich. Hinzu kamen die Aussiedlerfamilien aus den abgetrennten Reichsgebieten – in Hamburg zogen bis 1925 rund 13 000 Familien hinzu. Es wurde allgemein früher geheiratet, und – auch das ist zu berücksichtigen – die Ansprüche steigen, wenn das Ziel nahe ist. Wenn es also große politische Kräfte gibt, die Wohnungen versprechen, dann möchte man auch eine haben. Ein privat finanzierter Wohnungsbau kam in den ersten Nachkriegsjahren mit der Inflation überhaupt nicht zustande.

So stieg die Zahl der Wohnungssuchenden in Hamburg nach den Statistiken des Wohnungsamtes von 6 000 Familien 1919 (in diesem Jahr wurde das Amt eingerichtet) auf über 37 000 im Jahr 1923 und auf rund 60 000 Wohnungssuchende 1932, von denen allein 5 500 die Kriterien als »Dringlichkeitsfälle« erfüllten. Auf der anderen Seite stieg die Bevölkerungszahl im gleichen Zeitraum von 1919 bis 1932 von gut einer Million auf nur etwas mehr als 1,1 Millionen. Gleichzeitig aber wurde die respektable Zahl von 65 000 Wohnungen gebaut (im Verhältnis zur Bevölkerungszahl mehr als in Frankfurt/Main oder Berlin!), die meisten als Wohnungen mit zwei oder drei Räumen, also als Wohnungen für die große Zahl der Arbeiterfamilien und kleinen Angestellten und Beamten. Und dennoch: »Für Frau Müller und ihren Mann, einen Eisenbahnarbeiter, war es ein Lotteriespiel, ein Glücksfall, hier zu landen. Fünf

◄ Fritz Schumachers »Gürtel um Hamburgs alten Leib«, wie er die Entwicklungsgebiete der wachsenden Stadt nannte.

DIE STADT IN DER MASSENDEMOKRATIE

Jahre hat die Familie gewartet, war sie eingetragen auf dem Wohnungsamt für eine Neubauwohnung. Immer wieder wurde sie vertröstet. Endlich setzte man den Namen Müller von der gewöhnlichen Eintragungsliste zu den anderen Müllers auf die Dringlichkeitsliste, von dort nach zwei Jahren auf die Vordringlichkeitsliste. Nach weiteren zwei Jahren kam der eine von den tausend Müllers in den Genuß dieser zweieinhalb Zimmer Neubauwohnung. Sie ist schon wirklich fabelhaft« – so beschreibt eine Reportage 1929 die Situation, die in ganz Deutschland ähnlich war.[23] Diese Wohnung war für die Arbeiterfamilien nicht das Normale. Das Normale war: Vater Facharbeiter, Mutter Schneiderin, Vater und Mutter mit drei Kindern in einer Wohnung von 28 qm. Nicht normal war: Eines der drei Kinder, ein Mädchen namens Loki, heiratete einen Herrn Schmidt und wurde später Hamburger Ehrenbürgerin.

Ein erschwinglicher Wohnungsbau für die Masse – und das Wort hat in diesem Zusammenhang keinerlei negativen Beigeschmack –, das war das wichtigste Thema von Stadtplanung und Architektur während der Weimarer Republik. Wir kommen noch ausführlich darauf zurück. Aber es war nicht das einzige Thema: In einer Zeit der gesellschaftlichen Umwälzung – von der Monarchie zur Republik, von einer Klassengesellschaft zu einer, sagen wir, angedeutet klassenlosen (nämlich im Wahlrecht, nicht in der gesellschaftlichen Realität) änderten sich viele Grundlagen politischen und sozialen Handelns. Die waren zwar häufig schon in der Zeit vorher angedeutet, diskutiert worden, aber sie konnten erst nach den politischen Veränderungen realisiert werden.

»Erst während der Kriegszeit gewannen die Überlegungen führender Hamburger Persönlichkeiten die feste Form bestimmter Vorschläge für territoriale Abänderungen, die schließlich über verschiedene Zwischenstufen zu dem Wunsche führten, die vier an der Unterelbe zusammengewachsenen Städte [...] zu einer politischen Einheit zusammenzufassen [...]. Dieser ›Groß-Hamburg‹-Gedanke, der in jener Zeit, als man eine Neugliederung des Reiches ganz allgemein anstrebte, durchaus nicht fern lag und auf preußischer Seite von Altona und Wandsbek begrüßt wurde, stieß auf schweren Widerstand der preußischen Regierung«, schrieb Fritz Schumacher 1929 im Band von »Hamburg und seine Bauten«[24] – man könnte auch sagen: Schumacher eroberte die Landesplanung! Der Mann, der als Architekt geholt wurde, der vom Beginn seiner Tätigkeit sich um Städtebau und Stadtplanung gekümmert hatte, dieser Mann entwickelte sich jetzt zum Strategen einer Stadtgrenzen übergreifenden Regionalplanung mit weitreichenden politischen Folgen (denn man wird nicht fehlgehen, unter den zitierten »führenden Hamburger Persönlichkeiten« ihn selbst an führender Stelle zu sehen)!

Ausgangspunkt der Überlegungen war die eingeengte Lage der Stadt zwischen Altona im Westen, Wandsbek im Osten und Harburg und Wilhelmsburg im Süden, die die Möglichkeiten einer Stadt- und Hafenerweiterung stark beschränkten. Denn Schumacher wollte ja die Großstadt nicht verdichten, sondern von einem Zentrum aus hin zu den äußeren Wohngebieten niedriger staffeln. Das ließ sich innerhalb der bestehenden Grenzen nur unvollkommen realisieren; außerdem – und damit standen die Hafenwirtschaft und die Kaufleute auf seiner Seite – ließen sich nur schwer weitere Hafenerweiterungen durchführen. Seit den 20er Jahren wurde um die Erweiterung der Stadt Hamburg gestritten, die mit dem Zusammenschluss von »Groß-Hamburg« 1937 durchgesetzt wurde. Die Diskussion ist bis heute nicht beendet, wo es um einen »Nordstaat« geht, für dessen Parlament immerhin bis vor wenigen Jahren der Domplatz freigehalten wurde. Denn dass Hamburg die Hauptstadt dieses neuen Bundeslandes werden würde, war völlig klar.

Für die Hamburger.

Was aus den »Überlegungen« während des Krieges entstand, trotz des preußischen Widerstandes (und bei großer Sympathie insbesondere Altonas, das eine ähnliche politische Nachkriegsentwicklung genommen hatte und seit 1924 mit Max Brauer einen sozialdemokratischen Oberbürgermeister und mit Gustav Oelsner einen Bausenator besaß, der ähnlichen planerischen Weitblick besaß wie Schumacher), das war 1921 eine »Denkschrift« des Hamburger Senats an die »Zentralstelle für die Gliederung des Deutschen Reiches«. Diese Denkschrift umfasste einen »Achsenplan«, der bis heute in die Überlegungen zur Landes- und Regionalplanung Hamburgs einfließt: Dort werden zwei Grafiken einander gegenübergestellt, zum einen die »natürliche« Entwicklung der Stadt mit acht »Achsen«, die südlich und nördlich die Elbufer entlang sowie nach Schleswig-Holstein führten; eine ganz kleine Achse, fast eine Art Blinddarm, führt auch nach Bremen, aus Gründen der Symmetrie allerdings nach Süden anstatt richtiger nach Südwesten gerichtet. Die andere Grafik zeigt diese »natürliche« Entwicklung unter den gegebenen realen Bedingungen, nämlich als kümmerlich verstümmelte Ärmchen, die Mitleid mit der Stadt erregen konnten.

Der Achsenplan machte durchaus Sinn (wenn er auch von der einen oder anderen Umlandgemeinde eher als Bild eines Kraken gelesen wurde), weil er eine Mischung aus Realitätsbezogenheit und langfristiger Strategie war: Die Entwicklung entlang den Trassen des öffentlichen Nahverkehrs, mit Verdichtungsräumen um die Haltepunkte herum und sozialen Grünräumen zwischen den Achsen – das war seit Jahrzehnten fester Bestandteil der allgemeinen Stadtentwicklungsdiskussion. So hatte der spätere Stadtbaurat von Berlin, Martin Wagner, in seiner Dissertation 1916 ein ähnliches Grundkonzept entwickelt,

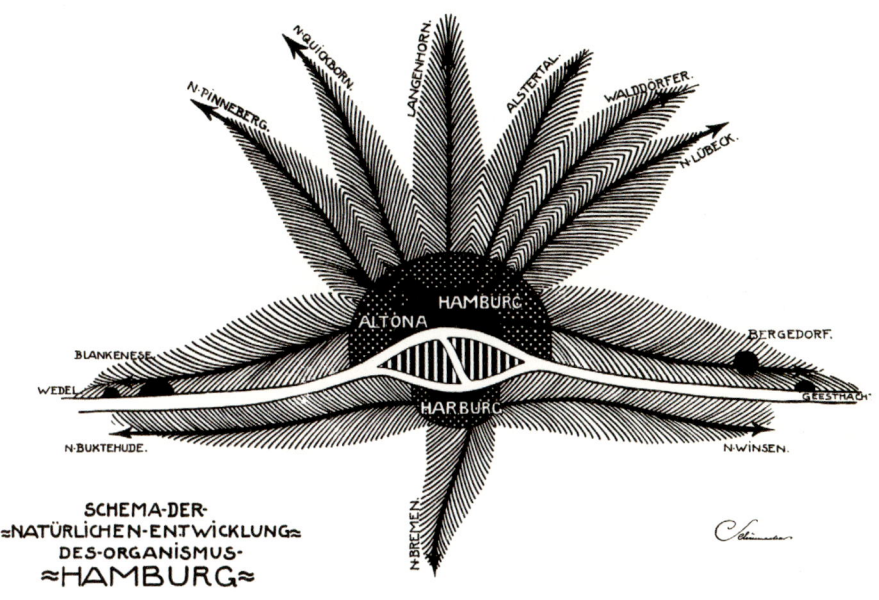

SCHEMA·DER·
≈NATÜRLICHEN·ENTWICKLUNG≈
DES·ORGANISMUS·
≈HAMBURG≈

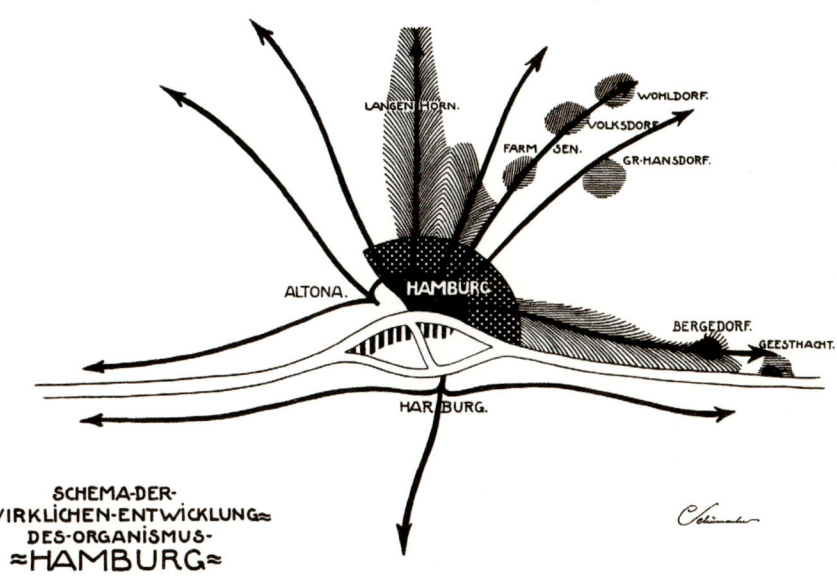

SCHEMA·DER·
≈WIRKLICHEN·ENTWICKLUNG≈
DES·ORGANISMUS·
≈HAMBURG≈

▸ Schumachers
»natürliche« gegen
die »wirkliche« Ent-
wicklung der Stadt:
der Achsenplan von
1919.

dessen Kern darin bestand, sogenanntes »sanitäres Grün« in die Großstadt zu bringen.[25] Aber eines war der Achsenplan nicht: nämlich »natürlich«, wie denn Stadtentwicklungen selten natürlich sind; anstatt der Achsen hätte man sich ja auch eine Erweiterung in konzentrischen Ringen vorsehen können (wie sie übrigens Wagner ebenfalls diskutiert hatte). Oder man hätte eine südliche Stadterweiterung vorsehen können, wie es heutige Planungen mit dem »Sprung über die Elbe« versuchen. Bis in die Zeit nach dem Zweiten Weltkrieg aber folgte die Landesplanung den von Schumacher vorgegebenen Überlegungen durchaus, weil die »normative Kraft des Faktischen« mit den Linien des öffentlichen Nahverkehrs das nahelegten.

Das zweite Ergebnis auf dem Wege zu einem »Groß-Hamburg« war die Einrichtung eines gemeinsamen Landesplanungsausschusses im Jahr 1928 der preußischen Städte und Randgemeinden und Hamburg, der die Planung der vier Städte Hamburg, Altona, Harburg und Wandsbek koordinieren sowie deren Beziehungen zu den Gemeinden im Elberaum in einem Umkreis von rund 30 km um Hamburg herum ordnen sollte. Vorausgegangen war eine Gebietsreform in den umliegenden preußischen Städten und Gemeinden, bei denen durch Eingemeindungen der Städte und Zusammenfassung von Gemeinden größere Einheiten gebildet worden waren, die dem großen Hamburg Paroli bieten sollten.

Für Hamburg aber ging es zum ersten Mal um eine – durch die Landesgrenzen noch behinderte – Planung der Stadt innerhalb des Reiches! Schumacher und andere hatten die *splendid isolation* der Stadt aufgebrochen; Hamburg definierte sich nicht mehr als selbstständige Republik in einem Staatenbund, sondern als Teil eines Gesamtstaates – ein wirklicher Paradigmenwechsel!

Die notwendige Erweiterung der Stadt war weiter fortgeschritten, zumindest planerisch, während des Ersten Weltkriegs zum Teil auch baulich. Das Netz der Hochbahn war durch die Stichstrecken nach Ochsenzoll und Großhansdorf 1921 elektrifiziert und nach Norden ausgedehnt worden (1925 bis Ohlstedt), wo man das größte Flächenpotenzial der Stadt sah. Eine nördliche Güterbahnumgehung von Hamburg war geplant, die teilweise die östlich der Alster verlaufende S-Bahn-Strecke von Ohlsdorf zum Hauptbahnhof aufnahm. Die U-Bahn-Strecke von der Kellinghusenstraße zum Jungfernstieg kam 1931 hinzu. Der Ausbau der Netze war dringend geboten, weil eine der schönsten Anlagen der Stadt gleichzeitig eines der größten Entwicklungshindernisse war und ist, nämlich die zum See aufgestaute Alster. Durch sie ist immer eine Art doppelter Erschließung, einmal links, einmal rechts der Alster erforderlich, die erst von der Krugkoppelbrücke an zusammengeführt werden kann.

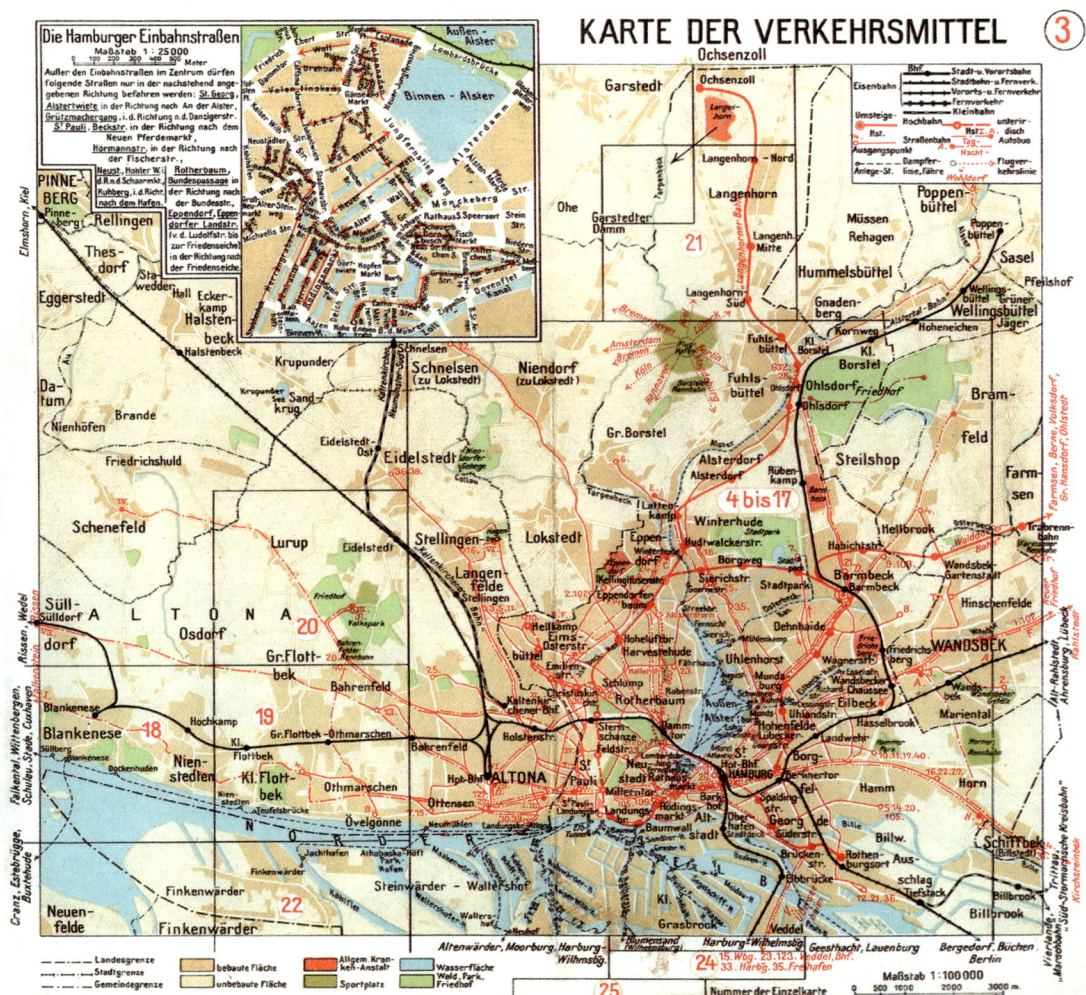

KARTE DER VERKEHRSMITTEL ③

▲ Die Hamburger Verkehrsmittel auf einem Plan von 1928.

◄ Mitten im Ge-
schäftsleben der
neuen Mönckeberg-
straße eine Kultur-
einrichtung für alle:
die Volkslesehalle,
um 1930.

Der zweite Grund für die umfangreichen Netzerweiterungen: Der Ver-
drängungsprozess in der Innenstadt, der Sanierung genannt wurde, vertrieb
immer mehr Menschen von dort und schuf gleichzeitig Platz für Arbeitsplätze.
Wofür man später Le Corbusier und die »Charta von Athen« verantwortlich
machte, die Trennung der Funktionen, hatte längst begonnen: »Wohl mancher,
der morgens seine Wohnung verlässt und eilig in überfüllten Straßen- oder
Hochbahnwagen, zu Fuß oder sonstwie seiner Arbeitsstätte zustrebt, wird sich
angesichts der Massen, die gleich ihm aus allen Stadtteilen der Innenstadt oder
dem Hafen zueilen, gefragt haben, wie viele Tausende wohl täglich morgens
ihre Wohnung verlassen müssen, um zu ihrer Arbeitsstätte zu gelangen. [...] Im
Jahre 1925 waren es von rund 555 000 Erwerbstätigen, die in der Stadt Hamburg wohnten, nicht weniger als 450 000 Personen [...]«, schreibt das sozialdemokratische »Hamburger Echo« 1930.[26] Und eine zeitgenössische Gewerk-
schaftszeitung ergänzt, wie es bei Arbeitsbeginn an den Landungsbrücken
aussieht: Man glaubt sich »inmitten einer gewaltigen Demonstration zu befinden. Die beiden Straßen sind schwarz voller Menschen, die Tausende zählen
und in größeren oder kleineren Gruppen zusammenstehen. [...] Um etwa 6 Uhr
40 kommt Bewegung in die Massen, der Zustrom erreicht den Höhepunkt, die
einzelnen Gruppen zeichnen sich plötzlich stärker ab, ballen sich enger zusam-

▶ Der von Dyrssen
und Averhoff 1928
entworfene Ham-
burger Flughafen,
Aufnahme aus den
1950er Jahren.

men. […] Dann strömen fast wie auf ein Kommando, die großen Massen nach
den drei Pontons: 1. gegenüber Neustädter-Neuerweg, 2. gegenüber Wetken-
straße (Sielponton), 3. am Baumwall. Viele Schlepper und Barkassen liegen an
diesen Pontons unter Dampf. Im Augenblick sind diese Fahrzeuge gedrängt
voll und die ersten Dampfsirenen ertönen. Um 6 Uhr 45 machen die Fahrzeuge los. Ein vielstimmiges Sirenengeheul und Tuten setzt ein. […] Wer kurz nach
7 Uhr durch diese Straßen kommt, findet nichts, das an die Tausende erinnern
könnte, die noch vor wenigen Minuten ihnen das eigenartige Gepräge gaben.«

Straßenbahn, Buslinien und Hafenfähren ergänzten den öffentlichen
Nahverkehr. Auf den Straßen waren inzwischen schon über 10 000 Pkws unter-
wegs, dazu um die 5 000 Lkws und noch einmal so viele Motorräder, dazu die
immer noch zahlreichen Pferdefuhrwerke und die vielen Fahrräder – langsam
musste man an eine »Straßenverkehrsordnung« denken. Das tat man auch –
zumindest die Fahrräder mussten seit 1929 einen Rückstrahler besitzen.

Für den »großen« Verkehr kam in den 20er Jahren das Flugzeug als neues
Verkehrsmittel hinzu; Hamburg baute mit dem Empfangsgebäude aus dem
Jahr 1928 eines der ersten großen Entrees für diese neue Welt (Architekten
Dyrssen und Averhoff, die den ersten Wettbewerb für ein Flughafengebäude
überhaupt gewonnen hatten), das noch in Resten bis zum Bau des heutigen

dritten Terminals des neuen Flughafens Bestand hatte und unter Denkmalschutz stand – ein Einkaufszentrum verdrängt also eines der ersten deutschen
Flughafengebäude. Fast 5 000 Fluggäste gab es allein im August 1928; offenbar
gab es auch damals schon »Urlaubsflieger«, zumal die Nordseeinseln direkte
Linienverbindungen hatten.

**»Durch die aus der Umwälzung der Industrietechnik sich herausbildenden neu-
en Erwerbsformen und durch eine ungemein starke Bevölkerungsvermehrung**
entstanden Verschiebungen von gewaltiger Größe. Zehntausende, Hunderttausende von Arbeitern strömten in die Städte, die auf einen solch' gewaltigen
Ansturm völlig unvorbereitet waren und sich damit begnügten, für zweierlei zu sorgen, für Arbeit und Unterkunft. [...] Für die Notwendigkeit dieser neuen Bevölkerung ausreichende Stätten der körperlichen Erholung und
Ertüchtigung zu schaffen, fehlte jedes Verständnis. Auf diese Art entstanden
Missbildungen städtebaulicher Art, deren Auswirkungen noch in Jahrhun-
derten nicht überwunden sein werden« – so beschreibt die Leitung der 1914
eingerichteten Gartenverwaltung[27] den Städtebau des 19. Jahrhunderts. Zwar
hat er mit seiner Prognose nicht recht, weil er nicht vorhersehen konnte, dass
durch den Massenwohnungsbau nach dem Zweiten Weltkrieg das Problem
der Wohnung bei stagnierender oder gar sinkender Bevölkerungszahl gelöst
sein würde. In der Analyse jedoch befand er sich im Einklang mit Schumacher
und den allgemein anerkannten Regeln der Stadtplanung, wie sie sich in der
zweiten Hälfte des 19. Jahrhunderts entwickelt hatten. Robert Kochs Entde-
ckungen des Tuberkel- und des Choleraerregers waren nur der sichtbarste Teil
einer Hygiene-Bewegung, die in der großen Hygiene-Ausstellung in Dresden
1911 gipfelte, zu der fünf Millionen Besucher strömten. Die Einrichtung des
dortigen Museums war die direkte Folge.

In den 20er Jahren veränderte sich die Perspektive der Hygiene-Diskus-
sion hin zu einer sozialreformerischen Position (die es vor dem Krieg gab, die
aber nicht umgesetzt werden konnte, weil sie politisches Handeln gegen den
Liberalkapitalismus erfordert hätte)[28]; die Schlagworte des Wohnungsbaus der
20er Jahre, »Licht, Luft und Sonne«, waren direkter Ausdruck davon. Die
Diskussion über die einzelne Wohnung mit der Frage der Überbelegung sowie
der ausreichenden Belichtung und Belüftung war aber nur die eine Seite; die
andere, die städtebauliche, wird durch Sätze wie die eben zitierten dargestellt:
Das öffentliche Grün sollte der Volksgesundheit dienen, indem es die Luft verbesserte und zu Freiluftaktivitäten aufforderte. Es richtete sich nicht in erster
Linie an die Wohlhabenden, die im Zweifelsfall einen Privatgarten besaßen,
sondern an das »Volk«, was hieß: die Masse der Kleinbürger und das Proleta-

▲ Massenwohnungs-
bau als Teil der städ-
tischen Infrastruktur:
Grünflächen, Kunst,
der Laubengang
als Kommunikations-
element: Wohnhaus
in Dulsberg von
Paul A. R. Frank, er-
baut 1929 – 1931.

riat (schließlich war zum Beispiel die Tuberkulose noch eine weitverbreitete Krankheit mit oft tödlichem Ausgang!). Die Forderung des Grünplaners, in zehn Minuten Entfernung von jeder Wohnung einen Park oder eine Grün-fläche einzurichten, die Fläche pro Einwohner von 1,85 qm Grün- und 0,20 qm Sportflächen auf 4,38 qm beziehungsweise 1,07 qm zu steigern, erfolgte also im Einklang mit allgemeinen Bestrebungen nach dem Krieg, und mit de-nen Schumachers ohnehin. Die Stadt Hamburg und auch Altona kauften, wo immer möglich, große private Parkareale auf, um sie der Öffentlichkeit zur Verfügung zu stellen. Parallel dazu wurden auch die bestehenden und die neu zu entwickelnden Bebauungspläne durch Grünzüge ergänzt.

Das Gesicht der Stadt veränderte sich in den 20er Jahren immer stärker ge-gemüber dem Gewohnten. Nach 1918, oder genauer: nach der Inflation 1924 veränderte sich – zum großen Teil wegen der Bevölkerungsexplosion des 19. Jahrhunderts, die sich jetzt jedoch nicht fortsetzte – das Bild der Stadt:

◄ Karl Schneider
war einer der be-
kanntesten deut-
schen Architekten
der Moderne in
den 1920er Jahren.
Die Fotos von Ernst
Scheel gaben dies
kongenial wieder,
hier der inzwischen
zerstörte »Emelka-
Palast«, ein Kino in
der Osterstraße,
erbaut 1927–1928.

DIE STADT IN DER MASSENDEMOKRATIE

Völlig neue Stadtquartiere entstanden, die auch nach außen hin als für eine neue Bewohnerschaft gebaut und neu auftraten. Der Straßenverkehr bot ein völlig anderes Bild als vor dem Krieg. Auch das, was man als »Goldene 20er Jahre« bezeichnet, war sichtbar – die Leuchtreklame, die ersten Radios, die Mode aus Bubikopf und Charlestonkleid. Sichtbar war vor allem das andere Selbstbewusstsein der Arbeiterschaft: Sie organisierte sich nicht nur politisch – das war schon vor dem Krieg der Fall gewesen –, sondern auf vielen anderen Gebieten, vom Arbeitersportverein (mit internationaler »Arbeiter-Olympiade«) bis zum Radfahrer-Bund, vom Volkschor bis zum Agitprop-Theater und einer Arbeiter-Radiobewegung – alles immer fein säuberlich nach KPD und SPD getrennt. »Die Stadt war«, wie es die Historikerin Adelheid von Saldern beschreibt, »wie ein Buch mit vielen Seiten, hier die Seiten der Glitzerwelt, dort die Seiten des Elends. Dann folgten Seiten, auf denen der ›Asphaltdschungel‹ der neuen Massenkultur dargestellt wird: Tingel-Tangel und Bars, Frivoles und ›Halbseidenes‹, Ausschweifungen und Prostitution, ›Sumpfiges‹ und ›Schmutziges‹, kurzum, der vorgebliche Sittenverfall der Deutschen spielte sich im großstädtischen Ambiente ab. Einige Seiten weiter ging es um den technischen Fortschritt, der sich in der Großstadt anhäufte: Technikschauen aller Art, Straßenbahnen, Elektrizität, Automatenrestaurants, Benzintanksäulen, Selbstwähltelephone, Kinos und Flughäfen – vor allem aber der moderne Städte- und Wohnungsbau. [...] Und dann die differenzierte Presse: für jede politische Richtung und jedes sozialkulturelle Milieu das entsprechende Angebot; im Jahre 1932 zählte man 3422 Zeitungen in Deutschland.«[29]

Auch die Frauen zeigten ein neues Selbstbewusstsein. Dem bürgerlichen Haushalt stand in der Regel nicht mehr das Dienstmädchen für die Hausarbeit zur Verfügung, weil man es nicht mehr bezahlen konnte; für Einladungen und Festessen wurde stattdessen die Kochfrau angestellt. Vor allem die Arbeiterfrauen, die im Krieg »ihren Mann gestanden« hatten, hatten mit dem eigenen Einkommen und dem Wahlrecht eine Selbstständigkeit erlangt, die sie vorher nicht hatten – wobei es sich hier um gesellschaftliche Tendenzen handelt, keineswegs schon um das allgemeine Sein.

Sichtbar, weil programmatisch gegen das Alte gerichtet, war das Bauen. Aber diese Entwicklungen ziehen sich immer über Jahre hinweg; so ging auch die Sanierung der Altstadt, genauer: der Abriss der Gängeviertel, weiter. Der Bau der Möckebergstraße war weitgehend abgeschlossen; jetzt folgte das Gebiet südlich davon, vor allem der Bau des Chilehauses von Fritz Höger (1922–1924). Das war ein Sanierungsprojekt in dem Sinne, als es an der Stelle des alten Wohnquartiers entstand. Es war aber auch ein von seinem Bauherren, dem

◄ Fritz Högers
Chilehaus, erbaut
1922–1924, hier
in einer Aufnahme
von 1927, war
Signal des Aufbruchs
nach dem Krieg.

► Bauten der städti-
schen Infrastruktur
als Aufgabe für Ober-
baudirektoren: Das
»Haus der Jugend«
von Gustav Oelsner,
erbaut 1928–1930.

DIE STADT IN DER MASSENDEMOKRATIE

▶ Karl Schneiders
Landhaus Michaelsen,
erbaut 1921–1923,
ist einer der frühesten
Bauten der klassischen
Moderne in Deutsch-
land.

◄ Gustav Oelsner,
um 1952, Bause-
nator in Altona
1924 – 1933 und
Referent für
Aufbauplanung
1949 – 1952.

Reeder Henry B. Sloman, bewusst eingesetztes Signal des Aufbruchs nach dem
Krieg, und es war ein Teil der Citybildung in der Innenstadt, die sich dann mit
weiteren Bauten fortsetzte bis zum sogenannten »Kontorhausviertel«: Hochhäuser, frei einteilbare Mietbüros, zurückgestaffelte Dachgeschosse – und eine
Architektur, die die Balance findet zwischen handwerklichem Konservativis-
mus und Modernität.

Tatsächlich ist das Chilehaus moderner, als es auf den ersten Blick aussieht – ein Stahlbetonskelettbau mit einer Klinkerverkleidung: Es ist großstäd-
tisch und zeichenhaft (und wurde gebaut, als die architektonische Moderne
noch kaum erkennbar war!). Ein Hochhaus, aber nicht als Solitär, sondern
eingepasst in eine bauliche Gesamtstruktur.

Die Moderne wurde dann nicht durch Höger repräsentiert, auch nicht
durch Fritz Schumacher, der sich ihr nur sehr vorsichtig näherte, sondern
durch jüngere Architekten. Zwei Bauten in Altona stehen im besonderen Maße dafür: das Haus Michaelsen in Blankenese von Karl Schneider (1921 – 1923),
der in den 20er Jahren zu den führenden modernen Architekten gehörte, und
das Haus der Jugend mit Berufsschule und Stadthalle von Gustav Oelsner
(1928 – 1930). Bauten und Architekten wie sie wurden viele Jahre lang von einer Baugeschichtsschreibung ignoriert, die auf die »Moderne« fixiert war – zu
Unrecht. Die war tatsächlich sehr viel aspektereicher, als in der nachträglichen
Einschränkung auf Le Corbusier, Mies van der Rohe und Gropius sichtbar war,

     DIE STADT IN DER MASSENDEMOKRATIE

► Oelsners Woh-
nungsbauten an der
Arnis- / Gefionstraße
mit den typischen
Übereckfenstern,
1927.

und nur der weiße Putz und das horizontal betonte Fenster sind auch nicht
hinreichend für eine Einteilung in »konservativ« oder »modern«.

Hamburg und Altona unter Schumacher und Oelsner lieferten vielmehr
einen auch in den 20er Jahren beachteten, zentralen Beitrag zur Großstadtdis-
kussion; ihre Architekten waren allgemein bekannt und geschätzt.

Der wichtigste Beitrag aber, den Hamburg in den 20er Jahren lieferte, war nicht ästhetischer Art, sondern betraf die Großstadt in der Massendemokratie: Es war die Art und Weise, wie mit den neuen Wohngebieten umgegangen wurde. Der Wohnungsbau war ja im gesamten Reich zu *der* zentralen Aufgabe geworden. Die Hauszinssteuer generierte Finanzmittel, die dessen Subventionierung ermöglichten; die gesamte Gesellschaft übernahm über die (teilweise) Zweckbindung der Steuer Verantwortung für das Wohnen der gesamten Gesellschaft. Die Frage nach der »Ration Wohnung«, der »Wohnung für das Existenzminimum«[30], beschäftigte nicht nur Architekten und Stadtplaner, sondern wurde zum allgemeinen Thema. Die Diskussion über Wohnungsfragen ging quer durch alle Lager, von den konservativen bis zu den modernen Architekten. Sie war auch ein eminent wichtiges politisches Thema, das in Wahlkämpfen und Parteiprogrammen behandelt wurde. Dabei ging es weniger um deren Ästhetik als um die Frage, was die »Wohnung für das Existenzminimum« umfassen müsse und wie man sie kostengünstig herstellen könne. Erst gegen Ende der 20er Jahre wurde die Auseinandersetzung auch um ästhetische Positionen zwischen den Architekten schärfer. Die wichtigsten Punkte im Wohnungsbau der 20er Jahre sind:

Der Staat übernahm, wenn auch zunächst eher unwillig, die Verantwortung für den Massenwohnungsbau, weil nach Krieg und Inflation der private Wohnungsmarkt zusammengebrochen war;

der Anteil von Wohnbauten im Stil der Moderne am gesamten Wohnungsbauvolumen ist sehr viel geringer, als es der späteren Bedeutung in der Baugeschichtsschreibung entspricht; er liegt vermutlich unter 10 Prozent;

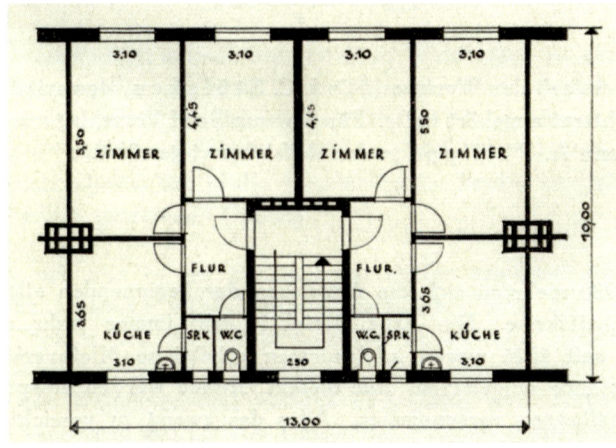

◄ Grundriss Hausgruppe Veddel, Wilhelmsburger Platz.

eine Raumauffassung, wie sie Le Corbusier oder Mies van der Rohe mit dem
»freien Grundriss« entwickelten, der zum Inbegriff der Moderne wurde, wurde im Massenwohnungsbau überhaupt nicht übernommen; die
Addition einfacher, rechteckiger Räume im Grundriss veränderte sich
gegenüber der Vorkriegszeit kaum.

Aus heutiger Sicht haben viele Beispiele des Wohnungsbaus der 20er Jahre, die
man nicht zur Moderne rechnet, einen ebenso hohen Stellenwert wie diese;
das soziale Engagement der Architekten oder Wohnungspolitiker ist nicht mit
einem bestimmten Stil verbunden. Neben dem »Neuen Bauen« gibt es zwei
große Stilrichtungen, die ganze Städte prägen: Die eine ist im norddeutschen
Raum das Bauen im roten Backstein – mit einer großen stilistischen Bandbreite –, das andere eine Art »Heimatstil« im süddeutschen Raum. Beiden ist
gemeinsam, dass sie Siedlungen mit großen, geschlossenen Blockbebauungen
entwickelten, deren Innenhöfe für gemeinsame Nutzungen verfügbar waren.
Für beide gilt ebenso wie für das »Neue Bauen«, dass der Wohnungsgrundriss
aus zwei bis drei Zimmern, Küche und Bad mit Querlüftung bestand – ein
beträchtlicher Fortschritt gegenüber der Vorkriegszeit, zumal die Zahl der
Bewohner in einer Wohnung geringer war. Dennoch konnten sich nur junge,
aufstrebende Arbeiterfamilien mit gesichertem Einkommen eine Neubauwohnung leisten.

Die Tatsache, dass jetzt von großen Wohnungsbaugesellschaften gebaut
wurde, führte zum Bau größerer, zusammenhängender Siedlungen, für die nur
am Rand der Städte Flächen zur Verfügung standen. Damit gab es Probleme
mit der Erreichbarkeit der Arbeitsstätten; außerdem waren die Hausfrauen, die
Kinderbetreuung und Hausarbeit zu übernehmen hatten, weitgehend isoliert,
denn die Siedlungen bildeten – anders als die Stadt des 19. Jahrhunderts – eine
Monostruktur; allenfalls einige Läden, manchmal auch einen Kindergarten gab
es, aber keine Arbeitsplätze – schon gar keine für Frauen.

Die Tatsache aber, dass der Wohnungsbau vom Staat gefördert wurde,
dass Architekten, Wohnungspolitiker und Wohnungsreformer sich darum be-
mühten, aber auch, dass die Bewohner, häufig genug zum ersten Mal, eine
menschenwürdige Wohnung beziehen konnten, führte dazu, dass das Wohnen zum allgemeinen Thema wurde. Wohnungsbaugesellschaften brachten
Mieterzeitungen heraus mit Ratschlägen zum Wohnen, Architekten hielten
Vorträge vor Hausfrauen, Hausordnungen reglementierten – durchaus im Ein-
verständnis der Mieter – das Leben in der Siedlung. Ziel war die Hebung der
»Wohnungskultur«, was auch immer jeder Einzelne darunter verstand. Die
jungen Familien von Arbeitern und Angestellten übernahmen mit der neuen
Wohnung auch die bürgerlichen Ideale von Ordnung und Sauberkeit; dennoch
blieb ungelöst, dass das Bild der selbstständigen, emanzipierten, sportlichen

DIE STADT IN DER MASSENDEMOKRATIE

Frau, das die Medien propagierten, mit der an Kinder und Wohnung gefessel-
ten Hausfrau nicht in Übereinstimmung zu bringen war – da half es auch nicht,
die Küche als »Laboratorium der Frau« zu bezeichnen.

Wohnungen für die Masse mussten in ganz Deutschland bereitgestellt
werden – die »Hamburger Lösung« bot spezifische Konturen.

Zunächst: Die im Krieg entwickelte Mieterschutzgesetzgebung mit festgelegten Mieten und Kündigungsschutz animierte nach dem Krieg keinen
privaten Investor, in Wohnungsbau zu investieren. Da dieser unter den Voraussetzungen eines regulierten Marktes nicht rentabel war, schon gar nicht in
den Jahren der Inflation, mussten staatliche Anreize einen Ausgleich schaffen
(Liberale sagen an dieser Stelle: Der »Sündenfall« des ersten Eingriffs in den
freien Markt – Mieterschutz – provozierte den zweiten). Die andere, extremere
Möglichkeit wäre die Übernahme des Wohnungsbaus durch den Staat gewesen;
das wurde in Hamburg nur bei der Siedlung Langenhorn und bei einem Teil
des Dulsberg-Gebiets durchgeführt, beide von Schumacher selbst unmittelbar nach dem Krieg begonnen. Tatsächlich wurden schon zusammen mit dem
Gesetz zur Förderung des Kleinwohnungsbaus 1918 zehn Millionen Mark
für Baukostenzuschüsse bereitgestellt (1920 weitere 45 Millionen). Die Mittel
wurden über die »Beleihungskasse für Hypotheken« verwaltet, die 1914 gegründet worden war, um während der Kriegsjahre Kredite auf Hypotheken zu
gewähren und damit der Wirtschaft flüssiges Geld zur Verfügung zu stellen.

Maßstab der Förderung war die Einhaltung der im Kleinwohnungsgesetz
vorgegebenen Bestimmungen; da fast die gesamte Bautätigkeit der 20er Jahre
die zinsgünstigen Kredithilfen benötigte, besaß der Staat über die Beleihungskasse ein vorzügliches Kontrollinstrument für die Einhaltung seiner bautech-
nischen und hygienischen Anforderungen an die Wohnung.

Am 14. Februar 1924, nach der Konsolidierung der Währung, wurde auf
Reichsebene die Hauszinssteuer eingeführt. Nachdem die galoppierende Inflation die Hypotheken auf Immobilienbesitz praktisch vollständig getilgt und
damit die Hausbesitzer entlastet hatte, sollten diese zur Neubaufinanzierung
herangezogen werden – eine Art staatlich verordnete Solidarität. Allerdings
wurde nur ein Teil der Hauszinssteuer für den Wohnungsbau verwendet, in
Hamburg immerhin anfangs das gesamte Aufkommen, später etwa 57 Prozent.

Die Beleihungskasse vergab mit diesen Mitteln Darlehen, die im Vergleich
zu den am freien Markt erreichbaren Konditionen außerordentlich günstig
waren. Die Förderung war unterschiedlich je nach der Größe der Wohnung –
der Kleinwohnungsbau sollte ja besonders gefördert werden – und nach der
Finanzierung. Größere Wohnungen konnten bis zu 40 Prozent der anerkannten
Baukosten als Darlehen bei 1,5 bis 3 Prozent Zinsen und 2 bis 4 Prozent Tilgung
bekommen; für die Vermietung bestand dann nur die Auflage, an Hambur-

◄ Ladenzeile der
Wohnbebauung
Bunsenstraße von
Gustav Oelsner,
1928.

ger Mietberechtigte zu vermieten, also an Personen, die dem Wohnungsamt gemeldet und als Wohnungssuchende anerkannt waren; die Miete war frei kalkulierbar. Die zweite Kategorie der Förderung betraf die Kleinwohnungen mit zwei alternativen Finanzierungsmodellen; jede Wohnung konnte mit 40 Prozent oder mit 45 Prozent von der Beleihungskasse bezuschusst werden, unverzinst und nur mit einem Prozent zu tilgen. Die Beanspruchung von nur 40 Prozent Darlehenssumme ließ dem Hausbesitzer die Freiheit, an Hamburger Wohnungsberechtigte zu vermieten, gleich, wie lange sie bereits eine Wohnung suchten; bei 45 Prozent Darlehen musste der Vermieter die Einweisung des Wohnungsamtes akzeptieren. Das war für Vermieter ein interessanterer Unterschied, als auf den ersten Blick erkennbar: Die vom Wohnungsamt als dringendste Fälle Eingewiesenen waren die sozial Schwachen, die in den Augen vieler Vermieter als »Mietrisiko« galten. Darüber hinaus war vom Anteil an Eigenkapital des Bauherrn abhängig, ob dieser vom Mieter einen Baukostenzuschuss verlangen konnte (nämlich ab 20 Prozent Eigenkapital). Je mehr Geld der Bauherr also investierte, desto eher konnte er die Auswahl der Mieter beeinflussen; und über die Forderung nach Baukostenzuschüssen konnte man dann noch den hohen Eigenkapitalanteil verringern.

Die Spannung zwischen staatlicher Einflussnahme und »freier Wirtschaft« ließ sich auch in Hamburg nicht lösen: Es gelang, privates Kapital im Wohnungsbau zu aktivieren und damit relativ viele Wohnungen zu bauen – mehr als anderswo; es gelang aber allenfalls teilweise, die vom Staat angestrebten sozialen Intentionen zu verwirklichen. Zwar schreibt der konservative Staatsrat Lippmann in seinen Erinnerungen, die »Neubauwohnungen konnten auch von Personen bezogen werden, die kein hohes Einkommen hatten [...] die Mehrzahl der eingeschriebenen Wohnungslosen war in der Lage, die niedrigeren hamburgischen Neubaumieten aufzubringen«.[31] Tatsächlich aber lagen die Neubaumieten rund 40 Prozent über den Altbaumieten, sodass der eigentliche Adressat, die Masse der Arbeiter und Angestellten, sich den Neubau nur selten leisten konnte. Im Ergebnis führte diese Politik zu einer Belegung der Neubauviertel durch die Mittelschicht der Beamten und höheren Angestellten und einen beträchtlichen Anteil an jungen Arbeiterfamilien mit zwei Verdienern – was immerhin auch hieß: Der Druck auf den Wohnungsmarkt der schlechten Altbauwohnungen und damit deren Belegungsdichte nahm ab.

»Ich brauche nicht zu wiederholen, dass der aufwärts drängenden Tendenz der geschäftlichen Kernstadt die Tendenz zur immer flacheren Bauweise der Wohnstadt gegenübersteht«[32]: Fritz Schumacher stellt sich als Stadtplaner eine Großstadt vor, die sich Ring für Ring vom hohen (Geschäfts-)Kern herunterstaffelt und durch radiale Grünkeile durchlüftet wird – siehe den Achsenplan. Er stellt selbst die – rhetorische – Frage, ob es nicht besser sei, »mög-

▸ Laubenganghäuser
der Gebrüder Frank
in Dulsberg, erbaut
1926 – 1927.

▸ Wohnbauten der
Gebrüder Gerson in
Dulsberg, 1927.

▲ Der Straßburger Platz in Dulsberg, um 1930.

lichst viele Kleinstädte um die Großstadt herum zu entwickeln und sie durch Schnellbahnen mit dem Kraftzentrum zu verbinden«[33] – das war das Konzept der »Gartenstädte«, wie es Ebenezer Howard um 1900 in England entwickelt hatte. Seine, Schumachers, Antwort: Ziel müsse stattdessen sein, den Großstadtquartieren die Qualitäten zu geben, die sie gleich*wertig* der Kleinstadt machten. Wenn man dann noch die einengenden Stadtgrenzen Hamburgs in Betracht zieht, dann konnte die Entscheidung im Massenwohnungsbau nur für den innerstädtischen Ausbau anstelle von Trabantenstädten getroffen werden: Zusammenhängende Bebauung der an das schon bebaute Stadtgebiet angrenzenden Flächen, die sich zum großen Teil schon im Besitz der Stadt befanden, da ihre Bebauung bereits vor 1914 geplant war; das hieß: Reformierung schon vorhandener Bebauungspläne. Und es hieß: Senkung der Geschosszahlen und Staffelung der Bauhöhen nach der Entfernung zum Kerngebiet.

Wenn man die größeren Wohnungsbaugebiete der 20er Jahre im Hamburger Stadtgebiet betrachtet, so kann man erkennen, wie sie sich, grob der früheren U-Bahn-Ringlinie folgend, in einer breiten Zone an die vorhandene Bebauung anschließen; hinzu kommen zwei über das Hafengebiet im Süden und nach Ohlsdorf im Norden hinausgreifende Keile. Schumacher nennt acht

Hauptwohngebiete: Eimsbüttel (Ensemble Schlankreye), Eppendorf (Breitenfelderstraße), Winterhude, Alsterdorf, Barmbek-Nord und Barmbek-Süd (Dulsberg), Hamm und Veddel; die »Jarrestadt« in Winterhude, Ergebnis eines Wettbewerbs, kommt hinzu. Die einzelnen Wohngebiete hatten unterschiedliche Voraussetzungen, je nachdem, ob ein Straßensystem bereits festlag oder der Bebauungsplan neu entwickelt werden konnte. Ihr heutiger Charakter lässt das kaum noch erkennen, da die einheitliche Klinkerbauweise und die vorherrschende Blockbebauung ästhetisch dominieren.

An zwei Beispielen soll gezeigt werden, welche städtebaulichen Charakteristika galten. Das Baugebiet Barmbek-Nord war das größte in den 20er-Jahren zusammenhängend bebaute Wohngebiet. Es bestand ein alter Bebauungsplan mit den typischen, sehr großen Blocktiefen und wenig öffentlichem Grün in diesem traditionellen Arbeiterwohngebiet. Eine Schule am Rande des Wohngebietes hatte Schumacher schon gebaut. Die Aufteilung der Flächen durch die Straßenführung war unregelmäßig, offensichtlich stark durch Bedingungen der Grundstücksparzellierung geprägt. Mitten durch das Gebiet sollten zwei parallele Straßenzüge führen, die mit den einzigen ausgewiesenen Grünflächen als Hauptachse gelten können – ein typischer Plan des späten 19. Jahrhunderts. Die Straßenführung und die Platzanlagen dominieren, die Grundstückszuschnitte müssen sich dem unterordnen, was zu zum Teil sehr ungünstigen Grundrissen mit zahlreichen unregelmäßigen Eckbebauungen geführt hätte.

▼ Schumacher selbst stellte die beiden Pläne von Barmbek-Nord, vor und nach der Gründung der Republik, in einer Veröffentlichung gegenüber.

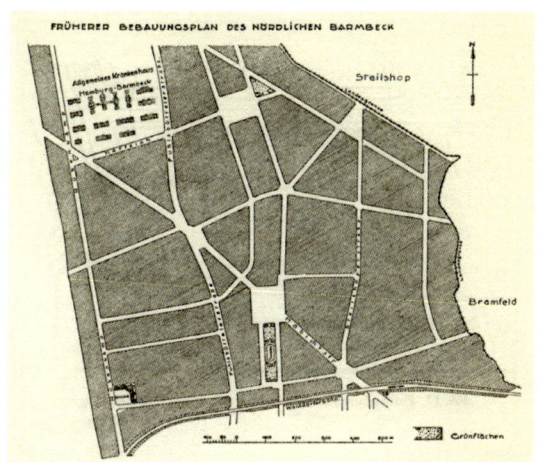

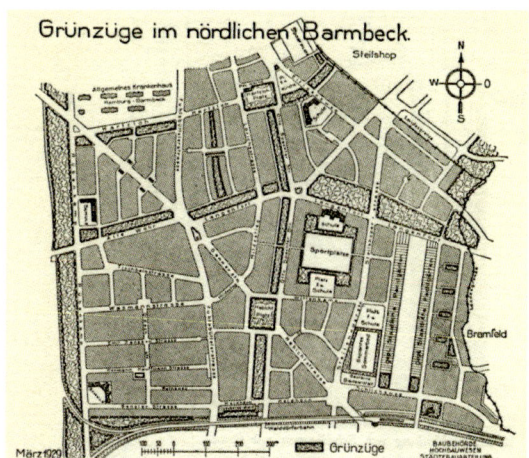

Die Reform dieses Planes musste von den schon festgelegten Verkehrsflächen ausgehen. Die Ablehnung der Schlitzbauweise mit ihren großen Bau- und Blocktiefen und die Herabzonung der Bauhöhe um mindestens ein Geschoss einerseits, die annähernde Beibehaltung der Grundstücksausnutzung andererseits führten zu einer Aufteilung in sehr viel kleinere Blocks und zu der von Schumacher gewünschten Differenzierung der Straßen nach Hauptverkehrs- und Erschließungsstraßen. Der staatliche Grundstücksanteil wurde für die Anlage durchgehender Grünzüge verwendet, die die Parkanlagen miteinander verbanden.

Darüber hinaus wird das gesamte Quartier im Sinne von Schumachers Vorstellung der Wohngebiete als stadtbildprägendem Element wie auch im Zuge der sozialen Entwicklung aufgewertet. Zu der einen Schule kommen noch drei hinzu, zwei weitere werden im Plan ausgewiesen; Freizeiteinrichtungen wie Sportplätze und Freibad sowie ein Gelände für Pachtgärten der umliegenden Bewohner ergänzen das Angebot: Aus einem Gebiet zur Ansiedlung von Arbeitern wird ein Stadt-Teil.

Das Wohngebiet auf der Veddel – auch eine Arbeitergegend – wurde vollständig neu geplant als in sich geschlossene Anlage; das Gelände gehörte der Stadt. Die ungünstige Lage zwischen der Haupteisenbahnlinie von Süden und einer Hauptverkehrsstraße wird weitgehend ignoriert; beide werden mit den

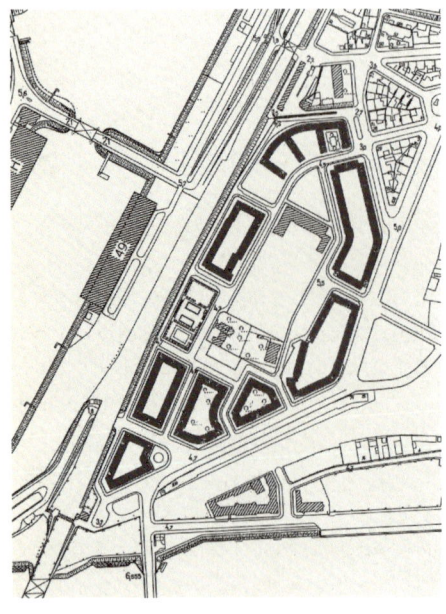

◄ Das Wohngebiet auf der Veddel, Ausschnitt aus der Grundkarte, 1934.

DIE STADT IN DER MASSENDEMOKRATIE

▲ Die Veddel, erste
Wohnbauten der
»Gemeinnützigen
Kleinwohnungs-
Baugesellschaft
Gross-Hamburg
mbH«, aus der
später die »Neue
Heimat« hervor-
gehen sollte. Bau-
beginn war 1926.

für die Bebauung charakteristischen Blocks abgeschirmt, die keine einseitige
Wohnorientierung zulassen, sondern die Wohnungen an den Verkehrslinien
dem Lärm aussetzen. Mit den Wohnblocks wird eine zentrale Platzanlage umfasst, die die öffentlichen Einrichtungen enthält: Kirche mit Gemeindehaus,
Schule, Sportflächen, Kinderheim.

Das Wohngebiet Veddel stellt trotz seiner geringen Ausdehnung so etwas wie einen Idealplan dar – und man erkennt das traditionalistische Element: die Kirche im Mittelpunkt, die Schule als Gegenpol, umschlossen von
einem Ring von Wohnblocks, die eine längsrechteckige Form von etwa 50 mal
100 Metern haben. Die traditionellen städtebaulichen Elemente sind eingesetzt:
Straßenüberbauung, Eckbetonung, Platzfassungen mit kulissenähnlichen Ver-
schneidungen.

Die Interpretation des Wohngebietes als »Stadt im Kleinen« ist keineswegs überzogen. Schumacher selbst verlangt von den neuen Wohngebieten,
sie müssten »neue Kleinwohnungs-Städte« sein. Es handele »sich nicht nur
um die in Häusern zusammengeschlossenen Wohnungen, sondern vielmehr

um den Zusammenhang dieser Bauten mit ihren gemeinsam benutzten Hö-
fen, mit Kinderspielplätzen und Grünzügen, mit Sportplätzen, Wiesen und
Wasserläufen. In dieser städtebaulichen Auffassung der Aufgabe« liege ihre
eigentliche Bedeutung.[34]

In allen Wohngebieten der 20er Jahre ist die klare Bedeutungstrennung
in Wohnbauten und öffentliche Einrichtungen erkennbar. Diese werden als
identitätsbildende, als gemeinschaftsbezogene Anlagen betont: Schumachers
Scheidung in »Grundton« und »Melodie«. So enthält die Schule in Veddel
Einrichtungen wie »Volksbibliothek und Zahnklinik, die (sie) zusammen mit
den großen Sälen der Aula und Turnhalle zugleich zu einer Art Volkshaus
[...] machen«.[35] Dieser Begriff, das »Volkshaus«, zeigt die mit den öffentlichen
Einrichtungen verbundene Absicht: Kristallisationspunkt des öffentlichen Lebens einer »Gemeinschaft« zu sein. Jedes Wohngebiet wurde als geschlossene
Einheit mit einem Kern öffentlicher Bauten behandelt, als Abbild einer Gesamtgesellschaft.

Was in den 20er Jahren im Wohnungs- und Quartiersbau der Stadt entstanden ist, ist eine »Architektur des Alltags« – Wohnen als der Normalfall. Diese Quartiere sind inzwischen – und das ist ihr Erfolg – im kollektiven Bewusstsein der Stadt verankert. Die *Quantität* des Gebauten – das nicht zuletzt durch die Quantität zum Alltäglichen geworden ist – schlägt so um in eine stadtbildprägende *Qualität*. Die Anknüpfung an vertraute Formen und vertrautes Material ließ die Architektur der 20er Jahre in Hamburg sehr schnell, sehr leicht gewohnt werden. Diese Qualität macht sie heute unverzichtbar, macht sie zu einem Faktor der Stabilität für das Stadtbild. Keine Frage: Das gebaute Stadtideal für Hamburg, das Schumacher zu verwirklichen suchte, ist harmonisierend; es deckte die bestehenden gesellschaftlichen Widersprüche zu. Es entsprach nicht dem Stand der gesellschaftlichen Auseinandersetzung – aber Stadt-Bau ist nicht Abbild einer Gesellschaft, sondern Darstellung eines gesellschaftlichen Ideals. In diesem Licht muss man Schumachers Quartiere auch heute noch lesen.

Einflussreich waren sie schon damals: In Wandsbek und in Altona, in Harburg, aber auch in weiter entfernten Städten von Lüneburg bis Neumünster, von Hannover bis Kiel wurde ähnlich (und immer im gleichen Klinkermaterial) gebaut.

▼ Typischer Hamburger Klinkerbau der 1920er Jahre: Karl Schneiders Wohnanlage am Poßmoorweg, 1928.

III

GROSS-HAMBURG UND SEINE ZERSTÖRUNG

Am 29. Oktober 1929 brachen die Aktienkurse der Börsen weltweit zusammen.
Die folgende Weltwirtschaftskrise führte in Deutschland zu sechs Millionen
Arbeitslosen. Eine am Ende kraftlose Weimarer Demokratie, ein Reichspräsi-
dent und ein Volk ohne demokratisches Bewusstsein scheiterten an sich und
den Umständen. Am 30. Januar 1933 ernennt Hindenburg Adolf Hitler zum
Reichskanzler, am 23. März macht der Reichstag die Regierung zur legislativen
Kraft (»Ermächtigungsgesetz«).

Bei den Reichstagswahlen am 5. März erhält die NSDAP in Hamburg
knapp unter 40 Prozent der Stimmen und wird stärkste Fraktion. Die Bürgerschaft wählt Carl Vinzent Krogmann (NSDAP) zum neuen Bürgermeister. In
Harburg und Altona werden die sozialdemokratischen Bürgermeister aus dem
Amt gejagt; Max Brauer, Bürgermeister in Altona, flieht ins Ausland.

Am 3. Mai 1933 liegt auf dem Schreibtisch Fritz Schumachers die lapi-
dare Mitteilung, der »Senat beschließt den Übertritt des Oberbaudirektors
Professor Dr. Ing. e.h. Dr. h.c. Dr. h.c. Fritz Schumacher in den Ruhestand«.
Schumacher ist 63 und scheidet keineswegs freiwillig aus dem Amt. Eine Epoche der Stadtentwicklung von Hamburg geht zu Ende; ihre Wirkung aber ist
heute noch spürbar.

Auf organisatorischer Ebene beginnt, was die Verantwortlichkeiten und
die Verwaltung im »Dritten Reich« wenn nicht aus-, so doch kennzeichne-
te: eine schwer zu durchschauende Mischung von Zuständigkeiten, zum Teil
zwischen den alten staatlichen Institutionen und den neuen parteigebunde-
nen, zum Teil auch mit neu geschaffenen Verwaltungseinheiten. Neben den

◄◄ Gaswerk am
Großen Grasbrook
um 1930. Die zu
vergasende Kohle
wurde über die an-
geschlossene Kai-
anlage angeliefert.

▶ Adolf Hitler
besucht Hamburg,
17. August 1934.

von der Bürgerschaft gewählten Ersten Bürgermeister trat Karl Kaufmann als NSDAP-Gauleiter und »Reichsstatthalter« mit einer durch Korruption und Günstlingswirtschaft erschlichenen, einmaligen Machtfülle, die die Amtsmacht des Ersten Bürgermeisters dominierte.

Die Position Schumachers als Oberbaudirektor wurde nicht wieder besetzt. Von 1933 bis 1936 wurde der Harburger Stadtbaurat Karl Köster »Erster Baudirektor« mit ähnlicher Funktion wie Schumacher. Seit 1938, als eine neue Landesverfassung in Kraft trat, übernahm Otto Kleeberg, ebenfalls Stadtbaurat in Harburg, die Aufgaben der Landesplanung, während die der Stadtplanung im Rahmen der Bauverwaltung von Adolf Schumacher wahrgenommen wurden. Das Hochbauamt wurde vom Ersten Baudirektor Heinrich Schluckebier geleitet. Parallel zu diesen Verwaltungseinheiten wurde aber 1939 noch eine »Durchführungsstelle für die Neugestaltung der Hansestadt Hamburg« eingerichtet, deren »Architekt des Elbufers« Konstanty Gutschow wurde; der war freier Architekt, aber mit Verträgen für bestimmte Projekte an die Stadt gebunden. Von 1943 an wurde allerdings anstelle des großartigen Neubaus erst einmal der Wiederaufbau der Stadt geplant, großenteils von den gleichen Leuten.

◄ Konstanty
Gutschow, 1938

Wie sah die Stadt aus, deren Zukunft geplant werden sollte? Die Arbeitslosigkeit der Jahre vor 1933 wurde nur langsam abgebaut, weil die Förderprogramme der Nationalsozialisten in Hamburg nur teilweise griffen – die Stadt war durch Schifffahrt, Schiffbau und Handel geprägt, nicht durch die Industrie; noch 1934 wurde Harburg-Wilhelmsburg zur Notstandsgemeinde erklärt mit der höchsten Arbeitslosigkeit im ganzen Reich. Die Autarkiebestrebungen des Reiches gingen nicht gut mit einem weltumspannenden Handel zusammen. So konnten während der gesamten zwölf Jahre des »Dritten Reichs« weder die Zahl der Schiffe noch die Tonnage von 1930 erreicht werden.

Dennoch wurde im Hafen gearbeitet – immer noch laut, immer noch stark durch Handarbeit geprägt; die Nieten waren noch nicht durch die geschweißte Naht abgelöst. Inzwischen dominierten Halbportalkräne das Ladegeschäft vor den Kaischuppen, unter die die Eisenbahngeleise führten, und es gab tatsächlich erste Vorläufer des Gabelstaplers, sogenannte »Hubble-Karren«. Segelschiffe allerdings gab es nur noch so wenige, dass man ein einzelnes Hafenbecken danach benennen konnte, den »Segelschiff-Hafen«.

Laut war es nicht nur im Hafen, sondern auch in der Innenstadt. Inzwischen waren es nicht mehr die eisenbeschlagenen Wagenräder von Pferdefuhrwerken auf Kopfsteinpflaster; die Motorisierung nahm erheblich zu. Das Verkehrsgewirr war beträchtlich und wurde nur langsam geordnet; 1934 gab es eine »Reichsstraßenverkehrsordnung«, die allerdings (bis 1939) keine Geschwindigkeitsbegrenzungen vorsah. Die Faszination, die erste Leuchtreklamen und elektrische Straßenbeleuchtung in den 20er Jahren ausgemacht hatten, wurde zur Gewohnheit; die Elektrifizierung wurde stärker auf den einzelnen Haushalt fokussiert. Zwar verfügten auch schon 1928 über 50 Prozent der Haushalte über einen elektrischen Staubsauger, auch der elektrische Kühlschrank wurde zum Massenartikel, aber beide zielten auf eine bürgerliche Mittelschicht, die sich kein Personal leisten konnte – nicht etwa auf das Proletariat, das häufig genug noch – vor allem in den Wohnungen der Zeit vor 1918 – ohne Strom wohnte. Die Elektrifizierung wurde jedoch im »Dritten Reich« massiv gefördert. Großkraftwerke sollten Strom auch zur ländlichen Bevölkerung bringen – schon damit sie den Volksempfänger einschalten konnte –; »Kühle elektrisch – Kampf dem Verderb!« als Slogan, der den Kühlschrank in den Dienst der Ideologie stellte.[36] Und der Volksempfänger, das preisgünstige Radio für die Massen, wurde als Propagandainstrument verwendet; zum ersten Mal in der Geschichte konnte über die physischen Grenzen hinweg ein Volk beeinflusst werden – das allerdings auch einen Knopf hatte, um das Gerät auszustellen. Jedenfalls wurde das Radio schon seit den 20er Jahren als Instrument ohne Klassenschranken gesehen. Geradezu prophetisch im Hinblick auf die Nazizeit war jedoch die Einschätzung, die der Berliner Schriftsteller Viktor Engelhardt

◄ Reger Straßen-
verkehr in den 30er
Jahren.

GROSS-HAMBURG UND SEINE ZERSTÖRUNG

◄ ▲ Hafenumschlag
in den 30er Jahren.

schon 1924 hatte: »Das letzte Bollwerk ist zerstört. Tausend und abertausend
Familien, hunderttausende von Männern und Frauen haben nicht mehr die
Wahl, zu weinen, zu lachen, wie es ihnen beliebt. Weinen und Lachen wird
ihnen zugetragen, wird ihnen aufgezwungen – von außen. [...] Der Rundfunk
vernichtet die persönliche Kultur des geselligen Kreises. Er zwingt dort, wo
er wirkt, alles in einen gemeinsamen Bann [...]. Im Rundfunk haben wir eine
technische Organisation vor uns, die Masse schafft – im wahrsten Sinne des
Wortes. Die Masse der willenlos Lauschenden.«[37]

Das »normale« Leben, wie es sich auf den Straßen der Stadt darstellte, war so
normal nicht. Die nationalsozialistische Organisation des gesellschaftlichen
und privaten Lebens machte sich breit und sichtbar. »Armer Staat bittet um 'ne
milde Gabe«: Winterhilfswerk, Jugendhilfswerk, Altershilfswerk – »und noch
und noch«, wie es 1958 im milde karikierenden Film »Wir Wunderkinder«
hieß. Gesammelt wurden auch die Menschen: – in der Partei, in den Jugendor-

◄ Judenboykott im
Grindelviertel, 1934.

ganisationen, in den Luftschutzlehrgängen – »und noch und noch«. Sie und die
Partei selbst mussten sich zeigen: Aufmärsche wurden aufwendig zelebriert,
um die Macht und den Glanz der Partei und das Staates zu beweisen.

Opposition dagegen wurde unterdrückt, Judenboykotts gab es auch in
Hamburg von 1933 an – die Stadt zeigte sich, entgegen ihrem Selbstverständnis als liberal und aufgeschlossen, keineswegs als Hort des Widerstandes. Der

kommunistische Widerstand der organisierten Arbeiterschaft bildete eine löbliche Ausnahme, die »Swing-Jugend« war wohl eher Jugend- denn politischer Protest. Die Hamburger in ihrer großen Mehrheit blieben unpolitisch und passten sich an. Nach der Berliner Bücherverbrennung wurde auch in Hamburg »undeutscher Geist« verbrannt. Dass der Abfall vom humanistischen Geist allumfassend war, zeigt Ralph Giordanos Buch über »Die Bertinis«: Selbst das humanistische Gymnasium »Johanneum«, in einem Schumacher-Bau beheimatet, wollte nicht abseits stehen in der Verfolgung des »Undeutschen«.

Ein Beispiel der umfassenden Verquickung von Politik und Stadtentwicklung bildet die Fortsetzung des Sanierungsprogramms in der Innenstadt. Vorweg einige allgemeine Anmerkungen zur Stadt- und Wohnungspolitik der Nationalsozialisten, denen ja immer Großstadtfeindlichkeit und die Sehnsucht nach der eigenen Scholle in Dorf oder Kleinstadt nachgesagt wurde – bei gleichzeitiger Anlage von »Führerstädten«. Der Wohnungsbau in der Zeit des Nationalsozialismus wurde gezielt propagandistisch missbraucht. Das »Neue Bauen« wurde abgelehnt. Dahinter stand aber weniger eine bestimmte Haltung zur Architektur als vielmehr die Gegnerschaft zur Sozialdemokratie, mit der sich die Architekten der Moderne verbunden fühlten.

Nach 1933 wurde der Wohnungsbau auf Reichsebene in drei Phasen durchgeführt: Bis etwa 1935 wurde der Bau von »Kleinsiedlerstellen« vorangetrieben, wie er bereits nach der Weltwirtschaftskrise in der Weimarer Republik begonnen worden war; kleine und mittlere Städte wurden bevorzugt besiedelt, da die Bindung an »die Scholle« als ideologische Orientierung diente und die Großstadt zumindest verbal abgelehnt wurde. Bis 1939 wurden dann vor allem »Heimstätten« für die »Gefolgschaften« der Wehrmacht und für die Stammarbeiter der wichtigen Industriebetriebe errichtet. In diesem Zusammenhang wurden auch einige neue Städte erbaut, wie Wolfsburg (»Stadt des KdF-Wagens«) und Salzgitter (»Stadt der Hermann-Göring-Werke«). Schließlich wurde 1941, mitten im Krieg, ein Programm entwickelt für einen »sozialen Wohnungsbau«, das alles bisher auf diesem Gebiet Durchgeführte weit übertroffen hätte.

Die Widersprüche dieser offiziell verkündeten Politik sind offensichtlich. Tatsächlich wurde bis zum Beginn des Krieges auch in den Großstädten weiter gebaut – trotz der theoretischen Ablehnung zum Teil sogar auf den gleichen Plänen wie in den 20er Jahren beruhend.

Einen weiteren Widerspruch gab es in der Ästhetik der Bauten. Im Wohnungsbau hat der Nationalsozialismus keinen neuen »Stil« entwickelt; was gebaut wurde, war eine biedere Fortsetzung des »Heimatstils« der Zeit zuvor, verbrämt mit einigen Flaggenmasten mit Hakenkreuzfahnen. Propagiert wurde eine Art Regionalismus: das architektonische Eingehen auf lokale oder regionale Traditionen, um das ideologisch beschworene »Völkische«, die Verbindung mit »Blut und Boden« sichtbar zu machen. Dieser Regionalismus war jedoch nur Fassade; dahinter verbargen sich die immer gleichen Grundrisse; die Fassaden wurden standardisiert und industrialisiert, in Hamburg wurde anstelle des Klinkers der preiswertere rote Backstein verwendet.

Entgegen der offiziellen Propaganda wurden nicht mehr Wohnungen als in der Zeit vor der Weltwirtschaftskrise gebaut. Trotz der verbalen Verpflichtung des Staates zum Wohnungsbau nahm dessen Kostenanteil ab, weil das Geld für die Rüstung gebraucht wurde; konsequent wurde 1938 die Wohnungsbautätigkeit weitgehend eingestellt. Der Wohnungsfehlbestand stieg in den Jahren zwischen 1933 und 1939 reichsweit von 400 000 Wohnungen auf rund 1,5 Millionen. Am Ende des Krieges lag er bei fünf bis sechs Millionen. Vor 1933 hatte Adolf Hitler jedem Arbeiter sein Heim versprochen, in dem er sich fühle wie in einer »Burg«.[38] Die lag jetzt in Trümmern. Sofern er sie überhaupt gehabt hatte.

Das heißt nicht, dass nicht auch in dieser Zeit qualitätvoll gebaut werden konnte; die Siedlung Klein Borstel mit 547 Wohnungen ist ein hervorragendes Beispiel dafür (übrigens mit einem interessanten Eigentumsmodell: Haus und

◄ Die »Frank'sche Siedlung« von Paul A. R. Frank in Wellingsbüttel, erbaut 1934 – 1939, auch heute noch begehrt.

Gesundes Wohnen ~
Gesundes Volk!

Herrn Fritz-Hermann Frank und Frau Gemahlin, Hamburg.

Wir bitten Sie, uns die Ehre zu erweisen, der

Richtfeier unserer 217 neuen Häuschen
der Gartenstadt Kornweg / Klein-Borstel

im Kreise ihrer zukünftigen Bewohner beizuwohnen. Mit Fertigstellung dieser
Häuser zählt die Gartenstadt Klein-Borstel 544 Heimstätten.

Wir bitten Sie, im Anschluß an die Feier zusammen mit den Bauhandwerkern
unser Gast beim zünftigen Richtschmaus sein zu wollen.

Die Feier findet statt am Sonnabend, 29. Oktober 1938, 13 Uhr,

Zugang und Anfahrt zum Festplatz: Stübeheide, hinter der Kirche, beim
Vorortsbahnhof Kornweg.

Der Richtschmaus (Eisbeinessen) ist anschließend im Gasthaus „Kanadische
Bucht", Wellingsbüttler Landstraße 217.

Heil Hitler!

Siedlungsbaugesellschaft Hermann und Paul Frank

Hamburg 1, „Merckhof", Ernst-Merck-Straße 12-14 / Fernsprecher: 24 26 54

► Einladung zum
Richtfest 1938.

Grundstück blieben im Eigentum der Siedlungsgesellschaft, aber die Bewohner
erhielten ein nicht kündbares und vererbbares Wohnrecht, das sie de facto zu
Besitzern machte). Aber Bilder wie die Wohnidylle der »Frankschen Siedlung«
sind vergiftet. Eine rein ästhetische Betrachtung der Wohnbauten im Nationalsozialismus verbietet sich, denn man muss auch wissen, dass nur ein nach
»rassischen« Gesichtspunkten ausgewählter Personenkreis, also keine Juden,
die Häuser beziehen konnte (»oberster Grundsatz hierfür ist die gemeinsame
große Grundlinie staatspolitischer, rassehygienischer und bevölkerungspoli-
tischer Art«, nach deren Maßgabe Menschen ausgesucht wurden, die »gute
Erbmassen« hatten und die nach den »persönlichen Gesichtspunkten: erwie-
sene Tüchtigkeit im Beruf, anständige Lebensführung und Freisein von Suff«
ausgewählt wurden[39]).

Eine isolierte Betrachtung nur der Bauleistung im Nationalsozialismus reicht deswegen nicht aus, weil alle wirtschaftliche und industrielle Leistung, also auch die Bautätigkeit, unter dem Diktat der Ideologie stand.

Genau das lässt sich auch am Sanierungsprojekt in der Hamburger Neustadt belegen, das sich heute als eine der wenigen Wohninseln in der Innenstadt rund um den Hummelbrunnen präsentiert. Im 1953 erschienenen Band von »Hamburg und seine Bauten«, der die Zeit seit 1929 behandelt, schreibt der damalige Oberbaudirektor Werner Hebebrand erstaunlich unkritisch: »Als Positivum in diesen Jahren bis zum Beginn des Krieges ist in vielen Städten die Auskernung von Elendsvierteln in den Altstädten zu erwähnen. Diese Auskernung wurde allerdings in den meisten Fällen unter zu starker Betonung romantischer Bestrebungen durchgeführt. Hamburg, welches im Gegensatz zu anderen Städten in der restlosen Beseitigung der alten Gängeviertel seit den neunziger Jahren von erstaunlicher Konsequenz war, setzte diese städtebaulich gute Tradition auch in den ersten Jahren des Dritten Reiches fort.«[40]

Eine zu starke »Betonung romantischer Bestrebungen« konnte man der Sanierung des Gängeviertels in der Tat nicht nachsagen. Zunächst: Das auffälligste Wort bei der Lektüre nationalsozialistischer Schriften auch zu Archi-

▼ Innerstädtischer Wohnungsbau als Sanierung: Bebauung Rademachergang 1934 – 1937.

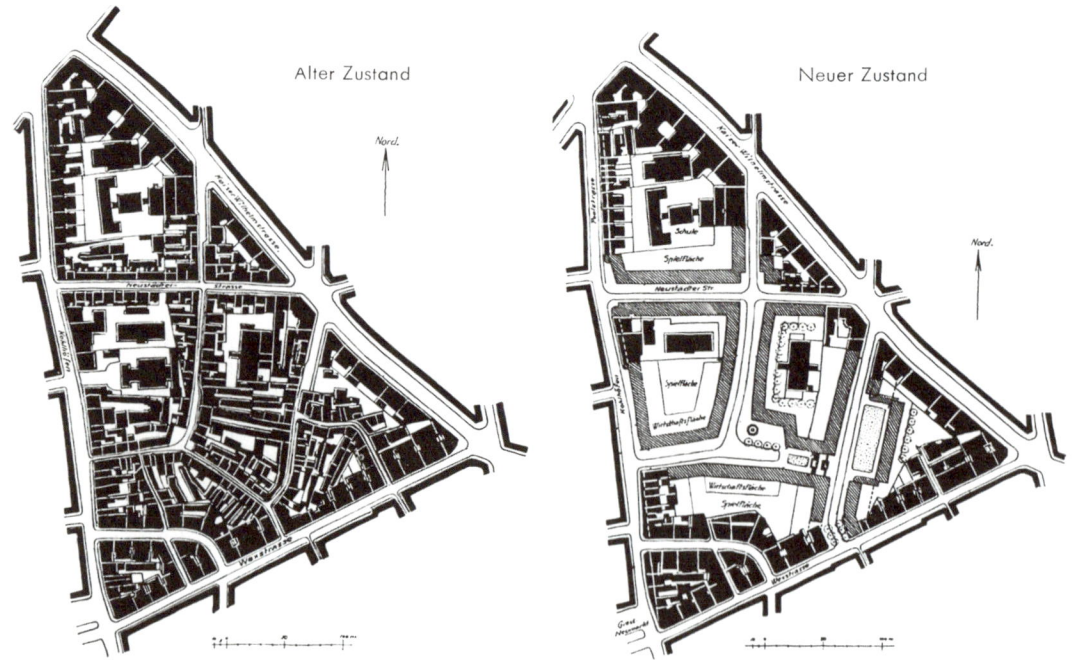

Alter Zustand

Neuer Zustand

tektur und Städtebau ist das Wort »gesund«. Gesunde Wohnungen, gesunde Menschen, gesunde Städte, gesunder Volkskörper – alles musste »gesund« sein oder werden; es war offenbar vorher »krank« und machte den Eingriff des »Arztes« nötig. In der Stadtpolitik der Nationalsozialisten wurde nun die bauliche Sanierung mit der politischen Säuberung von Vierteln vermischt, die man für »Brutstätten des Bolschewismus« hielt: »Es war daher eine politische Notwendigkeit, dass das Reich nach der Machtergreifung zuerst diejenigen Altstadtgesundungen begünstigte, bei denen verwahrloste ›Slum-Viertel‹ zum Abbruch kamen. Sowohl in Hamburg wie in Köln wurden einzelne Altstadtteile nicht nur deshalb abgerissen, weil die Häuser baufällig waren, sondern weil der Wunsch bestand, die Bevölkerung, die sich hier festgesetzt hatte, voneinander zu trennen und in besseren Wohnverhältnissen für die menschliche Gesellschaft wieder zu gewinnen.«[41] Es ging also in starkem Maße darum, »politisch unzuverlässige« Personen und sozial schwache Familien umzusiedeln – die »Krankheitsherde« mussten beseitigt werden, damit das »Volksganze« gesunden konnte.

In Hamburg hatte der Soziologe Andreas Walther versucht, ein »Sozialkataster« aufzustellen, mit dessen Hilfe »gemeinschädliche Regionen« herausgearbeitet werden sollten. Er wertete die Wahlergebnisse der letzten freien Wahlen vor 1933 aus, um anhand der hohen Anteile von SPD- und KPD-Wählern »potentielle ›Gesundungsgebiete‹« ausfindig zu machen: »Die Wahlergebnisse gaben ihm Anhaltspunkte für ›gemeinschädliche Regionen‹. Dabei sah er ›eine gleichartige räumliche Zusammenhäufung von politisch destruktiver Haltung, jugendlicher Gefährdung, hoffnungsloser Lebensuntüchtigkeit, intellektueller und psychopathischer Minderwertigkeit und vielen Arten asozialen und kriminellen Verhaltens [...]‹, die erlauben, ›die gemeinschädigenden Bezirke, die unter sozialen Gesichtspunkten vordringlich sanierungsbedürftig sind, aus dem Stadtbild deutlich herauszuheben und eindeutig zu umgrenzen‹.«[42]

Nachdem man so wusste, welche Gebiete »sozial unerwünschte Elemente« enthielten, musste man nur noch die Baufälligkeit der Häuser feststellen, um mit der Abrissbirne eine politische Säuberung herbeizuführen. Dass dabei niedrige Einkommen, im weitesten Sinne »linke« politische Orientierung und schlechte Bausubstanz zusammenfielen, ist nicht überraschend – wer wenig Geld verdient, ist gezwungen, die schlechtesten Wohnungen zu mieten. Allerdings fanden die versprochenen »besseren Wohnverhältnisse« für die Bewohner keineswegs statt, die ihnen die Eingliederung in die »gesunde« Gesellschaft ermöglichen sollten. Der Bericht über den Abriss des Gängeviertels bestätigt das, der unter dem euphemistischen Titel der »Umgestaltung des Gängeviertels« erschien: »Am Anfang war die Tat! Wir haben uns nicht lange mit theoretischen Vorarbeiten aufgehalten – wir haben einfach abgebrochen! [...] Keine Kleinigkeit, dieser städtebauliche Vorstoß in das Gängeviertel der Neustadt Hamburg! Behutsam zögernde Hand wäre vielleicht schon an den Schwierigkeiten erlahmt, die sich bei den bodeneigentumsrechtlichen Auseinandersetzungen [...] hätten ergeben können. [...] Die Neuversorgung mit Wohnungen blieb den Bewohnern des Abbruchgebietes selbst überlassen. Dank diesem von starker Entschlossenheit zeugenden Vorgehen wurden Staat und Stadt Hamburg kaum in einem einzigen Falle mit Sorge um die wohnliche Unterbringung der früheren Bewohner belastet.«[43] Auf Deutsch: illegaler Abriss unter Hinterlassung der Bewohner.

Man kann noch an der späten Bewertung durch Werner Hebebrand sehen, dass die Sanierung an sich jedenfalls durchaus von der Bevölkerung begrüßt wurde, zumal das neue Quartier (anders als in den 20er Jahren) ebenfalls als Wohnquartier entwickelt wurde.

Ein besonderes Kapitel des Wohnens im »Dritten Reich« war die systematische Vertreibung der Juden durch die angestrebte »Arisierung« der Immobilien und die »Entjudung« von Mietwohnungen als Vorstufe der Vertreibung. Eine Fülle von Gesetzen und Verordnungen bot eine Scheinlegalität, mit der der Prozess der Vertreibung und Vernichtung vorbereitet wurde. Die Vermögenswerte fielen an den Staat, die Wohnungen und Häuser konnten von Parteigenossen und, nach Beginn des Krieges, von ausgebombten Familien übernommen werden; die Juden selbst wurden in sogenannten »Judenhäusern« zusammengedrängt: »Der Grundgedanke der gegenwärtigen Regelung ist, Wohnraum für deutsche Volksgenossen dadurch zu schaffen, dass die Juden in jüdischen Häusern eng zusammengedrängt werden« heißt es in einer Rechtsauskunft vom 15. April 1941.[44]

In Merkblättern war festgelegt, was jüdische Familien machen mussten, bevor sie deportiert werden »durften«: Die Wohnungen mussten gereinigt, das Geschirr abgewaschen, sämtliche Rechnungen bezahlt und der Haupthahn der Licht-, Wasser- und Gasleitungen abgedreht werden. Der Hausbesitzer musste »vor der Evakuierung verständigt« und der Kanarienvogel zu Nachbarn gebracht werden – schließlich war Hitler tierlieb.

Vor 1933 wohnten etwa 20 000 Juden in Hamburg, von denen die Hälfte vor 1941 auswandern konnte. Wer geblieben war, musste sich an bestimmten Sammelplätzen einfinden, meist auf der Moorweide vor dem Dammtorbahnhof, wenn er die Benachrichtigung zur Deportation erhalten hatte: »Der Deportationsweg (führte) in Hamburg zum Hannoverschen Bahnhof [...] – wegen der Gleisführung – zwangsläufig über die Bahnhöfe ›Dammtor‹, ›Haupt-Bahnhof‹ und ›Oberhafen‹, von dort – zurücksetzend – zum Abgangsbahnhof (am

▲ Nach München
und Berlin war 1938
Hamburg nächste
Station der Aus-
stellung »Entartete
Kunst«. Die Warte-
schlange am Ein-
gang in der Spitaler-
straße 6.

Lohseplatz), auf dessen Gleisen u. a. Gepäck und Lebensmittel (in Güterwa-
gen) bereitstanden.«[45]

Der Hannoversche Bahnhof in der heutigen HafenCity war nach dem
Bau des Hauptbahnhofs als Hauptgüterbahnhof genutzt worden; jetzt began-
nen von hier die Transporte nach Litzmannstadt (Lodz), Riga, Minsk, Auschwitz oder Theresienstadt – 17 Sonderzüge mit rund 6000 Personen insgesamt
zwischen dem 25. Oktober 1941 und dem 14. Februar 1945. Am Ende des
Krieges lebten noch 600 Juden in Hamburg.

Käthe Goldschmidt beschreibt in ihrem Bericht »Der Führer schenkt den
Juden eine Stadt« den weiteren Verlauf: »Nein – auf unserem Transport nach
Theresienstadt fing niemand an zu schreien. [...] Beim Registrieren für die
Transportliste herrschte ein ungewöhnlich konziliater Ton. Keine Schläge,
nicht einmal laute Kommandos, niemandem wurde aus Spaß der Kopf unter die Wasserleitung gehalten. Die Sekretärinnen der Gestapo, zwei attraktive Mädchen, reichten uns mit spitzen Fingern unsere Judenkennkarten
zurück, in die sie gestempelt hatten, daß die Inhaber dieses mit dem Heu-

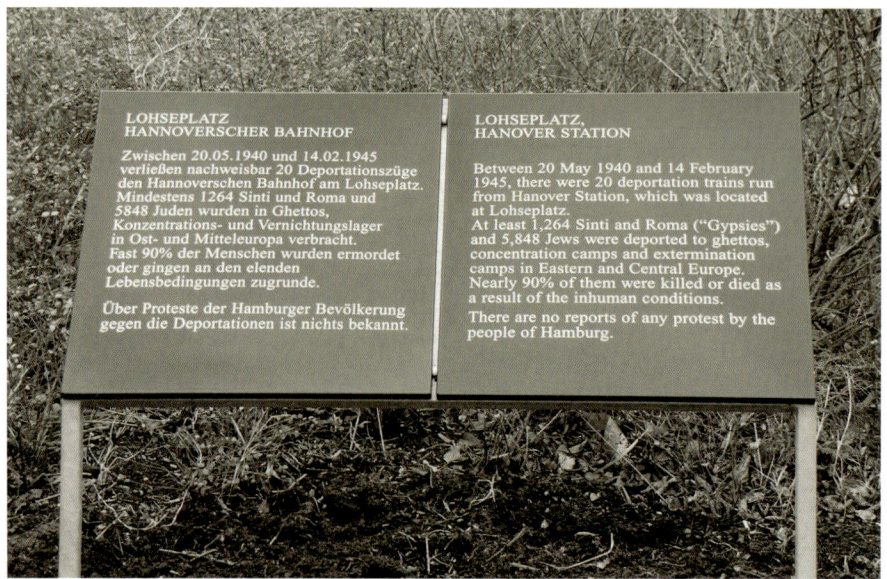

LOHSEPLATZ
HANNOVERSCHER BAHNHOF

*Zwischen 20.05.1940 und 14.02.1945
verließen nachweisbar 20 Deportationszüge
den Hannoverschen Bahnhof am Lohseplatz.
Mindestens 1264 Sinti und Roma und
5848 Juden wurden in Ghettos,
Konzentrations- und Vernichtungslager
in Ost- und Mitteleuropa verbracht.
Fast 90% der Menschen wurden ermordet
oder gingen an den elenden
Lebensbedingungen zugrunde.*

*Über Proteste der Hamburger Bevölkerung
gegen die Deportationen ist nichts bekannt.*

LOHSEPLATZ,
HANOVER STATION

Between 20 May 1940 and 14 February
1945, there were 20 deportation trains run
from Hanover Station, which was located
at Lohseplatz.
At least 1,264 Sinti and Roma ("Gypsies")
and 5,848 Jews were deported to ghettos,
concentration camps and extermination
camps in Eastern and Central Europe.
Nearly 90% of them were killed or died as
a result of the inhuman conditions.
There are no reports of any protest by the
people of Hamburg.

◄ Heutige Gedenk-
tafel, die an die De-
portation der Juden
vom Hannoverschen
Bahnhof erinnert.

tigen evakuiert seien und hakten uns auf ihrer Liste ab. [...] Auf dem abgelegenen Güterbahnhof, dem Hannöverschen, der schon Schauplatz vieler
Judentransporte gewesen war, begann für uns das Abenteuer, aus dem noch
niemand zurückgekehrt war. [...] Die Türen wurden zugeschoben. Der Transport war abgefertigt. Wir merkten, daß wir fuhren. – In diesem Augenblick
endete die altehrwürdige Tradition der Hochdeutschen Israeliten-Gemeinde
zu Altona, und die der hochangesehenen und reichen Deutsch-Israelitischen
Gemeinde Hamburg.«[46]

Der Rest des Hannoverschen Bahnhofs liegt heute in der HafenCity, also
in einem Neubaugebiet. Es gibt kaum noch authentische Überreste. Als histo-
rischer Ort bleibt er dennoch wichtig.

**»Das Jahr 1937 brachte endlich einer Arbeit vieler Jahre, insbesondere der Lebens-
arbeit Fritz Schumachers, den Erfolg:** Am 26. Januar 1937 wurde der Zusammenschluss der vier Städte an der Unterelbe zu einem einheitlichen Ganzen, zum
Gebiet von Großhamburg, verkündet«[47] – Das Land Hamburg verzichtete auf
die Städte Geesthacht und Cuxhaven (Amt Ritzebüttel) und vereinigte sich mit
Altona, Harburg-Wilhelmsburg und Wandsbek sowie zahlreichen kleineren
Gemeinden zu »Groß-Hamburg«. Das war ein längst notwendiger Schritt,
wenngleich im Landesplanungsausschuss von Hamburg und Preußen bereits

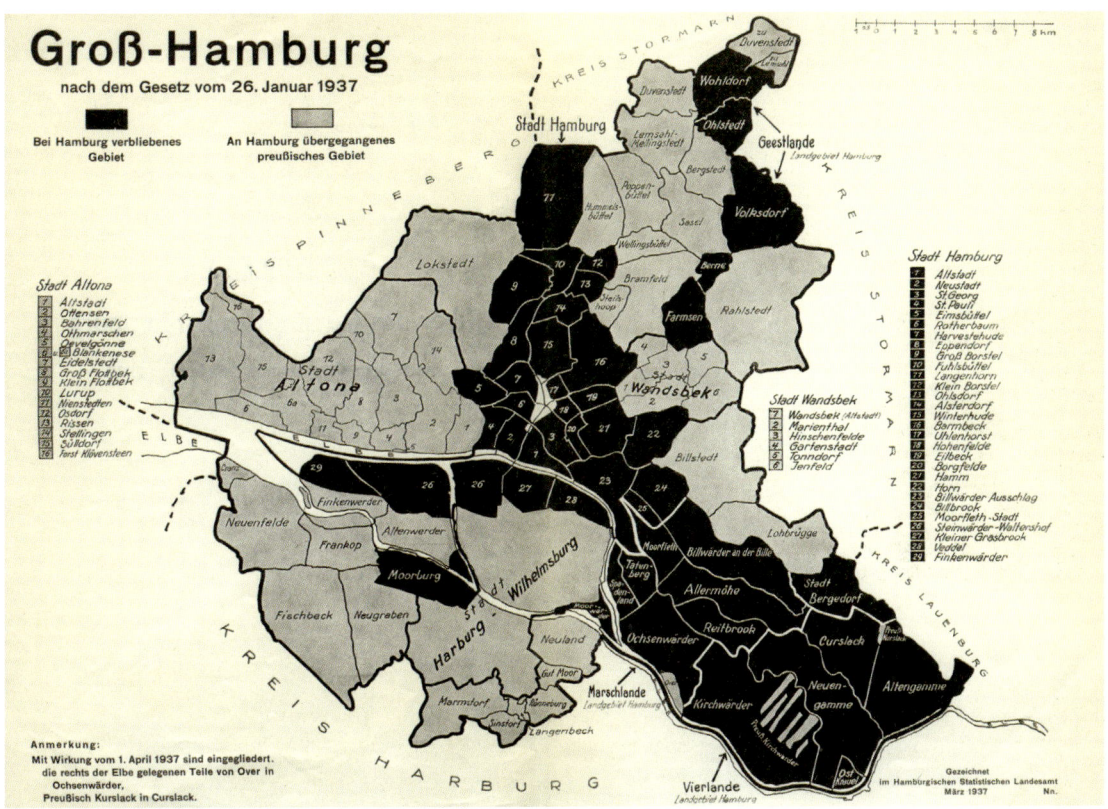

Plan zum Groß-
Hamburg-Gesetz vom
26. Januar 1937.

länger eine einheitliche Stadtentwicklungspolitik der vier Städte verfolgt worden war. Aber erst eine Diktatur konnte den Zusammenschluss durchsetzen
– »Heil Dir, Groß-Hamburg!«, wie eine Harburger Zeitung schrieb.[48]

Ziel des Zusammenschlusses war aber – selbstverständlich! – nicht in
erster Linie die Verwirklichung einer regional- oder landesplanerischen Vorstellung, sondern das Ziel, die architektonischen Großmachtsträume Hitlers
durchsetzen zu können, selbst wenn die Vorteile der größeren Einheit in organisatorischer und wirtschaftlicher Hinsicht gern akzeptiert wurden. Am
9. Juni stellte der Gauleiter bereits das Programm zur Umgestaltung des Elbufers vor: Hamburg sollte als »Tor zur Welt« wie die anderen »Führerstädte«,
wie Berlin mit dem Umbau zur neuen Hauptstadt »Germania«, ein Signal in
die Welt schicken, das auf den einfachen Begriff zu bringen war: »Wir sind die
größten. Und was sich uns in den Weg stellt, wird plattgemacht!« Das »Hamburger Tageblatt«, das Amtsblatt der NSDAP, schrieb: »Und Hamburg wird
am Elbufer neu entstehen. Altes wird zu Staub und Asche versinken, damit aus

◄ Die neue Elbbrücke im »Deutschen Stil«, aus der »Koralle – Wochenschrift für Unterhaltung, Wissen, Lebensfreude«, 1938/39.

Staub und Asche das Neue wird. Warum? Weil es der Führer so will.«[49] Das Blatt hatte furchtbar recht!

Das Hauptmotiv der Gebietsreform war nicht, den Achsenplan Schumachers als Blaupause einer Stadtentwicklung zu nutzen oder auch einen anderen an dessen Stelle zu setzen, sondern es war der Wunsch Hitlers nach Darstellung von Macht; für Hamburg hatte er bereits 1935 eine Elbquerung (auf der Höhe des Union-Kühlhauses in Oevelgönne) gefordert. Als verhinderter Architekt nahm er auch an den Details der Planung lebhaften Anteil: In 70 Metern Höhe führte die geplante Hängebrücke über die Elbe, 500 Meter frei tragend; ein 250 Meter hohes Hochhaus (»Gauhaus«) sollte als Signal die Elbe abwärts in die Welt wirken, ein Gauforum davor den neuen Staat repräsentieren im bewussten Gegensatz zu Rathaus und Innenstadt an der Alster.

Nach einem kleinen Architektenwettbewerb werden am 27. April 1938 die Arbeiten in der Kunsthalle ausgestellt, Anfang 1939 entscheidet sich Hitler für den Entwurf von Konstanty Gutschow, der als freier Architekt in Hamburg tätig ist: Ein groß angelegter städtebaulicher Winkel aus dem Gauhochhaus, »ein würdiges Haus von aller-, allergrößter Schlichtheit und Einfachheit« (Gutschow) mit dem nach Norden gerichteten »Gauforum« als Aufmarschplatz für 100 000 Menschen und einer Volkshalle für 50 000 Menschen etwa dort, wo das Altonaer Rathaus und der (zu beseitigende) Kopfbahnhof Altona liegen. Dazu – mit dem torartigen Gelenk eines »KdF-Hotels« an der Elbe – eine 1400 m lange Hochstraße bis zu den Wallanlagen mit Bauten für die private Wirtschaft dahinter.

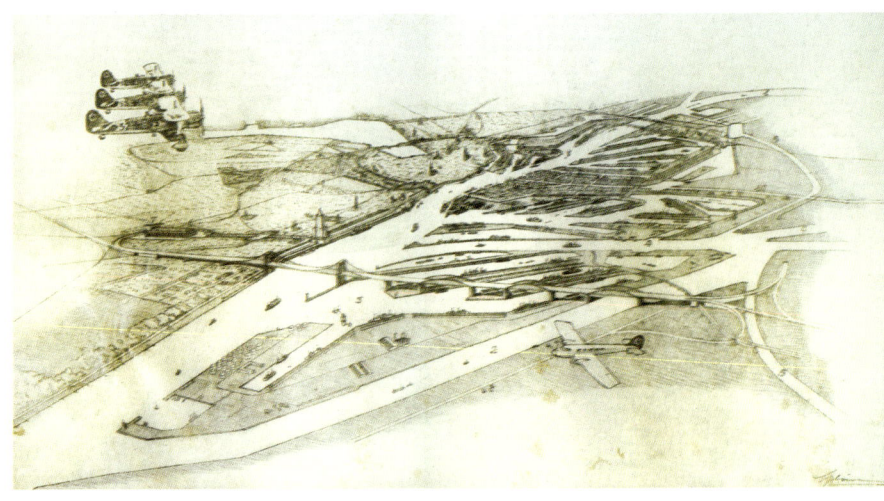

▶ Luftschau auf das »Neue Hamburg« von Westen, Zeichnung von Architekt Walter Eplinius, 1938.

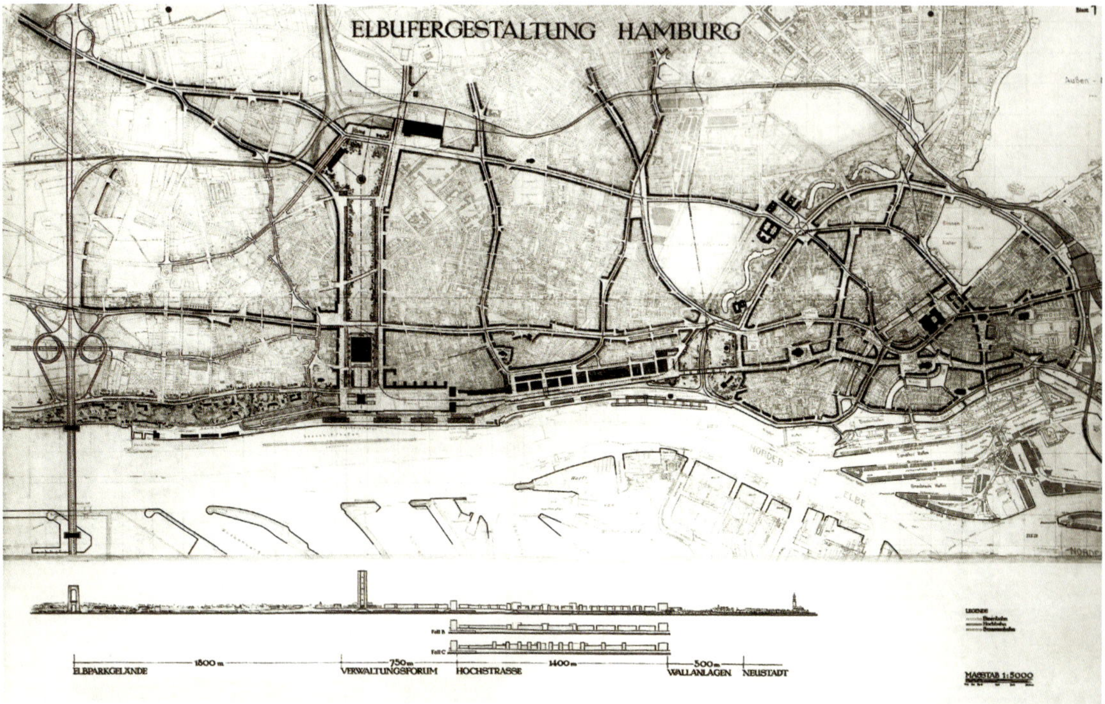

ELBUFERGESTALTUNG HAMBURG

ELBPARKGELÄNDE   1800 m   750 m   VERWALTUNGSFORUM   HOCHSTRASSE   1400 m   500 m   WALLANLAGEN   NEUSTADT

MASSTAB 1 : 5000

▼ ▲ Die »Neuge-
staltung des Elb-
ufers« von Konstanty
Gutschow, 1938,
Straßenplanung
und Modell.

GROSS-HAMBURG UND SEINE ZERSTÖRUNG

Das war schon eine prächtige Planung, die zwar mit der Stadt und dem Selbstverständnis von Hamburg – auch nach dem Zusammenschluss mit Altona – nichts zu tun hatte, aber immerhin groß war; 20 000 Bewohner Hammerbrooks, also vorwiegend Arbeiter, hätten hier zukünftig wohnen sollen. Mit Hamburg hatte sie deshalb nichts zu tun, weil sie das Wesen der Stadt verkannte: Wer knapp 50 Jahre über ein neues Rathaus streitet, baut nicht »schnell mal so« eine neue Stadt, zumal die sich nicht »gerechnet« hätte. Eine zweite Elbchaussee für die Arbeiterschaft? Eher unwahrscheinlich! Und das neue Herz der Stadt Hamburg in Altona? In, bitte, wo? Stattdessen wurde unter gebürtigen Hamburgern immer noch die wahre Geschichte von dem weinenden Mann auf dem Heiligengeistfeld erzählt, der dem lieben Gott den Grund für die heftig fließenden Tränen nennen sollte. Als er zugab: »Lieber Gott, ich bin aus Altona«, da setzte sich dieser neben ihn, weinte ebenfalls und gab zu: »Dann kann ich dir auch nicht helfen!«

Die Pläne werden nach dem »Erlass über die Neugestaltung der Hansestadt Hamburg vom 26. April 1939« und der Beauftragung von Gutschow als »Architekt des Elbufers« für die »städtebauliche Neuordnung und architektonische Formung des Nordufers der Elbe vom Zeughausmarkt bis zur Elbhochbrücke«[50] weitergeführt. Nach dem Sieg über Frankreich allerdings wird das Aufgabenfeld erheblich erweitert – auf die Gesamtstadt; Gutschow wird 1941 zum »Architekt für die Neugestaltung der Hansestadt Hamburg« und erarbeitet mit einigen Kollegen, darunter Hans Bernhard Reichow, der nach dem Krieg die Siedlung Hohnerkamp bauen sollte, einen Generalbebauungsplan. Neben den traditionellen Verwaltungseinheiten von Landesplanungsamt und Hochbauamt entsteht ein Paralleluniversum der Planung mit rund 150 Mitarbeitern, viele – wie Gutschow selbst – aus der »Schumacher-Schule« kommend, viele – wie der langjährige Stadtbaurat von Hannover, Rudolf Hillebrecht – auch nach dem Krieg in einflussreichen Positionen erfolgreich weiterarbeitend.[51]

Kurz zuvor, am 15. November 1940, wurde ein gigantisches Wohnungsprogramm verkündet, das Hitler selbst angestoßen hatte: das »Grundgesetz des sozialen Wohnungsbaus«, mit dessen Hilfe im gesamten Reich 300 000 (später sogar 600 000) Wohnungen pro Jahr zu tragbaren Mieten, mit guter Ausstattung, in durchgrünten, aber streng nach dem Führerprinzip ausgerichteten Städten gebaut werden sollten. Das war das verlockende Angebot für die Deutschen in den ersten beiden Kriegsjahren. Es hatte nur einen Schönheitsfehler: Es wurde außer einigen Erprobungsbauten nichts davon gebaut. Die Realität sah anders aus.

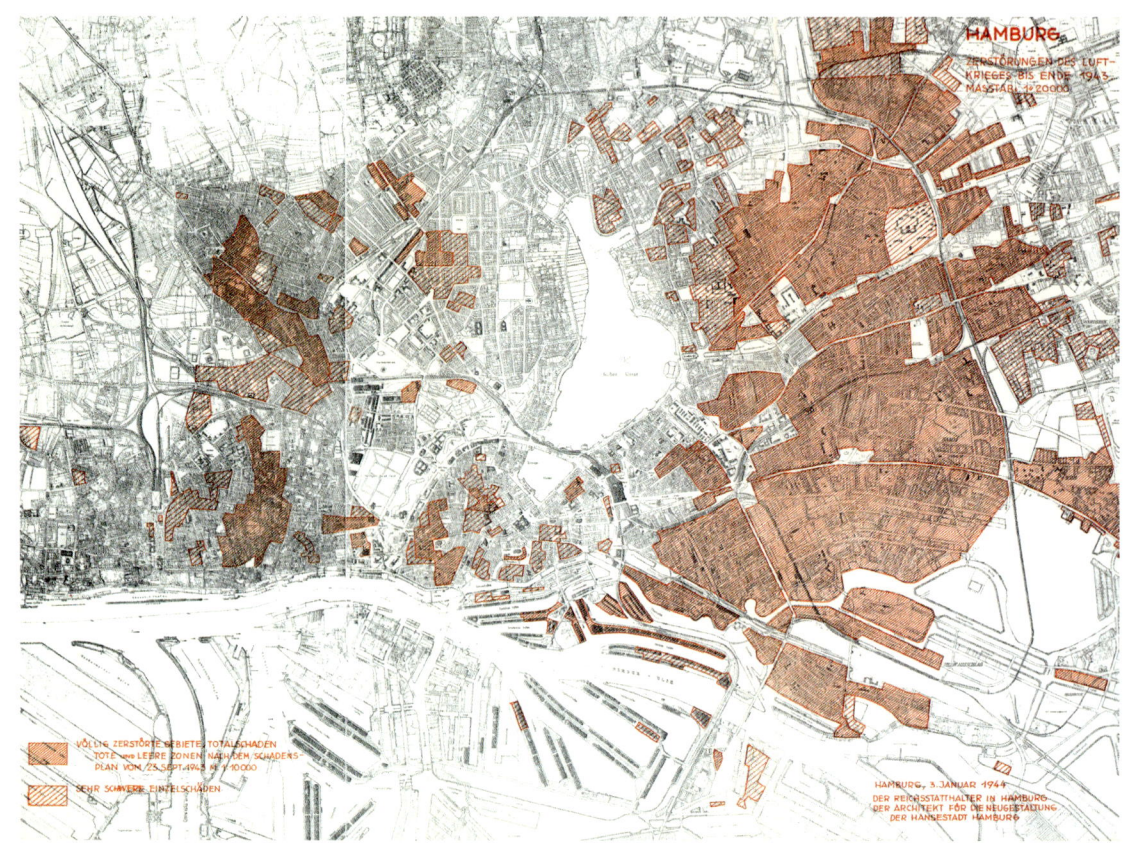

▲ Plan der Zerstö-
rungen nach den
Angriffen von 1943.

Der Generalbebauungsplan für Hamburg wurde im Mai 1941 vorgelegt. Norma-
lerweise haben Pläne wie dieser eine Gültigkeitsdauer von zehn bis 20 Jahren.
Dieser wurde bereits 1944 durch einen neuen abgelöst. In der Zwischenzeit hatten sich neue Planungsvoraussetzungen herausgestellt – die Stadt, auf denen der
Plan von 1941 basierte, existierte nicht mehr: »Ein Heulen, Bersten und Pfeifen
in der Luft. Der Keller wankte und bebte, noch blieb aber alles ziemlich ruhig,
bis nachher das Licht auch noch ausging, da wurde alles ein wenig unruhig. Ich
ging sobald es irgend möglich war nach draußen und sah mir die Bescherung
an. Die ganze Robinsonstraße, weiter konnte ich ja nicht sehen, stand in Flammen. Bei diesem unermesslichen Feuer entstand dann noch ein Sturm, sodass
die hellen Flammen längs der Straße fegten. [...] Von der Seite kam nämlich auch
der Sturm. Während wir warteten, liefen aus anderen Häusern schon Leute
raus. Sie kamen nicht weit, denn es dauerte nicht lange, und sie fingen Feuer,
um dann mit lebendigem Leibe zu verbrennen. Auch unser Haus fing jetzt

Feuer, es kam dann auch die Zeit, in der wir rausmussten, um nicht lebendig begraben zu werden. [...] überall die gleiche Glut, nirgends eine Milderung. So liefen wir jetzt vor dem Sorbenpark hin und her, bis es unerträglich heiß wurde. Da liefen wir noch einmal mit der letzten Kraft zur Brücke zurück. Hier fanden wir hinter einem Brückenpfeiler etwas Schutz. Aber auch hier dauerte es nicht lange, bis unsere Kleider so heiß wurden, dass sie sich wohl bald entzündet hätten. Dass das nicht passieren durfte, das wussten wir, denn rundherum lagen ja genügend Männer-, Frauen- und Kinderleichen, die schrecklich anzusehen waren«, schrieb ein Augenzeuge von der furchtbarsten Katastrophe, die Hamburg in seiner Geschichte erlebte.[52] In mehreren Großangriffen mit je rund 700 Flugzeugen vernichteten Bomben der Engländer und Amerikaner einen großen Teil der Stadt, es gab über 30 000 Tote, ganze Stadtteile existierten danach nicht mehr, weil die von Bomben getroffenen, brennenden Häuser durch die Hitze einen Feuersturm mit Orkanstärke entfachten, der sich zu einem großen Brand vereinigte. »Unternehmen Gomorrha« nannten es die Alliierten und gaben damit die biblische Dimension des Unternehmens vor.

Die Stadtteile östlich der Alster, die Arbeiterquartiere, waren danach fast vollständig ausradiert, zum Teil wurde sogar der Zugang gesperrt. Die Wohngebiete westlich der Alster sahen aus wie ein Flickenteppich der Zerstö-

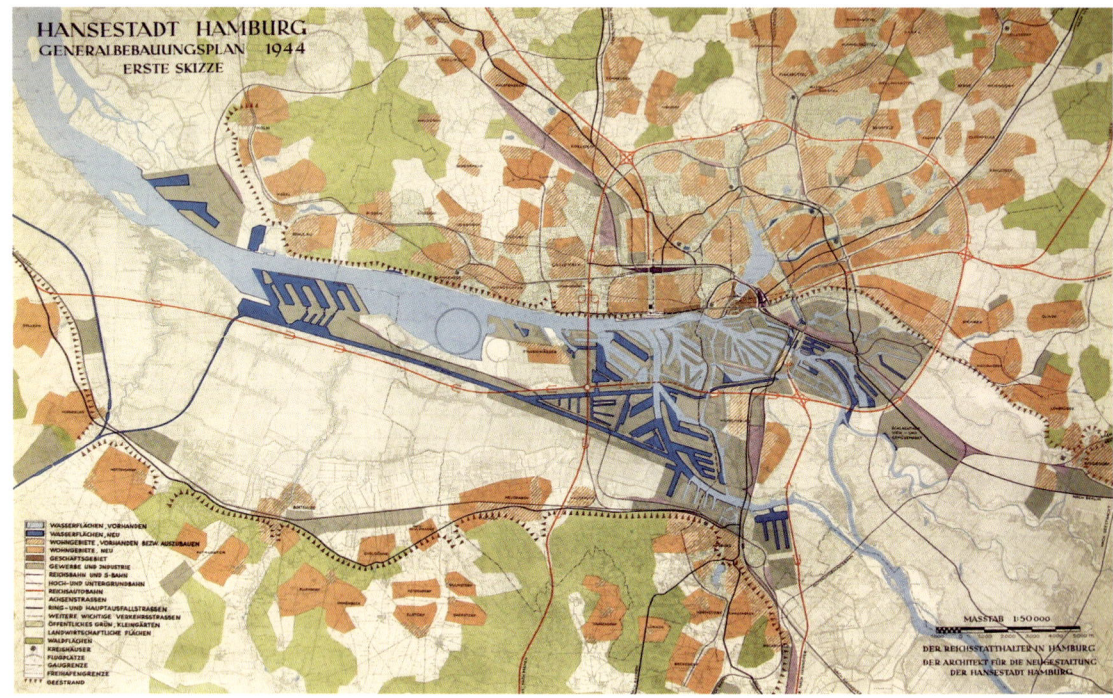

HANSESTADT HAMBURG
GENERALBEBAUUNGSPLAN 1944
ERSTE SKIZZE

MASSTAB 1:50 000

DER REICHSSTATTHALTER IN HAMBURG
DER ARCHITEKT FÜR DIE NEUGESTALTUNG
DER HANSESTADT HAMBURG

▲ Generalbebau-
ungsplan vom März
1944 (erste Skizze):
Gutschows Wieder-
aufbauplanung mit
völlig neuer Aufga-
benstellung nach
den Kriegszerstörun-
gen. Im April 1945
folgte ein Sofortplan
mit detaillierten
Vorschlägen zum
Wiederaufbau.

rung. Nach zehn Tagen waren 263 000 Wohnungen zerstört, eine Million Menschen ohne Obdach und auf der Flucht. Die Abwehr war gering gewesen; für
23 Prozent der Menschen standen Fluchträume zur Verfügung, 75 Flakbatterien
hatten wenig Wirkung, Tarnnetze und die »Umgestaltung« der Binnen- und
Außenalster durch potemkinsche Dörfer zur Verwirrung der Bombenpiloten
blieben ohne Erfolg.

　　Es ist schwer, im Nachhinein die Erschütterung nachzuvollziehen, die dieses Ereignis in der Stadt und bei ihren Bürgern bewirkt hat. In militärischer Hinsicht waren die Bombardierungen wohl weitgehend sinnlos; Hafen und Industrie
wurden zwar getroffen, aber nicht entscheidend behindert; die U-Boot-Produk-
tion der Werften ging bis Ende des Krieges weiter. Die Zerstörung der Moral der
Zivilbevölkerung, die mit den Angriffen beabsichtigt war, mag es gegeben haben; viele Menschen werden nicht mehr an einen »Endsieg« geglaubt haben.
Auf der anderen Seite konnte die deutsche Propaganda auch aus diesem erleb-
ten, nicht nur behaupteten »Beweis« alliierten Terrors Kapital schlagen (von
den deutschen »Vorbildern« in Guernica, Coventry oder Rotterdam wussten
die wenigsten). Der Reichsstatthalter Kaufmann forderte »Mitarbeit und Ver-
trauen« und stellte in einem »Aufruf des Gauleiters an die Bevölkerung der

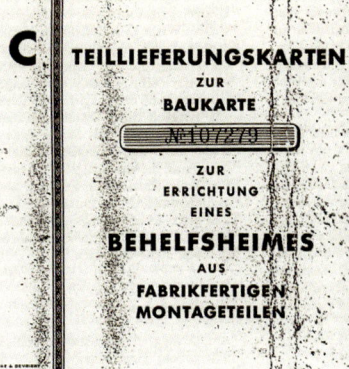

▲ Behelfsbauten für
ausgebombte Famili-
en, heute nur noch
im Museum zu sehen.

Hansestadt« am 31. Juli 1943 fest, die »Schwierigkeiten sind noch nicht überwunden« – da hatte der letzte Großangriff noch nicht einmal stattgefunden.[53]

40 000 Wohnhäuser, 24 Krankenhäuser, 227 Schulen, 58 Kirchen zerstört
oder beschädigt, 118 000 Tonnen zerstörten Schiffsraums liegen in der Elbe –
es sind alles Zahlen, die nicht annähernd den Schrecken beschreiben können,
der damals herrschte. Der Stadtplan der Stadt nach der Zerstörung gibt noch
am ehesten Auskunft über das, was geschehen war, und dessen psychische
Nachwirkungen man allenfalls vermuten kann.

Praktisch ging es danach um die Verwaltung des Schreckens, um die
Unterbringung von Ausgebombten und um ihre – relativ gut organisierte –
Versorgung. Das betraf schnell das gesamte Reich, nicht nur die Hansestadt,
weshalb eben auch auf Reichsebene organisiert wurde. Anstelle des »Grundgesetzes für den sozialen Wohnungsbau« mit seinem angekündigten großzügigen Angebot an Wohnraum mussten jetzt die »Ideale des Friedens, die
ihren sinnfälligsten Ausdruck in dem Führererlass vom 15. November 1940
fanden, [...] der Härte und den Notwendigkeiten des totalen Krieges weichen.« Jetzt könne nicht mehr mit mehreren Typen und Varianten gearbeitet werden; jetzt gebe es nur noch, »wie auch in der Rüstung, die Beschränkung auf *einen* Typ«.[54] An dessen Ende steht dann, nach der Gründung des
»Deutschen Wohnungshilfswerks«, das »Behelfsheim 001«, vorgestellt am
5. Oktober 1943: eine Baracke von etwas mehr als 20 Quadratmetern, in zwei
Abteilungen geteilt – »Zimmer« mag man sie nicht mehr nennen. Maximal
sechs Personen sollten darin schlafen und leben, wobei der Abort in einem
Extrahäuschen untergebracht war. Der »Fachbeauftragte des Deutschen Hei-
matbundes« überlegte noch 1944, dass dabei »Wildwestbastelei« vermieden
werden soll und sinnierte über den »kulturellen Wert des Behelfsheims« in der

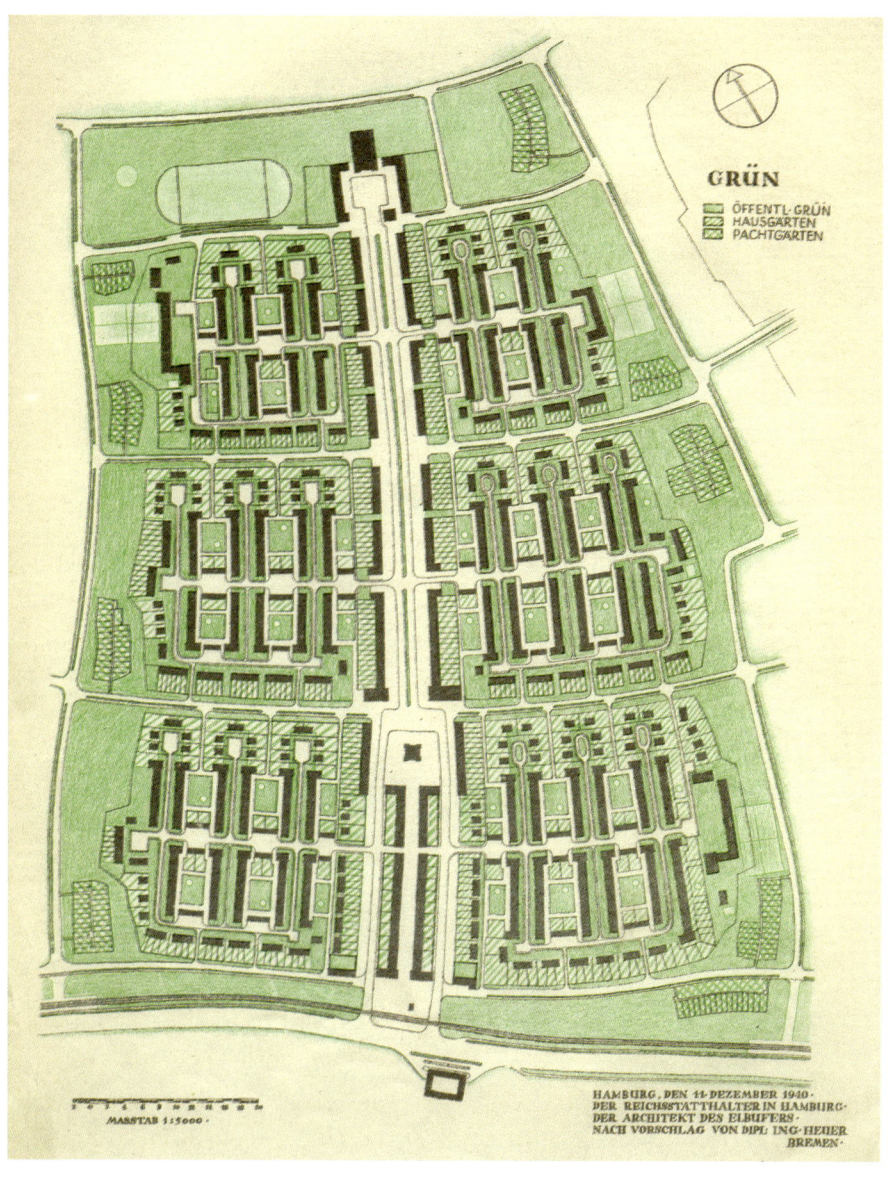

◄ Konstanty Gut-
schow: Die »Orts-
gruppe als Sied-
lungszelle. Vorschlag
zur Methodik der
großstädtischen
Stadterweiterung«,
1940.

Landschaft, wozu er mehrere regional unterschiedliche Vorschläge machte –
Blut, Boden und Organisation bis zum Schluss. Tatsächlich kann man das Behelfsheim in Hamburg noch heute als Museum besichtigen, das »Plattenhaus«
in Poppenbüttel, das letzte einer Siedlung, die von Frauen des KZ-Außenlagers
von Neuengamme errichtet worden war. Es liegt direkt neben einem der pro-
sperierendsten Einkaufszentren der Stadt.

Max Brauer resümiert 1953 das bauliche Ergebnis der NS-Zeit: »Vieles wurde geplant, weniges gebaut; aber über die Hälfte des Bestandes ist in dieser Zeit zerstört worden.«[55] Der Eindruck, dass die Architektenschaft die Zerstörung der Stadt weniger schmerzlich empfunden hat als andere – vom Persönlichen einmal ganz abgesehen –, ist vermutlich falsch. Tatsache aber ist, dass schon in kürzester Zeit nach der Zerstörung Pläne für einen Aufbau (oder einen Wiederaufbau?) geschmiedet wurden. Und dass viele derjenigen Architekten, die seit 1943 an diesen Plänen arbeiteten, sie auch nach 1945 realisieren konnten.[56] Der Aufbau einer Stadt als Chance wurde schon 1943 erkannt: »Mitten im Aufgehen in die Einzelarbeit des Tages hinein kommt der Gauleiter aus dem Führerhauptquartier mit der Weisung zurück, dass ich mich mit grundsätzlichen Wiederaufbaugedanken beschäftigen soll. Tausenderlei geht einem durch den Kopf, wenn man die unerhörten Möglichkeiten vor sich liegen sieht«, so Konstanty Gutschow in einem Brief schon am 18. August 1943.[57]

In den folgenden zwei Jahren bis zur Kapitulation und über diese hinaus wird von den verschiedenen Dienststellen, aber auch von einzelnen Architekten an Plänen der Zukunft Hamburgs gearbeitet. Bei aller Verschiedenheit der planerischen Ansätze und der Radikalität des Neuanfangs ist diese lebhafte Tätigkeit durch die Erfahrung der Bombenzerstörung geprägt: Die neue Stadt darf nicht wieder so dicht bebaut werden wie die alte; Schneisen müssen einzelne Einheiten voneinander trennen. »Auflockerung ist ein Stichwort geworden. Es gilt für das Weiträumige, das Weiträumige in jeder Hinsicht. Im Kriege war dort die größte Gefahr, wo man sich früher am Geborgensten fühlte. Hinaus aus den drohenden Hausblöcken der Innenstädte«, meinte Werner Hebebrand noch 1953.[58] Im »Dritten Reich« hieß das die »Ortsgruppe als Siedlungszelle« und war nach dem Führerprinzip aufgebaut, nach 1945 nannte man es »Nachbarschaft« oder »aufgelockerte, gegliederte Stadtlandschaft«. Die Idee dahinter, das gemeinsame Prinzip, beschrieb Gutschow als »allgemeine Auflockerung des Großstadtkörpers, Bildung der von Grün umgebenen Siedlungszellen, Verlagerung der Siedlungsentwicklung in bandartiger Ost-West-Richtung, [...] Aufteilung des Citygebiets durch Bildung einer zweiten City«.[59]

Einiges davon werden wir in den folgenden Jahren und bis heute wiederfinden.

IV

Bekanntmachung!

Der Befehlshaber der englischen Besatzungstruppen hat folgende Anordnungen erlassen:

Heute mittag
beginnt der Einmarsch der Besatzungstruppen

Ab 13 Uhr besteht Ausgehverbot für die Bevölkerung, mit Ausnahme der Angehörigen der Versorgungsbetriebe (Elektrizitäts-, Gas- und Wasserwerke).

Die Dauer des Ausgehverbots wird von der Disziplin der Bevölkerung abhängig gemacht.

Die Verantwortung für die Durchführung dieser Maßnahme wird der Hamburger Polizei übertragen.

Bei Nichtbefolgung wird außerdem die Besatzungsmacht mit Waffengewalt einschreiten. ————————

Der Polizeipräsident von Hamburg gibt hierzu ergänzend bekannt:

Zur Durchführung des erlassenen Ausgehverbots sind die Behörden und Betriebe, mit Ausnahme der Versorgungsbetriebe (Elektrizitäts-, Gas- und Wasserwerke), ab 10 Uhr zu schließen.

Notbetrieb (Sonntagsdienst) ist aufrechtzuerhalten.

Von den Versorgungsbetrieben sind den Angehörigen der Betriebe entsprechende Ausweise auszustellen.

Der gesamte Verkehr wird um 12.00 Uhr eingestellt.

Hamburg, den 3. Mai 1945.

◄◄ Zerstörungen in Hamm-Süd, April 1948.

Die Straßen haben Einsamkeitsgefühle
Und Bretter liefert nicht mehr die Fabrik
Nur ab und zu mal klappert eine Mühle
Ist ja kein Wunder nach dem verlorenen Krieg.

Aus Pappe und aus Holz sind die Gardinen
Den Zaun bedeckt ein Zettelmosaik
Wer rauchen will der muss sich selbst bedienen
Ist ja kein Wunder nach dem verlorenen Krieg.

Erst waren wir mal frei
Nun sind wir besetzt
Das Land ist entzwei
Was machen wir jetzt?

Jetzt kommt das Wirtschaftswunder
Jetzt kommt das Wirtschaftswunder.

aus dem Film »Wir Wunderkinder«, 1958[60]

1945: In Ost und West sind die Städte zerstört. Die Bomben der alliierten Streit-
kräfte hatten vor allem dicht besiedelte Wohngebiete getroffen und vernichtet;
rund 600 000 Tote in Deutschland hatte es als unmittelbare Folge der Bomben gegeben. 400 Millionen Tonnen Trümmerschutt waren zu beseitigen, von
18,8 Millionen Wohnungen vor dem Krieg waren 4,8 Millionen total zerstört. Fast
50 Städte Deutschlands, darunter Hamburg, hatten mehr als 50 Prozent ihres
Wohnraumes verloren.

In Hamburg lebten im Mai 1945 noch gerade 1,1 Millionen Menschen. 45 000
waren im Bombenkrieg ums Leben gekommen, rund 51 000 kamen im Konzentrationslager Neuengamme mit seinen Außenlagern um. Nur etwa 20 Prozent
des gesamten Wohnungsbestandes blieben völlig unbeschädigt, 43 Millionen
Kubikmeter Trümmer waren zu beseitigen. Der Hafen und seine Anlagen waren zu 80 Prozent zerstört, die Hafenbecken mit 2900 gesunkenen Schiffen
verkehrsuntüchtig.

Am Ende des Krieges lebten noch 600 Juden in Hamburg: »Man hat ihnen
die Berufe genommen, das Besitztum gestohlen, sie durften nicht erben oder
vererben, sie durften nicht auf Parkbänken sitzen oder einen Kanarienvogel
halten, keine öffentlichen Verkehrsmittel benutzen, keine Restaurants, keine
Konzerte, Theater oder Kinos besuchen, für sie galten bestimmte Rassegesetze,
ihnen wurden sämtliche staatsbürgerlichen Rechte entzogen, die Freizügigkeit
wurde ihnen genommen, ihre Menschenrechte und ihre Menschenwürde wur-

◄ Eine Vertreterin des dänischen Roten Kreuzes verteilt Lebensmittel an Hamburger Kinder, Mai 1947.

den in den Staub getreten, bis sie in Konzentrationslager deportiert wurden und in die Gaskammern kamen [...]«, resümierte später Robert M. W. Kempner, Chefankläger der Kriegsverbrecherprozesse in Nürnberg.[61]

Am 3. Mai 1945 wurde die Stadt kampflos den alliierten Truppen übergeben – dafür, immerhin, hatte der »Reichsstatthalter« gesorgt.

Jetzt ging es darum, die Menschen zu versorgen, und das war schwierig genug – Wohnraum, Arbeit, Essen, Schulbetrieb. Letzterer in zwei Schichten, 14-tägig wechselnd vormittags oder nachmittags, mit einem Essgeschirr am Schulranzen (sofern man den besaß), aus dem die Schüler Milchreis oder Suppe von den englischen »Besatzern«, den »Tommies«, bekamen. Im November 1945 wurden die ersten vier politischen Parteien zugelassen. Im Oktober 1946 hielt Paul A. R. Frank einen Vortrag für die FDP über »Wohnungsbau und Stadtplanung« und den »Wiederaufbau der Wohnungen«. Der war längst

NEUAUFBAU – NICHT WIEDERAUFBAU

im Gange; vieles, was an Wohnungen zerstört war, wurde nicht deshalb in der alten Form wiederaufgebaut, weil dahinter ein städtebauliches Konzept gesteckt hätte, sondern deshalb, weil die Steine dalagen – es ging darum, die Wohnungsnot möglichst schnell zu lindern.

Obwohl es bereits seit 1943, also schon im »Dritten Reich«, Planungen für den systematischen Wiederaufbau gab, konnte nach dem Krieg zunächst niemand außer den Architekten an einen systematischen Neuanfang denken; zu groß war die unmittelbare Not, sich mit Essen im Bauch und einem Dach über dem Kopf zu versorgen. Die sich abzeichnende Teilung Deutschlands, damals noch der »sowjetisch besetzten Zone« und der »Eingeborenen von Trizonesien«, tat ein Übriges, die Gedanken zunächst auf praktische Fragen zu lenken.

Das schloss nicht aus, dass insbesondere Architekten und Städtebauer neue Utopien spannen – wie schon nach dem Ersten Weltkrieg, wenn auch nicht mit der damaligen Radikalität. Die dichte Bebauung der Großstadt, die die Angriffsfläche für den Bombenkrieg geliefert hatte, wurde allgemein abgelehnt, der Grund und Boden musste für einen neuen Städtebau verfügbar gemacht werden: Die Formulierungen über die Sozialverpflichtung des privaten Eigentums waren in der Verfassung der Bundesrepublik und der DDR praktisch wortgleich. »Das kapitalistische Wirtschaftssystem ist den staatlichen

► Es dürfte eine der ersten freien Demonstrationen nach dem Krieg gewesen sein, unter dem Motto: Wer arbeitet, muss auch essen. 120 000 Werktätige vor dem Haus der Gewerkschaften am Besenbinderhof im Mai 1947.

und sozialen Lebensinteressen des deutschen Volkes nicht gerecht geworden«[62] – in der Tat; der Anfangssatz des »Ahlener Programms« der CDU aus dem Jahr 1947 bringt es auf den Punkt, auch wenn es die heutige Partei nicht mehr uneingeschränkt unterschreiben würde.

In Hamburg wurde die »Nissenhütte« gebaut, Erfindung eines kanadischen Ingenieurs für die britische Armee im Ersten Weltkrieg: zwei schottenartige Mauerwände, darüber ein halbrundes Dach aus Wellblechplatten. Die wurden in langen Reihen auf den Straßen aufgestellt, während links und rechts die Häuser in Trümmern lagen, zudem die britische Besatzungsmacht viele Wohnungen requirierte. Erst in den 60er Jahren wurden die letzten dieser Behelfsbauten beseitigt, die keinerlei Schall- oder Wärmeschutz boten, sich dafür im Sommer unerträglich aufheizten.

Am 15. November 1946 wurde der aus dem amerikanischen Exil zurückgekehrte Sozialdemokrat Max Brauer zum Ersten Bürgermeister gewählt; in seiner Antrittsrede brachte er die Situation auf den Punkt: »Mit 1500 Kalorien lässt sich keine neue Stadt und keine Demokratie aufbauen.«[63] Bei Bertold

▼ Nissenhütten existierten noch viele Jahre nach Kriegsende.

NEUAUFBAU – NICHT WIEDERAUFBAU

Brecht hieß das, schon 1928: »erst kommt das Fressen, dann kommt die Moral!« Mit dem »Fressen« war es sehr schlecht bestellt, mit der Moral mit Sicherheit nicht besser in einer Melange aus Schuldgefühlen, Niederlage, Zurückgeworfensein auf Elementares – das nächste Essen, das nächste Heizmittel.

Es gab in diesen Jahren immer Verschiedenes, sich teilweise Widersprechendes gleichzeitig, die fortdauernde Katastrophe und die kleinen Siege liefen parallel: Im selben Jahr 1946, in dessen kaltem Winter ganze Wohnungseinrichtungen verheizt wurden und rund 100 Menschen in ihren Wohnungen mangels Heizung erfroren, begann der Bau der »Grindelhochhäuser«, zunächst für die Offiziere einer potenziellen Verwaltungshauptstadt der britischen Zone gedacht, seit 1948 und der Einrichtung der Bi-Zone mit den Amerikanern von der Stadt Hamburg übernommen und weitergeführt. Bis heute sind die auf Lücke gestellten Hochhausscheiben ein Fanal eines neuen Geistes, der sich auch in der Architektur ausdrücken sollte, baulich – die ersten beiden Bauten waren gar als Stahlskelett konstruiert – wie architektonisch: das leichte Flugdach über einem zurückgesetzten obersten Geschoss als Symbol des Aufbruchs in eine neue, bessere Zukunft. In den für die Bevölkerung ungewohnten Wohnhochhäusern sollte eine Ausstattung nach dem Vorbild Amerikas die Attraktivität steigern; Müllschlucker und Elektro-Einbauherd, Zentralwäscherei, Tiefgarage, Tankstelle auf dem Grundstück, Spielplatz und zahlreiche Läden wurden angeboten; kein Wunder, dass die Wohnungen sehr schnell sehr begehrt waren (und trotz deutlich sichtbarer Abnutzungserscheinungen und zum Teil winziger Einzimmerappartements auch noch heute sind).

Es war eine Demonstration für die Großstadt, aber für eine, die besser sein sollte als die des 19. Jahrhunderts – luftiger, nicht beengt, nicht geschlossen; voll Stolz schrieb einer der verantwortlichen Architekten, die (zerstörte) alte Blockbebauung habe 41 Prozent des Grundstückes beansprucht, die neue jedoch nur 9 Prozent. Die Auflösung des Straßenblocks zugunsten einer offenen, freien Bauform wurde als Befreiung des Geistes angesehen. »Der Zeilenbau erlaubte straßenseitig jedem Vorübergehenden Einsicht in alle Teile des Grundstücks. Wie das muffige Denken geistig durchlüftet wurde, so die Wohnquartiere«, hieß es in einem viel gelesenen Buch über Architektur aus dem Jahre 1957[64], und eine Hamburger Zeitung schrieb 1951 über die Bauten, deren letzter 1956 fertiggestellt wurde: »Ja – diese Stadt will hoch hinaus. Sie lässt sich nicht unterkriegen. Was sie auch immer traf und die stolzen Zeichen ihres Fleißes und ihres soliden Wachstums dem Erdboden gleichmachte – es wurde der Grund für ein neues Planen, Bauen und Wachsen [...]. Und heute hat Hamburg sein eigenes, kleines Manhattan. Die neuen Häuser grüßen den Besucher, wenn er im Flugzeug Fuhlsbüttel ansteuert. Sie wissen, dass man sie nicht übersehen kann, und sagen: ›Willkommen in unserer Stadt! Sieh – wie wir uns Mühe geben!‹«[65]

▲ Die 1946 – 1956
gebauten Grindel-
hochhäuser: »Ham-
burgs eigenes,
kleines Manhattan«,
entworfen von der
Architektenarbeits-
gemeinschaft Grin-
delberg (Bernhard
Hermkes, Rudolf
Jäger, Rudolf
Lodders, Albrecht
Sander, Ferdinand
Streb, Fritz Traut-
wein, Hermann
Zess).

»Was auch immer sie traf« – anstatt über Ursache und Wirkung, über Schuld nachzudenken, wurde immer noch ein blindes Schicksal für die Katastrophe verantwortlich gemacht. Aber vielleicht war das auch notwendig, diese Abkapselung gegen eine Verantwortung, der man ohnehin nicht gerecht werden konnte.

Das war schon 1951. Zunächst mussten in Zusammenarbeit mit der Besatzungsmacht erste Strukturen aufgebaut werden, und das parallel zur Demontage wichtiger Industrie- und Werfteneinrichtungen und zur »Entnazifizierung«, ein Begriff, der die Abwaschbarkeit einer Gesinnung suggeriert: 1933 wurde man offenbar – im Passiv! – »nazifiziert«, 1945 eben »entnazifiziert«.

Der Vertrag von Konstanty Gutschow mit der Freien und Hansestadt Hamburg wird zum Jahresende 1945 gekündigt – Ordnung muss sein. Eine »Denkschrift zum Wiederaufbau der Stadt« wird Mitte 1945 von mehreren freien Architekten verfasst; allgemein wird der Generalbebauungsplan von 1943 als Grundlage weiterer stadtplanerischer Überlegungen und damit die in die Landschaft eingebettete »Zelle« von rund 6000 Bewohnern als Grundeinheit der Stadt akzeptiert. Ein »Arbeitsausschuss Stadtplanung« unter Gerhard Langmaak (in den 50er und 60er Jahren vor allem durch seine zahlreichen Kirchenbauten in

Hamburg bekannt) nimmt im Herbst seine Arbeit auf. Am 10. Oktober 1945 hält Fritz Schumacher einen Vortrag im Rathaus, in dem er ebenfalls – auf seine sprachlich charakteristische Art – die Zusammensetzung und Erweiterung der Großstadt aus selbstständigen Einheiten propagiert: »Das eine Ziel ist, dieses Wachstum vor sich gehen zu lassen in Form klarer in sich geschlossener Einheiten. Das andere ist, diese Einheiten soviel wie möglich in die gegebene Landschaft einzubetten und doch untereinander in eine lebendig durchpulste Verkehrsverbindung zu bringen.«[66] Das entsprach bei praktisch allen Architekten, unabhängig von Zuordnungen wie »modern« oder »konservativ«, der städtebaulichen Überzeugung: die Stadt als Addition von Grundeinheiten mit Grünzügen dazwischen – übrigens nicht zuletzt aus Gründen des Luftschutzes (»So unsympathisch es ist, dass wir uns wiederum in nächster Zukunft damit beschäftigen müssen«, so Werner Hebebrand 1953![67]). Diese Grundeinheiten sind nicht mit geschlossenen Blocks zu bebauen, sondern in freien, offenen Bauformen. Die Höhe der Wohnbauten ist zu begrenzen (auch das fordert Schumacher in seinem Vortrag!). Und, selbstverständlich: Die Bereiche Industrie, Gewerbe, zentrale Einrichtungen und Wohnen sind voneinander zu trennen.

Für diese Trennung der städtischen Funktionen wurden Le Corbusier und die von ihm maßgeblich geprägte »Charta von Athen« später mächtig gescholten; tatsächlich entsprach die Notwendigkeit einer Trennung der Bereiche der allgemeinen Überzeugung. Das Feindbild der Stadtplaner war immer noch die Stadt des 19. Jahrhunderts; der Bombenkrieg hatte daran nichts geändert, im Gegenteil: »Die ›Stadtlandschaft‹ ist als eine neue städtebauliche Organisationsidee zu betrachten«, hieß es 1940 bei Konstanty Gutschow; die »gegliederte und aufgelockerte Stadt« war der bekannte Buchtitel eines Buches von Johannes Göderitz, Roland Rainer und Hubert Hoffmann 1957. Tatsächlich steckte in der propagierten Gliederung auch noch ein Gutteil allgemeiner Großstadtfeindlichkeit. Zwar konnten die Stadtplaner sie nicht abschaffen, aber begrüßt wurde sie auch nicht; stattdessen sah man die geschlossene kleine Einheit als – verdecktes – Ideal; die Großstadt musste sich dann eben aus vielen dieser Einheiten zusammensetzen.

Am 15. September 1946 wird die Stelle des Oberbaudirektors mit Otto Meyer-Ottens wieder besetzt. Aber eine eindeutige Verteilung der Machtstrukturen ist damit noch nicht gegeben; 1949 wird Gustav Oelsner aus dem türkischen Exil geholt, um als »Referent für Aufbauarbeit« tätig zu werden. Politische Belastung oder Unbedenklichkeit, fachliche Auseinandersetzungen zwischen »Modernen« und »Beharrenden« sowie wohl auch die Versuche, Einfluss zu-

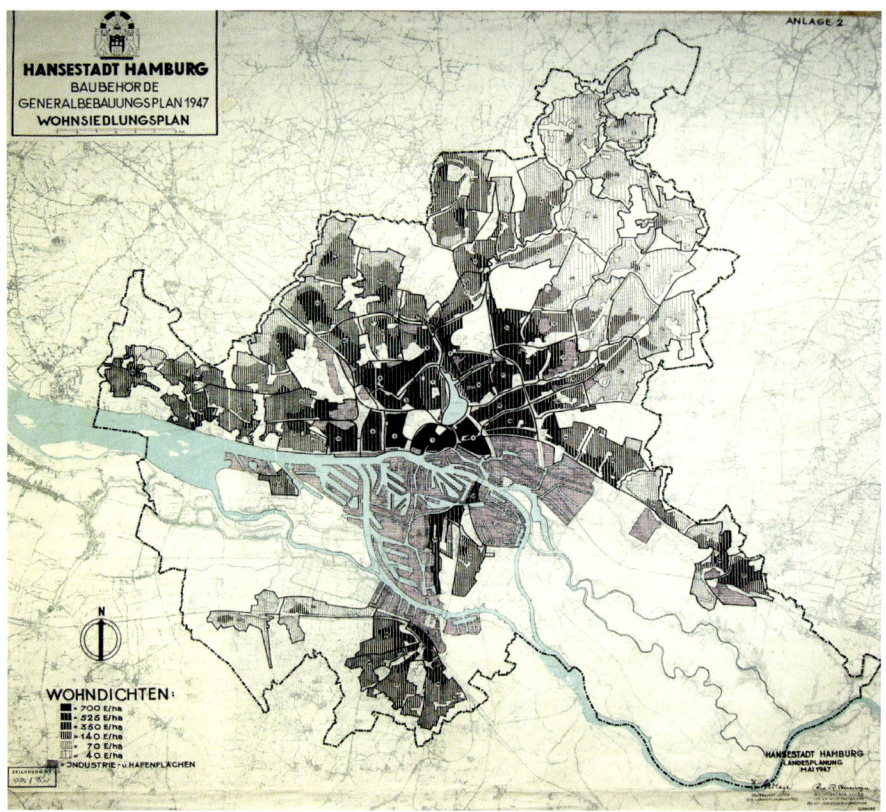

HANSESTADT HAMBURG
BAUBEHÖRDE
GENERALBEBAUUNGSPLAN 1947
WOHNSIEDLUNGSPLAN

WOHNDICHTEN:

■ 700 E/ha
■ 525 E/ha
▦ 350 E/ha
▤ 140 E/ha
▢ 70 E/ha
□ 40 E/ha
■ INDUSTRIE- u. HAFENFLÄCHEN

HANSESTADT HAMBURG
LANDESPLANUNG
MAI 1947

◄ Der General-
bebauungsplan von
1947 (Ausschnitt)
beschränkt sich auf
den Wiederaufbau
von Wohngebieten,
wenn auch das Be-
streben einer Glie-
derung in Nachbar-
schaften erkennbar
bleibt.

gunsten des eigenen Büros zu nehmen, führten zu heftigen Auseinandersetzungen innerhalb der Architektenschaft. Wer aus dem Exil kam und insofern
politisch unbelastet war, hatte deswegen noch längst keinen leichten Stand; die
feinsinnige Unterscheidung zwischen dem »Fachlich-Objektivierbaren« und
dem »Politischen« wurde gern herangezogen, wenn es um die Begründung von
Maßnahmen ging – und die Architekten waren gern die Unpolitischen, die nur
ihr Fachwissen zur Verfügung gestellt hatten.

1947 wird der erste Generalbebauungsplan von der Bürgerschaft beschlossen.
Für neue Planungen gab es – neben den ganz praktischen Schwierigkeiten von
Baustoffbeschaffung und Energiemangel – zwei Grundsatzfragen zu klären:
Das eine war die »Bodenfrage«, d. h. die Frage, welche Eingriffe (bis zur ent-
schädigungslosen Enteignung) erlaubt sein sollten. Dass ein Neuaufbau ohne
Eingriffe in das Bodenrecht möglich sei, glaubte niemand – auch keine politi-

sche Partei. Das Zweite war die Frage nach »Aufbau« oder »Wiederaufbau«, d.h. die Frage, ob man abstrakt eine neue Stadt planen solle oder auf dem Stadtgrundriss der alten arbeiten müsse. Beide Fragen sind weitgehend konservativ entschieden worden, die zweite aus ganz praktischen Überlegungen heraus: Da die gesamte unterirdische Infrastruktur straßenabhängig vorhanden war, wäre es unendlich viel aufwendiger gewesen, am Straßennetz etwas zu ändern. Bei der anderen Frage war es schwieriger; Meyer-Ottens, der neue Oberbaudirektor, stellte bei der Vorstellung des Generalbebauungsplanes fest, einen »Wiederaufbau müssen wir ablehnen. Wer von Wiederaufbau redet, hat aus den politischen Ereignissen noch immer nichts gelernt« – er forderte eine Neuordnung von Grund und Boden.[68] Realistisch war das nicht.

▶ 20. Juni 1948: Lange Warteschlangen für den Währungstausch vor dem Wirtschafts- und Verwaltungsamt in der Baumeisterstraße.

Friedrich R. Ostermeyer, in den 20er Jahren Architekt einiger der bedeutendsten Wohnanlagen, wurde zum Leiter eines Planungsbüros gemacht, das 1947 den Generalbebauungsplan vorlegte. Dessen Grundlagen entsprechen den allgemeinen städtebaulichen Vorstellungen dieser Zeit. In »Hamburg und seine Bauten« von 1953 nennt er die Grundsätze der Planung. Zunächst sieht auch er die Zerstörung als Chance: »Wir hatten große Teile unserer Stadt verloren. So schmerzlich dieses für die Gemeinschaft und für den einzelnen war, hatte es nicht auch ein Gutes?«[69] – Man erkennt die Betrachtungsweise der Architektenschaft, die froh waren, die alte Stadt zerstört zu sehen. Dann folgen die Grundsätze: der Hafen als wirtschaftliches Herz der Stadt, dem sich anderes unterordnen muss, Konzentration der Industriegebiete, Auflockerung der Wohngebiete und Abstaffelung der Höhen zum Stadtrand hin, Wohnerweiterungsgelände an der Elbe in ostwestlicher Ausdehnung und eine Gliederung durch Grünzüge durch »eine radiale Ausstrahlung von Wallring und Außenalster« – Schumachers Achsenplan kam zu neuer Geltung.[70] 1950 wurde der fortgeschriebene Generalbebauungsplan zur gesetzlichen Grundlage gemacht.

Da war schon einiges geschehen: 55000 Wohnungen waren instand gesetzt oder neu gebaut worden (1950 und 1951 allein wurden je 26000 Wohnungen gebaut), die Währungsreform hatte stattgefunden und jeden Einwohner mit 40 harten D-Mark versehen, für die man sich sogar etwas kaufen konnte, weil plötzlich die Waren da waren. Ein neuer Staat, die Bundesrepublik, war gegründet worden (und ein zweiter im Osten); die Freie und Hansestadt Hamburg bildete darin ein eigenständiges Bundesland. Und 1948 hatte der HSV St. Pauli mit 2:1 besiegt und war norddeutscher Fußballmeister geworden – damals noch am Rothenbaum, auf den Stehwällen. Damals ließen die Kontrolleure kleine Kinder noch »einfach mal so« rein.

1952 wurde Werner Hebebrand als Oberbaudirektor nach Hamburg berufen. Er galt – seit seiner Zeit unter Ernst May in Frankfurt/Main in den 20er Jahren – als kompromisslos moderner Architekt und Planer. Ernst May selbst wurde 1954 aus dem kenianischen Exil nach Hamburg geholt, um Chefplaner der »Neuen Heimat« zu werden, der gewerkschaftlichen Wohnungsbaugesellschaft, die unter der Führung von Heinrich Plett in den 50er Jahren zum größten Wohnungsbaukonzern der Republik aufstieg. Mit Bernhard Hermkes und Werner Kallmorgen, mit Godber Nissen und Ferdinand Streb arbeitete eine in ihrer Dichte herausragende Zahl moderner Architekten in Hamburg, die nach einer ersten Phase, in der noch, ziemlich ungebrochen, in der Art des Heimatstils des »Dritten Reiches« gebaut wurde, jetzt die »Aufbau-Moderne« nach Hamburg brachten. Die war nicht einfach nur eine Übernahme des »Neuen Bauens« der 20er Jahre; sie war mit dem gelblich-hellen, Gail'schen

Klinker der öffentlichen Bauten eine Reminiszenz an die Schumacher-Zeit, sie war aber zugleich, mit den dünnen Konstruktionen von frei stehenden Säulen und leichten Flugdächern und den geschwungenen Formen, etwa Neues, das die Architektur der 50er Jahre in Hamburg bis heute unverwechselbar macht: die Neue Lombardsbrücke, die Großmarkthalle, das Auditorium Maximum der Universität (alle von Bernhard Hermkes); das Barlach-Museum oder die Hochhäuser an der Ost-West-Straße (Werner Kallmorgen), der Zuschauerraum der Staatsoper (Gerhard Weber); die Verwaltung der »Neuen Heimat« (Ernst May / Planungsabteilung »Neue Heimat«), die vielen Kirchen in den einzelnen Stadtteilen und natürlich die zahlreichen Wohnsiedlungen in aufgelockerter Bauweise – es war eine Architektur, die den Aufbruch in eine neue Zeit, die den Optimismus gegenüber einer überwunden geglaubten Vergangenheit transportierten.

Es war vom städtischen Konzept her eine demokratische Architektur, wenn es denn überhaupt so etwas gibt: eine Architektur, die eine »Stadt für alle« zum Ziel hatte. Die traditionelle Hierarchie von Zentrum und Rand, von (Haupt-)Kirche, staatlicher Regierung und Verwaltung im Mittelpunkt, auf den sich alles andere bezieht, wurde aufgegeben zugunsten der einzelnen

▶ Werner Hebebrand,
um 1956, Oberbau-
direktor 1952 – 1964.

◄ Die Neue Lombardsbrücke von Hermkes und Dyckerhoff & Widmann, erbaut 1952 – 1953.

◄ Neubau des Zuschauerhauses der Staatsoper von Gerhard Weber, 1953 – 1955.

▶ Die Dreifaltigkeitskirche in Hamburg-Hamm, erbaut 1957 von Reinhard Riemerschmid.

Nachbarschaften, die je eigene Zentren erhielten und damit – trotz des »großen« Zentrums – autark wurden. Deshalb die vielen kleinen Kirchen in der Mitte ihrer Gemeinden, deshalb die Ladenzentren, die dezentralen Sport- und Grünanlagen, auch die Verdichtung von Wohngebieten um bestimmte Kerne, wie sie im Aufbauplan von 1960 festgeschrieben wurde, um »allen Bürgern der Stadt die Voraussetzung für eine annähernd gleichwertige urbane Lebenshaltung« zu geben.[71] Und deshalb – und das ist der entscheidende Beitrag zu einer »Stadt für alle«! – ein sozialer Wohnungsbau, der jeder Familie das Recht auf eine menschenwürdige Wohnung zubilligte, für die die Gesamtgesellschaft mit Hilfe von Steuermitteln zu sorgen hatte.

Am 24. April 1950 wurde das »Erste Wohnungsbaugesetz« der Bundesrepublik verabschiedet, 1956 das zweite. Beide waren Grundlage für einen beispiellosen Bauboom im Wohnungsbau mit staatlicher Unterstützung: den »sozialen Wohnungsbau«. In den Gesetzen wurde die für viele Jahre gültige Dreiteilung in staatlich geförderten, steuerlich begünstigten und frei finanzierten Wohnungsbau festgelegt, wobei die Einflussnahme des Staates beim Erstgenannten am größten war. Der »soziale Wohnungsbau« sollte breiten Bevölkerungsschichten eine Wohnung zu erschwinglichen, vom Staat subventionierten Mieten ermöglichen.

Das Gesetz dürfte eines der erfolgreichsten, aber auch eines der folgenreichsten in der Geschichte der Bundesrepublik gewesen sein. Auf der einen Seite steht die Erfolgsgeschichte: In den Jahren des Baubooms, zwischen 1949 und 1973, wurden 12,6 Millionen neue Wohnungen errichtet, davon etwa die Hälfte nach den Bedingungen des sozialen Wohnungsbaus; gleichzeitig stieg die Wohnfläche pro Wohnung von 1955 bis 1972 von 61,1 qm auf 86,4 qm bei sinkender Zahl der Bewohner pro Wohnung. Die Wohnfläche pro Person stieg bis heute auf etwa 40 qm. Auch die Ausstattung der Wohnungen wurde im Laufe der Jahre immer besser; heute kann man kaum noch eine Wohnung ohne Einbauküche bauen, von Zentralheizung oder einem Bad ganz zu schweigen – scheinbare Selbstverständlichkeiten, die in anderen Ländern keineswegs selbstverständlich sind. Deutschland ist, gemessen an Größe und Standard, ein Volk von »Luxuswohnern«.

Problematischer als die reine Bauleistung ist schon die Frage nach der Qualität der Grundrisse zu beantworten; was in den 50er Jahren noch galt – die Einheit der Familie aus Vater, Mutter und zwei Kindern –, ist heute in Städten wie Hamburg in der Minderheit. Und vollends problematisch wird die Beurteilung der Wohnungsbauleistung, wenn man die städtebaulichen Konsequenzen betrachtet. Bis Ende der 60er Jahre wurde immer noch die »Flächensanierung«

► Eine typische
aufgelockerte Be-
bauung der 1950er
Jahre an der Sechs-
lingspforte: im Zen-
trum die Verwaltung
der »Neuen Heimat«
von Ernst May.

ganzer Stadtviertel des 19. Jahrhunderts betrieben, wobei »Sanierung« hieß: Sie wurden abgerissen. Stattdessen wurden »Trabantenstädte« am Rande der Städte gebaut, künstliche Gebilde, die an ihrer Monostruktur litten und daran, dass viele Menschen zur gleichen Zeit dorthin zogen, nämlich wenn die Wohnungen fertiggestellt waren. Dadurch aber konnte kein sozialer Zusammenhalt entstehen. Die »grüne Witwe«, die zu Hause auf Küche und Kinder aufpasste, wurde zum Synonym dieser Vorstädte.

Es war allerdings bis zu einem gewissen Grad eine zwangsläufige Entwicklung, denn in dem Augenblick, in dem das Recht aller Menschen auf eine menschenwürdige Wohnung anerkannt wird (und der Staat den Wohnungsbau entsprechend subventioniert), führt die aufgelockerte Stadt eben *wegen* der »Auflockerung« und *wegen* der zusätzlich für alle zu schaffenden Wohn-, Grün- und Gemeinschaftsflächen zu einer Ausdehnung, die zahlreiche Probleme bringt – vom öffentlichen Nahverkehr bis zur Versiegelung der Landschaft, von weiten Wegen zu den Arbeitsstätten für die Bewohner bis zur Isolierung derer, die zu Hause bleiben müssen. Die Ausdehnung der Stadt, die man später »Zersiedelung« nennen würde, ist also zumindest zu einem Teil dem Ideal »Stadt für alle« geschuldet. Ihre Auflockerung wurde als Teil einer neuen, demokratischen Freiheit betrachtet: »Mit der Lösung der Wohnbebauung von der Straße, der Einführung des Zeilenbaus und der einseitigen Erschließung der Zeilen ist auch der leiseste Anschein ›umbauten‹ Straßenraumes und der letzte Rest des ›Baublocks‹ aufgelöst; die wichtigsten Formelemente des überlieferten Städtebaues haben sich aus rein rationalen, ›praktischen‹ Überlegungen heraus als ungeeignet für moderne Wohnbebauung erwiesen. […] Zwischen den freistehenden Zeilen strömt nun das Grün in die Stadt, nicht mehr in einzelne Höfe eingesperrt oder auf ›öffentliche Parks‹ beschränkt, sondern als zusammenhängender grenzenloser Landschaftsraum, in dem die einzelnen Wohnhäuser als frei stehende Körper aufgehen. Diese Neuerung, die ein ganz neues Raumgefühl voraussetzt und verwirklicht, ist für alle Hausformen – vom Einfamilienhaus bis zum Hochhaus – von gleicher grundsätzlicher Bedeutung.«[72]

Eine der frühen, bedeutenden Siedlungen der bundesrepublikanischen Nachkriegszeit wurde in Hamburg gebaut: die Siedlung Hohnerkamp von Hans Bernhard Reichow. Reichow hatte unter Gutschow bereits an Plänen für Hamburg gearbeitet (er selbst war bis 1945 Stadtbaurat in Stettin gewesen). 1948 hatte er diese Pläne unter dem Titel »organische Stadtbaukunst« veröffentlicht: ein Straßenkonzept, das sich von der Hauptstraße bis zur Wohnhauserschließung wie ein Baum verästelte, von der Straße losgelöste Fußwege, niedrige, nach der

▲ Siedlung Hohner-
kamp von Hans
Bernhard Reichow,
1953–1954.

► Frans Masereel,
»Bilder der Groß-
stadt«: So ähnlich
muss sich Kallmor-
gen den Ersatz für
das Auto vorge-
stellt haben.

Himmelsrichtung, nicht der Straßenführung aufgefächerte Zeilenbauten, denen höhere Punkthäuser als optisches Rückgrat entsprechen. Heute wirkt das, in Hohnerkamp oder in Farmsen, eher unstädtisch, verträumt. Aber es ging nicht um die Zerstörung des Städtischen, es ging um eine neue Stadt für neue Menschen in einer demokratischen, auf gleichberechtigter Teilhabe aller beruhenden Gesellschaft! Ihr Symbol war der Volkswagen – bescheiden, praktisch, dauerhaft. 1959 veröffentlichte Reichow das Buch »Die autogerechte Stadt« und schuf damit das – missverstandene – Schlagwort des damaligen Städtebaus (denn gemeint war nicht eine Stadt, die dem Auto Vorrang ließ, sondern eine, deren unvermeidlicher Verkehr verträglich und fußgängerfreundlich geregelt würde).

Fast zur gleichen Zeit träumte allerdings Werner Kallmorgen schon von einem »kleinen Apparat«, der »zweifellos in den nächsten 15 – 30 Jahren erfunden wird, etwa eine Regenhaut mit Druckknopf, die uns in 5 m Höhe mit 30 km Geschwindigkeit, schräg nach vorn geneigt, den Weg zu unserem Büro nehmen lässt, und dann am Garderobenhaken hängt, bis wir sie wieder brauchen«; denn Kallmorgen »war dagegen, unsere Innenstädte zu zerstören zugunsten eines so reaktionären Möbels wie es das Auto ist«.[73]

Ein weiteres Beispiel für eine aufgelockerte Bauweise, wie sie den Planern in den dichten Zentren vorschwebte, ist die umfangreiche Planung für Neu-Altona. Hier waren 60 Prozent der Wohnungen im Krieg zerstört worden – das hieß aber auch: 40 Prozent waren noch erhalten –, Arbeiterwohnungen minderer Qualität aus der Zeit um 1900. Anfang 1954 begann ein Planungsbüro mit Ernst May und Werner Hebebrand zu planen, ein Jahr später begann das Bauen. May hatte »Anregungen für die Gesamtgestaltung ohne Rücksicht auf die erhalten gebliebene Bausubstanz«[74] gegeben – die hätte man am liebsten abgerissen. Ein Grünzug vom S-Bahnhof Holstenstraße bis zum Fischmarkt durchzieht das gesamte Gelände. Die Häuser sind (ähnlich wie in Hohnerkamp) als in etwa nach der Himmelsrichtung ausgerichtete kurze Zeilen angeordnet, mit Punkthäusern als städtebaulichen Dominanten.

36 000 Einwohner wohnten im Endausbau in Neu-Altona. Ausgehend vom Altonaer Bahnhof wurde Deutschlands angeblich erste Fußgängerstraße eingerichtet, die Große Bergstraße[75], damals noch mit eingeschossigen Pavillons in der Mitte, die der Straße einen Hauch der Rotterdamer »Lijnbaan« von van der Broek und Bakema vermitteln; sie sind inzwischen abgerissen. Bemerkenswert: Das Gelände für Neu-Altona war keineswegs vollständig durch Bomben zerstört, sondern wurde teilweise erst »flächensaniert«, also die gründerzeitliche dichte Bebauung abgerissen. Und ebenfalls bemerkenswert:

▶ Titelseite einer Broschüre der Stadt Hamburg zur Planung von Neu-Altona, 1958.

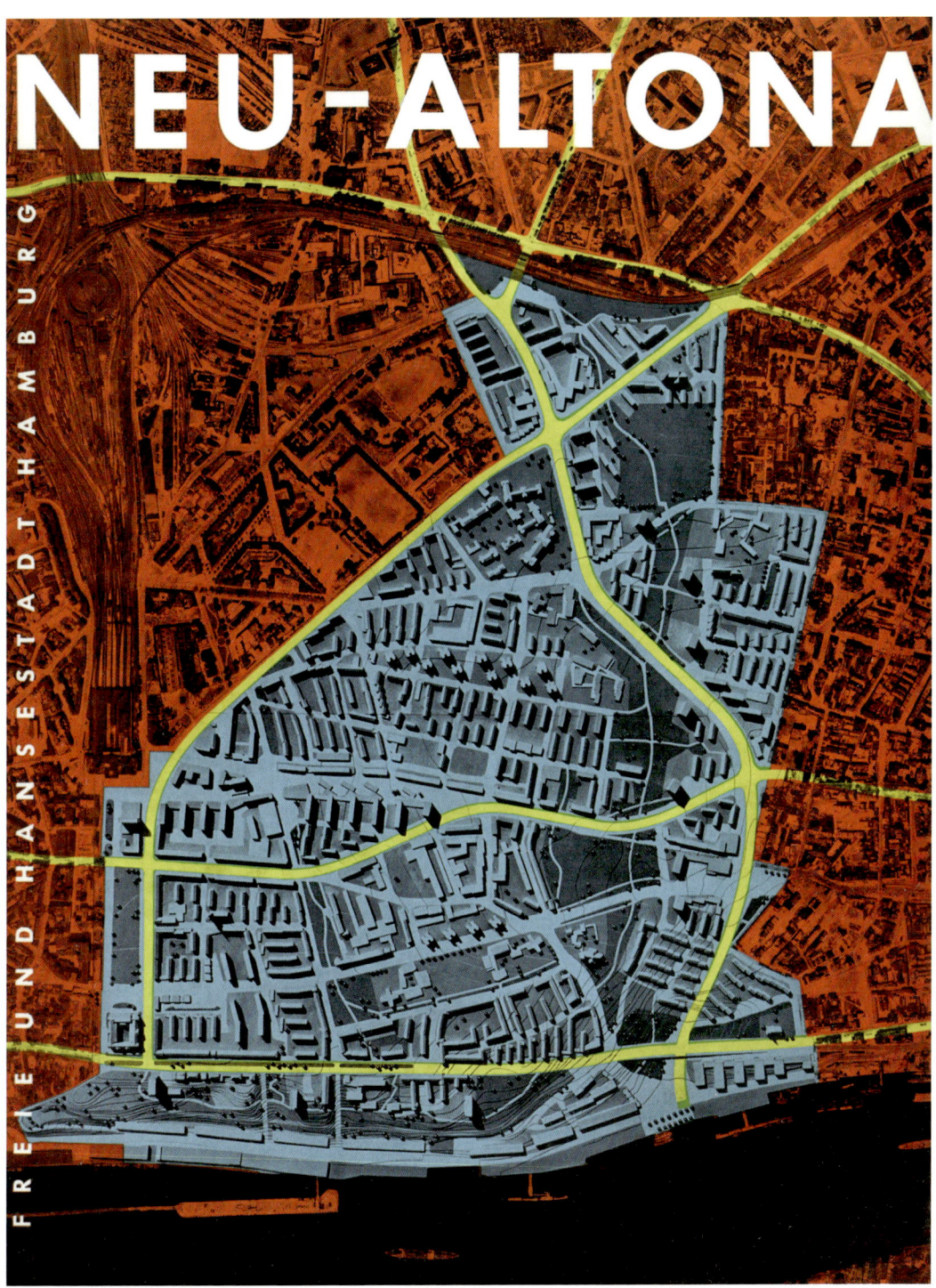

NEU-ALTONA

FREIE UND HANSESTADT HAMBURG

NEUAUFBAU – NICHT WIEDERAUFBAU

Es gab für das gesamte Planungsgebiet eine Gestaltsatzung. Man überließ also die Architektur nicht einem »freien Spiel der Kräfte«, sondern griff gestaltend und vorgebend ein. So heißt es in Paragraphen 2, Absatz 1 der Satzung: »Die Bauten sind bei gleichartiger Gestaltung aller Außenwände in hell gefugtem Ziegelrohbau auszuführen«, und in Abs. 2: »Alle Wohnbauten bis zu vier Geschossen müssen Satteldächer mit Giebeln haben. Die Dächer sind mit einer Neigung von 35 Grad auszuführen und mit braunen oder grauen Pfannen zu decken.«[76] Richtig modern war diese Architektur nicht – kein Flachdach, kein weißer Putz: Es zeigt sich, dass die 50er Jahre in Hamburg ihre eigene Ästhetik haben.

Natürlich gehen die Zeilen in Nord-Süd-Richtung auf die 20er Jahre zurück, obwohl der Zeilenbau in Hamburg nicht eben typisch war. Es gab ihn immerhin; Fritz Schumacher reklamierte sogar seine Erfindung für sich bei seinen Bauten im Wohngebiet Dulsberg, obwohl es sich dabei keineswegs um Zeilenbau im strengen Sinne handelt. Das trifft aber auf die Bauten der »Reichsforschungsgesellschaft für Wirtschaftlichkeit im Bauwesen« zu, die, Ende der 20er Jahre, am Rande der »Jarrestadt« mehrere Zeilen als Erprobungstypen errichten ließ. Aber das sind eher untypische Beispiele für Hamburg. Ernst May hatte dagegen in der Siedlung Westhausen in Frankfurt / Main einen konsequenten, rigiden Zeilenbau verwirklicht. Der wird hier zu gefälligen Gruppen geordnet, bekommt eine gewisse Leichtigkeit, aber eben, wie andere Beispiele der »gegliederten und aufgelockerten Stadt« – auch eine gewisse räumliche Beliebigkeit. Die entstehenden Freiräume sind nicht gefasst, nicht eindeutig definiert; das frei Schwingende des Petticoats oder des Nierentischs lässt sich nicht auf den städtischen Maßstab übertragen. Und: Blockbebauung ist nicht gleich Blockbebauung – die urbane Qualität des straßenbegleitenden Blocks hängt von seiner Bebauungsdichte und der Wohndichte der Wohnungen ab, nicht von seiner Form. Die Anordnung einer Bebauung nach der Himmelsrichtung ignoriert andererseits die städtischen Elemente von Straße, Platz und Erschließung.

Christian Farenholtz, auch heute noch engagierter, streitbarer Stadtplaner, der mit Hebebrand und May an den Plänen für Neu-Altona arbeitete, hat 1986 Ausgangspunkt und Absichten der Arbeit dargelegt, als persönlichen Erfahrungsbericht, der die spätere Kritik reflektiert; es sei erlaubt, hier ausführlich daraus zu zitieren, weil er sehr genau die ursprünglichen Überlegungen erfasst: »Neben dieser aktuellen Not – Folge des Krieges – Folge von Zerstörung und Flucht – stand aber historische Not, stand der politische Kampf gegen das Elend in den Wohnkasernen der Industriestadt, stand schlechthin die politische Forderung der Wohnreformer, Auflockerung und Grünplanung – ohne Rücksicht auf Bodenrente –, das war seinerzeit der Beitrag der Pla-

◀ Blick in die Neue Große Bergstraße mit eingeschossigen Pavillons, im Vordergrund der alte Altonaer Bahnhof, um 1965.

ner und Architekten im Bemühen um die neue Stadt, um die Zukunft, war zugleich Kampf gegen die Armuts-Krankheiten Rachitis und Tuberkulose in den Substandard-Wohnungen. Das war auch unsere Intention.« Die politische Ausgangsposition stellte sich für ihn folgendermaßen dar: »Not und Elend herrschten auf der einen Seite, Ausbeutung des Menschen durch den Menschen auf der anderen Seite; denn das menschenverachtende, menschenvernichtende Elend in vielen unserer alten Städte war ja die Folge erlaubter Bodenvermarktung, Bodenspekulation. [...] Wir wollten eine andere Stadt! Und wir sahen uns so in der Tradition der großen Reformer, Adickes und Eberstadt, Oelsner und Schumacher, letztlich: May [...].«

Wie aber sollte das gehen? »Mit der bürgerlichen Kunst unserer Vergangenheit waren wir ›durch‹, – natürlich auch mit jener ›Staatskunst‹ der Nazis. Unsere Themen waren eben nicht mehr der Bamberger Reiter und Uta von Naumburg, Dürers betende Hände und sein Kleines Rasenstück, Kiefernholzmöbel mit geflochtenen Sitzen; die Bürgerlichkeit – wie wir sie verstanden –, Riehl oder Camillo Sitte, – das war Nebel, Wolke, war kleinbürgerlich und ›gemütlich‹. ›Gemütlich‹ wollte ich nicht sein. Eine ›gemütliche‹ Stadt – das konnte auch nicht die Stadt der künftigen Gesellschaft sein [...].«

Das hatte schon Karl Kraus gesagt – »gemütlich bin ich selber«. Aber die Ablehnung einer »gemütlichen« Stadt stellte ja noch kein städtebauliches Konzept dar. Farenholtz: »Da war die Antwort auf die soziale Not: die gesunde, grüne, aufgelockerte, die vom Renditegesetz befreite Stadt; und da war eine neue Schönheit, weniger vorgeformt, sondern auf das Leben, auf das Mittun des einzelnen angewiesen – das ästhetische Gesetz der ›neuen‹ Stadt.

Nicht Wiederaufbau des Gewesenen – das Gewesene war schon vor der Zerstörung verbraucht. Neuaufbau.«

Farenholtz beschreibt dann die Realisierung, und man meint, das Apologetische 30 Jahre danach mitzuhören: »Die tragende Idee des Planers ist der große Grünzug. Er führt vom S-Bahnhof Holstenstraße zum Altonaer Fischmarkt an die Elbe. Der zentrale grüne Freiraum als Rückgrat, als Bezugsachse nicht nur bei Neubausiedlungen, sondern endlich auch beim Aufbau eines zerstörten innerstädtischen Quartiers. Hochhäuser mit ihren großen Freiflächen vergrößern die Grünfläche optisch, begleiten den städtebaulichen Raum, nutzen die schöne Situation. Die Schulen werden zu Elementen dieser Freiflächenplanung, die strukturiert und gliedert. Grünverbindungen und Grünflächen waren dabei in der Vorstellung zentraler Ort, Stadtmitte, nicht Trennung, Abgrenzung. [...]

Selbstverständlich war die Versorgung der Altonaer Altstadt überlegt worden: als konsequente Konzentration der Einkaufszonen in großzügig dimensionierten Fußgängerstraßen mit rückwärtiger Erschließung für Lieferverkehr und Besucherverkehr. Das Projekt einer U-Bahn-Linie, die später nicht gebaut wurde, mit ihren Haltestellen stutzte dieses Konzept. Auch sonstige Arbeitsstätten waren den Wohngebieten zugeordnet, in den Wohngebieten verteilt, in der Regel waren einzelne Baublöcke für Arbeitsstätten ausgewiesen. [...] Das Zentrum der neuen Stadt aber war nicht das Einkaufszentrum, der Kommerz, die – auch räumlich eher ›eindeutig‹ ausgebildete – Ladenstraße, sondern Zentrum der Stadt war der offene, der sowohl in der Nutzung wie in der formalen Ausbildung offene grüne Freiraum. Und selbstverständlich führten die Ladenstraßen zu diesem Freiraum hin; genauso selbstverständlich war, daß sie ihn nicht unterbrachen, seine Dominanz nicht einschränkten.«

Schließlich resümiert Farenholtz – und seine Bemerkungen reflektieren die guten Absichten der ursprünglichen Planung, die man eben auch heute noch mitlesen muss –: »Plan und Wirklichkeit: Wir Stadtplaner haben offenbar nicht verstanden, unsere Vorstellungen von diesem grünen Herz der Stadt an die Garten- und Landschaftarchitekten weiterzugeben; die ihrerseits haben die Gestaltungschance auch nicht gesehen, oder sie mussten zu sehr sparen: Die Planidee hat in der Grünanlage selbst kaum Entsprechung gefunden, die Gestaltung des großen Grünzuges ist eher belanglos, beiläufig, nebensächlich. Heute kommen nun Architektenplaner und stellen zu Recht ein Gestaltdefizit fest.«[77]

Plan und Wirklichkeit: Heute ist die »Ladenstraße« eine 1-Euro-Zone, das Gebiet um die Große Bergstraße Sanierungsgebiet. Der große Grünzug ist als Parkanlage unansehnlich, und die Wohnhäuser stehen eher verloren in der Umgebung. Zum Glück wurden nicht alle Altbauten abgerissen, einige im Gegenteil hervorragend saniert, ohne dass ein Prozess der Gentrifizierung eingesetzt hätte. Man betrachtet das Gebiet eher mit Wehmut über eine letztlich gescheiterte Planung bei besten Absichten.

»An einigen Stellen allerdings wird er [der Stadtplaner; G.K.] zum Chirurgen, da nämlich, wo die alten Arterien dem zu verjüngenden Stadtkörper nicht mehr genügen würden [...]. In diesem Sinne sind die beiden Durchbruchsstraßen der Innenstadt zu verstehen, die sich möglichst den Breschen anschließen, die der Bombenhagel geschlagen hat. Wie bei jedem Eingriff lässt sich nicht vermeiden, dass auch hier und da gesundes Fleisch zum Opfer fallen muss« – so rechtfertigt 1953 Heinrich Strohmeyer vom Landesplanungsamt, mit Otto Sill vom Tiefbauamt Verfasser des »Aufbauplanes«, den der Senat 1950 beschlossen hatte, den Straßendurchbruch der Ost-West-Straße durch die Innenstadt, der bis heute umstritten ist – eine »für die baulich-räumliche Umwelt blinde Verkehrswegeplanung der 60er Jahre« nannte sie der Oberbaudirektor der 80er Jahre, Egbert Kossak.[78] Er versuchte, »Brücken« über die Straße zu schlagen,

NEUAUFBAU – NICHT WIEDERAUFBAU

im buchstäblichen wie im übertragenen Sinne. Mal abgesehen vom schönen Vergleich mit dem Chirurgen, den schon Sigfried Giedion in »Raum, Zeit, Architektur« gezogen hatte – »beim Chirurgen kommt alles auf den treffsicheren Schnitt an; beim Architekten ist es nicht anders« –: Die Ost-West-Straße stellt bis heute eine der großen Straßenplanungen der Nachkriegszeit dar.

Was nicht heißt, dass man sie heute nicht verändern müsste.

Das Problem der Durchfahrung der Innenstadt gab es seit den 20er Jahren, und seit dieser Zeit wurde an Überlegungen gearbeitet, *eine* Hauptdurchfahrt zu schaffen. Auch in Gutschows Planungen von 1941 und 1943 war eine Ost-West-Durchfahrt angelegt; sie war notwendig, weil es nach der Schaffung von Groß-Hamburg 1937 keine für eine größere Verkehrsbelastung brauchbare Verbindung von den Regionen südlich der Elbe nach Altona gab außer den Elbbrücken im Osten der Stadt. Die Verbindung von Zentrum zu Hafen aber, die jahrhundertelang für die Kaufleute und Reeder wichtig war, war nach Einrichtung der Speicherstadt und Bildung der City ohnehin zerbrochen. Eine inhaltliche Verbindung, wie sie heute besteht, da der Hafen eine Tourismusattraktion ist, gab es in den 50er Jahren nicht; damals war der Hafen Ort der Arbeit und damit kein Teil des Zentrums. Also war die Ost-West-Straße zunächst einmal eine Ost und West verbindende Großstadtstraße, keine Nord und Süd trennende Schneise. Die frei im Raum stehenden Hochhäuser betonten ihren Großstadtcharakter; quer zur Fahrtrichtung angeordnet, sollten sie die Durchfahrt für

◄ Die Ost-West-Straße zwischen der zerstörten Nikolaikirche und der Michaeliskirche, 1961.

► »Der deutsche Bauch erholt sich auch und wird schon merklich runder«: Einkaufen als Volkssport, 1971.

den Autofahrer zum Erlebnis machen. Es entstand zwischen 1953 und 1962 eine »großstädtische Stadtlandschaft«, die der Architekt J. R. Mramor euphorisch so beschreibt: »Ausnehmend reizvolle Perspektiven eröffnen sich bei der Einmündung der Domstraße: Von hier werden nicht nur alle Hauptkirchen sichtbar, die einzelnen Baukörper, selbst das Parkhochhaus neben der Katharinenkirche, sind zu einer Architektursynthese verschmolzen, die man gelungen nennen kann.«[79] Dass sich die Voraussetzungen inzwischen völlig verändert haben, steht auf einem anderen Blatt; heute müssen die Straße und ihre Funktion neu gedacht werden.

Um 1960 gab es noch rund 40 000 Behelfsheime mit 140 000 Bewohnern in Hamburg, Notunterkünfte einer wachsenden Stadt, deren Einwohnerschaft nach der freiwilligen oder erzwungenen Evakuierung im Krieg zurückgeströmt war in der Hoffnung auf Arbeit und die durch einen steten Zuzug von aus den Ostgebieten Vertriebenen sowie später aus der DDR wuchs. Auf der anderen Seite war die Wohnungsproduktion in Gang gekommen – nicht zuletzt dank der »Neuen Heimat« –, das »Wirtschaftswunder« nährte die Hoffnungen auf eine bessere Zukunft, die Winter waren nicht mehr so kalt wie 1946/47, weil man die Wohnungen wieder heizen konnte. Es ging aufwärts – die Hochhäuser wurden höher, die Hintern dicker, die Urlaubsreisen weiter, die Portemonnaies gefüllter für Dinge neben den baren Notwendigkeiten – eigentlich die Zeit für die »Moral«, die ja nach »dem Fressen« kam.

Am 16. und 17. Februar 1962 brachen unter der Wucht einer schweren Sturmflut die Deiche der Elbinsel. 317 Menschen ertranken auf Hamburger Gebiet, 20 000 Menschen wurden obdachlos, ein Fünftel des Staatsgebietes stand unter Wasser. Auf der Eisenbahnfahrt nach Süden fuhr man an einer riesigen Wasserwüste vorbei.

► Flutkatastrophe
1962: Evakuierung
aus einem überfluteten Haus in Cranz.

DIE WUNDERBAREN JAHRE

Wann endet die Nachkriegszeit in Hamburg? Epocheneinteilungen haben meist etwas Zwanghaftes, weil sie komplexe Entwicklungen auf zeitlich exakt definierbare Ereignisse reduzieren; andererseits haben diese immer etwas Verführerisches, weil sie so einleuchtend scheinen.

1957 fand die INTERBAU in Berlin statt, die Leistungsschau der internationalen Moderne, die die ganze Bandbreite des demokratischen Bauens zeigte – und den demonstrativen Gegensatz zur Stadt des 19. Jahrhunderts (und zum Bauen in der DDR, der Stalinallee, deren größte Qualität in Westdeutschland vorsichtshalber gar nicht wahrgenommen wurde, nämlich die Verfügung über den Boden, die erlaubte, in den Zentren der Städte Wohnungen zu bauen). Für Hamburg spielte die Ausstellung keine große Rolle, außer dass die Schulkinder auf ihrer obligatorischen Klassenfahrt nach Berlin, zur Besichtigung des verachtenswerten Sozialismus der SBZ, die Ausstellungsbauten besichtigen mussten. Hamburg hatte scheinbar keine Internationale Bauausstellung nötig; sie hatte die inzwischen zu einem Großkonzern angewachsene »Neue Heimat« und deren Patentrezepte, sie hatte auch die Internationalen Gartenbauausstellungen (IGA) zwischen Planten un Blomen und dem Justizforum alle zehn Jahre, die neben der Ausstellung von Tulpen, Narzissen und Primeln vor allem der Neuordnung des Verkehrs dienten – indem man den bedeutenden Platz des Justizforums zur mehrspurigen Rennbahn machte.

1953 wurde zur IGA der Philipsturm (Architekt: Bernhard Hermkes) gebaut, eine Art frühes PPP-Projekt und – neben der Wasserlichtorgel – eine

◄◄ Die Wohnsiedlung am Osdorfer Born, erbaut 1966 – 1969, Architekten: Werner Hebebrand (Hochbauamt), Fritz Trautwein, Gustav Burmeister, Egon Pauen, Hans Atmer, Jürgen Marlow, Wilfried Haase (Neue Heimat), hier Hochhäuser von Fritz Trautwein.

Publikumsattraktion. 1963 bildete die Umgestaltung der Wallanlagen das inhaltliche Thema, eine Gondelbahn zum Millerntor die Publikumsattraktion. 1973 schließlich folgte noch ein eher schwacher Aufguss an gleicher Stelle, dieses Mal mit einer schienengebundenen Rundstrecke – eine Art »Hamburger Dom« in »freier Natur«.

Als Signal einer Beendigung der entbehrungsreichen Nachkriegszeit taugt keine der Ausstellungen, obwohl das »Internationale« eine wichtige Funktion für die Stadt des Handels besaß; schon damals wurde jeder kleine Lichtstrahl internationaler Anerkennung der Stadt von der Presse registriert und bejubelt – klares Kennzeichen einer Stadt, die davon träumt, Metropole zu sein.

Aber die Suche nach dem eindeutigen Datum ist müßig, eben weil die »Zeitläufte« eben gerade das Verschiedene zur gleichen Zeit, das Widersprüchliche ausmachen: 1960 wurde ein neuer »Aufbauplan« beschlossen. 1961 endete die politische Ära, die in den 20er Jahren mit der ersten demokratischen Republik begonnen hatte. Paul Nevermann löste nach dem Wahlsieg der SPD Max Brauer ab. 1963 wurde der Kaiserspeicher gesprengt, was nicht nur eine Entscheidung gegen die Architektur des Wilhelminismus bedeutete, sondern

▶ Internationale Gartenbauausstellung Hamburg, IGA 1963, Teehaus von Heinz Graaf und Paul Krusche.

auch hieß: Wir mit unserem modernen Hafen brauchen die alten Instrumente nicht mehr. Denn der Turm auf dem Kaiserspeicher hatte ja viele Jahre lang eine wichtige öffentliche Funktion: Der Zeitball, der Punkt zwölf Uhr mittags fiel, war Chronometer der internationalen Schifffahrt, und das, für die »Quiddjes« sei's gesagt, hat nichts mit dem pünktlichen Mittagessen zu tun, sondern mit der exakten Navigation in Zeiten, in denen es noch kein GPS gab. Jetzt brauchte man das nicht mehr. 1962 machte auch Willy Schlieker Pleite, der »Selfmademan«, der Werftbesitzer, der so gern in den besseren Hamburger Kreisen verkehrt hätte (sein Vater war Kesselschmied), dem aber die Banken bei der ersten Schwierigkeit die Kreditgunst entzogen. Sein Firmenzusammenbruch markierte, dass Wachstum nicht unbegrenzt immer weitergeht, und dass Selfmademen durch Vorstände und Aufsichtsräte abgelöst wurden. Er markierte im Übrigen auch, dass man in einer Stadt wie Hamburg am besten eine 300-jährige Verbindung von Handel und Banken vorweisen muss, um eine etwas kulantere Kreditlinie zu erhalten ...

Und 1962 architektonisch? Einer der wirklich herausragenden, originellen Bauten der Nachkriegszeit wird in Hamburg fertiggestellt, Bernhard Hermkes und Gerhard Beckers Großmarkthalle, die von der amerikanischen Kritikerin Sybil Moholy-Nagy auf einer Deutschlandreise als praktisch einziger nennenswerter Nachkriegsbau in Deutschland bezeichnet wird, womit sie die gesamte bunderepublikanische Architektenschaft kränkt – bis auf Hermkes. Und das vertikale Gegenstück: das neue Polizeihochhaus am Berliner Tor, das die Moderne in Form eines leicht variierten Entwurfs von Le Corbusier nach Hamburg bringt – und den Architekten viel Kritik wegen der offensichtlichen Inspirationsquelle ihres Entwurfs. Immerhin: Der »echte« Entwurf Le Corbusiers wurde nie gebaut, und die Zentrale der Polizei hatte viele Jahre eine Adresse, ein Gesicht, das bei den Bürgern der Stadt vertraut war. Heute ist das Haus saniert, privatisiert und anonymisiert; die Polizei hat sich irgendwo in Alsterdorf versteckt – was auch ein Stück Veränderung im Verständnis des Öffentlichen bedeutet.

1962 – das Ende der Nachkriegszeit? Das Jahr, in dem ein Hamburger Innensenator seinen steilen politischen Aufstieg nahm, weil er nicht in Strukturen dachte, sondern in praktischen Maßnahmen, als die Not es erforderte. Das Jahr, in dem das Bild von Bombennächten, Feuersturm und wirtschaftlicher Not verblasste vor der aktuellen Katastrophe, der großen Flut, die scheinbar zeigte, dass es auch nicht von Menschen verursachte Katastrophen gab. Das Jahr, in dem Zehntausende Menschen sich auf dem Rathausmarkt versammelten, um einem französischen Staatspräsidenten zu huldigen – heute wäre das nur bei charisma-

▶ Großmarkthalle Hamburg, erbaut 1958 – 1962, Architekten: Bernhard Hermkes und Gerhart Becker, Schramm & Elingius.

◄ Ehemaliges
Polizeihochhaus,
Beim Strohhause,
erbaut 1958–1962,
Architekten: Hans
Atmer und Jürgen
Marlow, H. T. Holthey,
Harro Freese, Egon
Jux.

tischen »Popstars« wie Obama möglich. Und das Jahr, in dem der »Star-Club«
mit einer Liverpooler Band namens »The Beatles« eröffnet wird!

Wenn 1962 die Nachkriegszeit zu Ende ist, dann ist die neue Epoche
nur fünf Jahre kurz, bis eine Berliner Anti-Schah-Demonstration, die Er-
schießung eines Studenten von einem Polizisten, der auf einem Transparent
gezeigte Spruch »Unter den Talaren / Muff von tausend Jahren« den Geist
des Widerstandes gegen gesellschaftliche Lähmung und Anpassung sichtbar machen und damit, unzweifelhaft, eine neue Zeit markieren: fünf Jahre
für die Illusion einer heilen Welt. In diesen 60er Jahren gab es noch keine
Klimakatastrophe, keinen sauren Regen, keine Ölkrise, keine Internetblase
und keine globale Finanzkrise. Es ging nur in eine Richtung, nämlich aufwärts; der Weg in eine immer bessere Welt, in der das Neue zum Selbstzweck

DIE WUNDERBAREN JAHRE

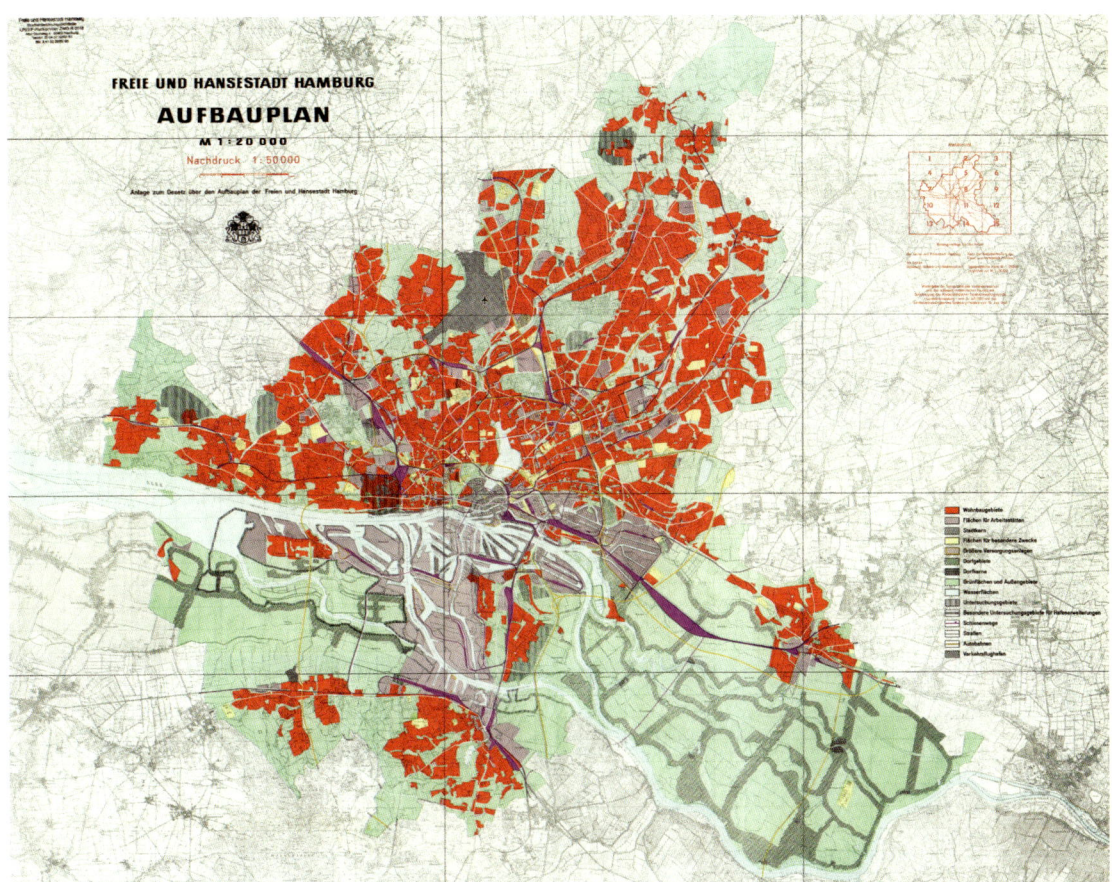

▲ Aufbauplan 1960
der Freien und
Hansestadt Hamburg.

wurde, war vorgezeichnet und noch nicht von Zweifeln begleitet. Der neue
Straßendurchbruch, dem alte Häuser weichen mussten; die neue Trabanten-
siedlung, die bessere Wohnungen schuf; die neue U-Bahn-Linie, die zu nutzen
war, wenn man nicht ohnehin den eigenen Volkswagen benutzte; die neuen
Länder, in die man im Urlaub fahren konnte, um zu lernen, dass es dort
zwar sonniger, aber auch weniger ordentlich und viel schmutziger war als zu
Hause – alles zusammen vermittelte das Grundgefühl, man lebe (bei allen
kleineren Unbilden) in der besten aller möglichen Welten.

Dieser Grundüberzeugung folgt auch der Aufbauplan von 1960; schneller, höher, stärker – die olympische Idee als Maxime der Stadtplanung! Jetzt
ging es nicht mehr, wie 1950, um 1,8 Millionen Einwohner der Stadt, die
äußerstenfalls untergebracht werden müssten, jetzt plante man für 2,0 bis

2,2 Millionen Einwohner, zumal die Stadt um 20 – 30 000 Zuwanderer jährlich wuchs. Was aber wichtiger war: Der Aufbauplan stellte gegenüber dem von 1950 eine qualitative Veränderung dar, ein neues Leitbild. Zwar wurde immer noch das Ideal der »gegliederten und aufgelockerten Stadt« verfolgt, aber mit einer entscheidenden Modifikation. Jetzt waren nicht mehr *ein* Zentrum und dessen Peripherie das Ordnungsprinzip, sondern eine Stadt aus einem Zentrum und *mehreren Unterzentren.* Das »Prinzip der polyzentrischen Stadt«[80] wurde entwickelt, einer Stadt, die in den Unterzentren um Verkehrsknoten des öffentlichen Nahverkehrs herum sämtliche Versorgungs- und Verwaltungseinrichtungen einer Mittelstadt besitzt und zudem nach Möglichkeit auch Arbeitsstätten bietet: »Neue Arbeitsstättenflächen sind vorwiegend in den Mittel- und Randzonen der Stadt vorgesehen bzw. vorhandene erweitert, mit dem Ziel, neben den neuen Schwerpunkten des Wohnens Arbeitsplätze anzubieten (Rahlstedt, Bergstedt, Hummelsbüttel, Langenhorn, Niendorf, Osdorf). [...] Gedacht ist dabei an die Ansiedlung nichtstörender, möglichst arbeitsplatzintensiver Industrie- und Gewerbebetriebe, die auch weiblichen Arbeitskräften aus der näheren Umgebung Beschäftigungsmöglichkeiten bieten«[81] – die grüne Witwe musste endlich doch beschäftigt werden.

Heute kann man die geplanten »Regional-« und »Entlastungszentren mit B-Zentralität« weniger an den Arbeitsplätzen erkennen als vielmehr an den Einkaufszentren.

Der Aufbauplan 1960 (der sehr bald schon in Frage gestellt wurde; 1964 wurde eine Senatskommission zu seiner Überprüfung eingerichtet) brachte einen Paradigmenwechsel von der »gegliederten und aufgelockerten Stadt« hin zu einer polyzentralen Stadt, die gleichzeitig eine höhere Verdichtung der Wohngebiete bedeutete; das Schlagwort von der »Urbanität durch Dichte«, das der Schweizer Ökonom Edgar Salin 1960 kreiert hatte, deutet das Unbehagen an der unstädtischen Schlafstadt an, obwohl bisher ja die Stadt des 19. Jahrhunderts mit ihrer Menschendichte immer als Schreckensbild galt.

Neben diesem Paradigmenwechsel brachte der Aufbauplan – der Begriff vermied übrigens demonstrativ den des »*Wieder*aufbaus«! – eine weitere Maßnahme ins öffentliche Bewusstsein, die bereits seit einigen Jahren im Planungsamt diskutiert worden war und die mit dem Namen Hebebrand in besonderem Maße verbunden bleibt: die Einrichtung einer zweiten Geschäftsstadt außerhalb der durch die Stadtbefestigung des 17. Jahrhunderts definierten City. Die konnte nicht erweitert werden (die heutige Ausweitung nach Süden durch den Bau der HafenCity war um 1960 noch undenkbar, Hafenflächen unterlagen nicht der allgemeinen Stadtplanung, sondern besaßen mit dem Amt für Strom- und

▲ Die City Nord:
Aus der Luft sieht
man den völlig an-
deren Maßstab,
den die Ansamm-
lung von Büronut-
zungen in die Stadt
bringt, 1979.

Hafenbau eine eigene Planungsabteilung, die eifersüchtig vor Eingriffen von außen schützte).

Das Problem war klar: Die Verwaltungen großer Konzerne und Firmen mit 800 oder mehr Mitarbeitern wollten sich durchaus auch in ihren Bauten darstellen – pauschal gesagt: am liebsten mit einem Hochhaus in der Stadt. Die Hamburger Stadtplaner aber kämpften für den Erhalt der Silhouette der Stadt mit ihren Kirchtürmen. In wenigen Fällen konnten sich die Konzerne durchsetzen, wie zum Beispiel bei Unilever, wobei mit allen Tricks um die Höhe gekämpft wurde (im Falle Unilever waren zwei Geschosse weniger genehmigt worden als später gebaut; der Kern mit der vertikalen Erschließung wurde aber so hoch, dass nachträglich zwei Geschosse zusätzlich genehmigt wurden – weil der Kern so hässlich war. Heute, 2009, dürfen zwei weitere Geschosse addiert werden). Auch an der Ost-West-Straße durfte hoch gebaut werden, was in eleganten Scheiben für die Hamburg Süd (Cäsar Pinnau), für IBM oder den »Spiegel« (beide Werner Kallmorgen) realisiert wurde. In der Summe aber wurden Hochhäuser nicht als Lösung erachtet – wohin also mit den aus wirtschaftlichen Gründen erwünschten Konzernzentralen? »Der Bürobedarf wächst, privater wie behördlicher. Die großen Verwaltungen, die teils an zehn bis fünfzehn verschiedenen Stellen der Innenstadt sitzen und auf diese Weise die Verkehrsflächen zusätzlich belasten, haben das verständliche Bedürfnis, ihren Betrieb zu konzentrieren, ihn wirtschaftlich zusammenzufassen durch rationelle Grundrissorganisation. Das ist für große Verwaltungen und Konzerne von 15 000 bis 30 000 qm Nutzflächenbedarf in der City nicht mehr möglich. Eine verstreute Lage in verschiedenen Stadtteilen ist weder organisatorisch (bestimmte notwendige Zusammenhänge) noch städtebaulich (Unterwanderung von reinen Wohngebieten) erwünscht. So entstand die Idee der Zusammenfassung solcher Betriebe in einem neuen, bis dahin noch mit Behelfsheimen besetzten stadteigenen Gelände in bester verkehrsmäßiger und landschaftlich schöner Lage an der Peripherie des Sechs-km-Radius der größeren, fast ganz wiederaufgebauten Hamburger Innenstadt [...]«, so beschreibt Werner Hebebrand seine Überlegungen: »In diesem neuen Gelände können – selbstverständlich nach vorheriger ordnungsgemäßer Unterbringung der Behelfsheimer – mehr als 500 000 qm Büronutzungsfläche in einzelnen Baumassen so geschaffen werden, dass bei aufgelockerter Bauweise fast die Hälfte des Geländes als öffentliches Grün verbleibt und so zu einer großartigen Fortsetzung des vorhandenen Stadtparks nach Norden wird. [...] Es entsteht also in den nächsten Jahren eine der modernsten und besten Geschäftsstädte überhaupt.«[82] Und an anderer Stelle heißt es bei Hebebrand: »Keine andere europäische Stadt dürfte eine solche Möglichkeit haben, wie sie vergleichbar etwa in New York nach der restlichen Verbauung von Lower Manhattan durch das neue, in den letzten Jahrzehnten entstandene Geschäftsviertel am Zentralpark sich entwickelt hat.«[83]

Das war schon ein kühner Vergleich – die Hochhäuser am New Yorker Central Park mit den Großraumbüros der City Nord! Das Gelände hatte in den Augen der Planer tatsächlich beträchtliche Vorzüge: Es konnte an den öffentlichen Nahverkehr angeschlossen werden und lag nördlich des von Fritz Schumacher entworfenen Stadtparks, hatte also eine enge, durch eine Brücke über eine sechsspurige Straße noch betonte Verbindung zum »sozialen

▶ Blick vom Spiegel-
hochhaus zum IBM-
Hochhaus, 1968.
Architekten: Kallmor-
gen & Partner.

Grün«. Darüber hinaus war es weitgehend eben und zusammenhängend, nur
mit Kleingärten und Behelfsheimen besetzt, damit verfügbar und optimal
aufteilbar. In die Kaufverträge für die Grundstücke wurde die Verpflichtung
aufgenommen, einen Architektenwettbewerb durchzuführen.

Bei aller auch taktischen Begründung zur Stärkung des Vorhabens: Die City Nord hat zumindest erreicht, dass die Innenstadt Hamburgs nicht von Hochhäusern dominiert wurde. Was sie nicht erreicht hat: einen eigenständigen Stadtteil zu bilden. Dazu hätte es eines viel größeren Wohnanteils bedurft, der zwar von Hebebrand in der (wenig später entstehenden) Siedlung Steilshoop gesehen wurde, aber das hat nie funktioniert. Trotz Postamt und kleinem Ladenzentrum: Die City Nord blieb eine Mustersammlung des jeweiligen Standards im Bürohausbau, ihre Bauten wurden nach Wettbewerben entschieden, stellen also das höchste Niveau dar. Aber kein Bau nahm ernsthaft auf seine Nachbarn Rücksicht, und ein Quartier, das nur morgens und am späten Nachmittag bei der An- und Abfahrt der Angestellten Leben entwickelt, entfaltet kein eigenständiges Leben – man kann es heute sehen, nachdem die Funktion der großen Verwaltungen bröckelt. Die City Nord wird zum Freiluftmuseum seit 1960 – ein Lehrbeispiel dafür, was seit den 60er Jahren an Moden im Bürohausbau und bei der Ausgestaltung von Büroarbeitsplätzen entwickelt wurde. Nur eines ist das Gelände bis heute nicht geworden: eine »City«. Die Addition von Einzelbauten mit einer marginalen Wohnrandbebauung ist heute so öde wie am ersten Tag, nachdem nachmittags um fünf Uhr die Computer ausgeschaltet wurden.

Dafür ist es beinahe amüsant zu sehen, wie sich die Konzepte für Büroarbeit im Laufe der Zeit gewandelt haben, vom Einzelbüro über den Großraum und wieder zurück. 1968 bis 1970 wurde das erste konsequente Großraumbüro auf der Grundlage eines Sechseckrasters gebaut (BP-Verwaltung; Architekten: Kraemer, Pfennig, Sieverts) – ein Vorbild für viele weitere nicht nur in Hamburg. Bauten wie dieser machten die City Nord durchaus zu einem Anziehungspunkt für Architekten. Aus der Distanz von heute wird man jedoch eher feststellen können, dass selbst Bauten wie die viel gerühmte Verwaltung der Hamburger Elektricitätswerke des höchst renommierten dänischen Architekten Arne Jacobsen (1963–1969) zwar elegant im Detail und makellos in ihrem architektonischen Anspruch sind, aber mit der dunkelbraun gerasterten Fassade letztlich den Charme einer Legehennenbatterie ausstrahlt, weil der Anspruch des Individuums auf einen »humanen Arbeitsplatz« nicht in ein architektonisches Bild umgesetzt wurde – die verwirklichte Intention des Bauherren kollidiert mit dem Bild, das der einzelne Angestellte von seinem Arbeitsplatz hat; der findet sich nur noch als Rädchen in der Gesamtheit der Firma wieder.

Aber es ist schön, dass die Hamburger Innenstadt immer noch weitgehend ohne Hochhäuser auskommt.

Heute, 2009, ist die Zukunft der City Nord ungewiss. Einige Bauten sind bereits abgerissen, aber es gibt auch Neubauten. Einrichtungen wie die

▲ Vorschlag der »Neuen Heimat« zur Sanierung des Stadtteils St. Georg 1966: Das »Alsterzentrum« hätte die Stadt zweifellos verändert.

Hochschule für Angewandte Wissenschaften, vulgo Fachhochschule, unterhalten studentische Arbeitsräume zu sehr günstigen Mieten. Eine »Interessengemeinschaft« der Immobilienbesitzer wurde gegründet; die Außen- und Freiflächen wurden zum Gegenstand eines Wettbewerbes. Das Hamburger Denkmalschutzamt plante sogar, das gesamte Ensemble unter Denkmalschutz zu stellen – was zweifellos sinnvoll wäre, wenn man das Typische für eine bestimmte Zeit und eine bestimmte Bauaufgabe, den Verwaltungsbau, ernst nimmt –, aber nach Intervention der Eigentümer wurden diese Bestrebungen vom Ersten Bürgermeister 2006 gestoppt.

In gewisser Weise war der von der »Neuen Heimat« vorgelegte Entwurf eines neuen Stadtquartiers in St. Georg das innerstädtische Gegenstück zur City Nord: Er war zeitgemäß – was immer das heißt –, brachte neue Wohnungen in die Innenstadt anstelle der Altbauten und vernetzte die Funktionsbereiche Wohnen, Arbeiten und Verkauf, anstatt sie zu trennen.

Es gab wohl keinen direkten Auftrag seitens der Stadt für das sogenannte »Alsterzentrum«, das 1966 von der »Neuen Heimat« öffentlich vorgestellt wurde. Aber man kann vermuten, dass der praktisch vollständige Flächenabriss von St. Georg durchaus im Sinne der offiziellen Politik lag; gründerzeitliche Quartiere mit kleinen Wohnungen waren den Planern und Politikern ein Dorn im Auge; sie galten als »Slums« und wurden auch so genannt. Was bei den verschiedenen Gängevierteln schon seit dem späten 19. Jahrhundert bemängelt wurde, nämlich die Vermischung von unzureichenden Wohnungen, mangelnder Hygiene und sozialer Unterschicht-Bewohnerschaft, galt immer noch: Sanierung war immer etwas, das von einer bürgerlichen Mittelschicht definiert wurde. Gerade das Unkontrollierbare aber war das, was »saniert«, was zumindest reguliert werden musste; so wurde auch die Prostitution auf St. Georg verboten oder die auf St. Pauli in ein »Eros-Center« abgeschoben; Albert Vietor, Nachfolger von Heinrich Plett als Chef der »Neuen Heimat«, sah in St. Georg »eine ungeordnete, fast chaotische Überlagerung und Vermischung von Wohn- und Arbeitsstätten«.[84]

Das ist das, was heute bei städtebaulichen Überlegungen als ausgesprochen erwünscht, aber schwer planbar gilt.

Insofern war der Flächenabriss eines ganzen Stadtteiles durchaus etwas, das in der Öffentlichkeit positiv gesehen wurde; selbst der Erste Bürgermeister Herbert Weichmann meinte zum »Alsterzentrum«, die »Hansestadt würde es begrüßen, wenn die Durchführung sich realisieren ließe«.[85] Aber etwas muss dann dieser Öffentlichkeit doch unheimlich geworden sein: Auf der Gesamtlänge eines einheitlichen Bauwerkes von zehn bis zwölf Geschossen und von 700 Metern Länge sollten 20 000 Menschen wohnen, in fünf gestaffelten Hochhäusern, deren höchstes 200 Meter hoch war – 50 Meter mehr als der höchste Kirchturm der Stadt.

Was genau es war, das das Projekt 1973 offiziell zu Fall brachte, ist nicht mehr feststellbar; die Proteste der Bewohner waren es wohl am wenigsten. Vermutlich war es eine Zeitenwende, eine Wende im öffentlichen Bewusstsein zwischen der Lancierung des Projektes und seinem Untergang, der die 60er Jahre mit ihrer ungebrochenen Aufstiegseuphorie beendete. Es begann die Zeit eines gebrochenen Bewusstseins, in der alle bisherigen Gewissheiten in Frage gestellt wurden – vor allem die, die das biblische Gebot des »Macht Euch die Erde untertan!« verwirklichen wollten.

Die »Neue Heimat« selbst jedenfalls war inzwischen zum Erfolgsmodell und zum Garanten des sozialen Wohnungsbaus geworden. 1963 verfügte sie über rund 200 000 Wohnungen und hatte zahlreiche internationale Tochterfirmen; man beschränkte sich nicht nur auf den Wohnungsbau, sondern baute, keineswegs immer unter dem Label »gemeinnützig«, große Anlagen aller Art; Expansion war das Ziel. Die Großsiedlungen – in Hamburg zum Beispiel Lohbrügge-Nord, Großlohe-Süd oder der Osdorfer Born – wurden zu ihrem Markenzeichen; sie sind inzwischen als »Trabantenstädte« eher negativ besetzt. Aber ob aus Gründen der propagandistisch wirksamen Vermarktung oder aus Überzeugung: Die »Neue Heimat« be-

▶ Wohnsiedlung
Osdorfer Born.

schäftigte auch den Sozialpsychologen Alexander Mitscherlich als Berater
(in Heidelberg-Emmertsgrund) und erkannte früh die Chancen der großen
Sanierungsvorhaben nach dem Städtebauförderungsgesetz. Eine Gleichsetzung
von »Neue Heimat«, Trabantenstadt und schlechtem Städtebau schließt mit
Sicherheit zu kurz.

leben KÄMPFEN SIEGEN!

VI

★ DENEN DIE DARIN LEBEN WOLLEN

INFOS I.STOCK   INFO

VI

VON DER TRABANTENSTADT
ANS WASSER

Zwölf Jahre lang war Werner Hebebrand Oberbaudirektor in Hamburg, bis er 1964 von Otto Sill abgelöst wurde – eine Hausberufung, mit der der Senat mit der guten Tradition brach, als Chef der Baubehörde und der Landesplanung einen externen Fachmann zu berufen. Der Neue war von Haus aus Bauingenieur, Verkehrsplaner und war von der Leitung des Tiefbauamtes auf den Posten als Oberbaudirektor berufen worden. Ob darin eine grundsätzliche Entscheidung des Senats weg von den staatlichen Hochbauten hin zu großen Verkehrsprojekten zu sehen ist, lässt sich im Nachhinein schwer sagen, zumal die Schumacher'sche Tradition ohnehin nicht mehr galt, dass der Oberbaudirektor gleichzeitig Architekt der öffentlichen Hochbauten ist. Aber wenn schon Hausberufung, dann mag sich der Erste Hochbaudirektor unter Werner Hebebrand, Paul Seitz, ebenfalls Chancen ausgerechnet haben, den Posten zu bekleiden, zumal er zahlreiche schöne öffentliche Bauten vorweisen konnte; jedenfalls verließ dieser nach der Entscheidung 1963 Hamburg, nach zehnjähriger Tätigkeit.

◄◄ Ehemals besetzte Häuser in der Hafenstraße.

► Die beiden Studenten Detlev Albers (23) und Gert Hinnerk Behlmer (24) (Ex-Staatsrat Behlmer) protestieren am 9. November 1967 im Audimax der Universität. Das Originaltransparent befindet sich heute im Staatsarchiv Hamburg.

Das Hochbauamt war immer noch eine höchst fleißige Behörde – damals pflegte der Staat sich noch für seine Bauten verantwortlich zu fühlen, anstatt sie in Public-Private-Konstruktionen zu überführen oder von ausgelagerten, aber im Besitz des Staates befindlichen Gesellschaften bauen zu lassen, die sich an die Regeln des öffentlichen Vergabewesens nicht halten müssen. Dutzende von Schulen wurden gebaut, Krankenhäuser, Bauten des Verkehrs und der Versorgung – der Bedarf war auch Ende der 60er Jahre noch immens; der Neubau stand für Fortschritt und eine bessere Zukunft, die »Stadt für alle« musste mit Schulen, Kirchen, Sportbauten, Grünanlagen für alle versorgt werden.

Die Ablösung Hebebrands durch Sill jedenfalls kommentierte später der Architekturhistoriker Ralf Lange zutreffend: »damit ging auch eine Ära zuende. Die Zeit der städtebaulichen Dogmatiker mit ihren rigiden Vorstellungen von angemessener Baudichte und ihrer pathetischen Verklärung von ›Licht, Luft und Sonne‹ war vorbei. Das Gros der Bevölkerung wohnte längst nicht mehr in verschatteten Hinterhöfen und feuchten Kellerwohnungen, wo Tuberkulose und Rachitis zum allgemeinen Lebensschicksal gehörten, sondern in monotonen Schlafstädten und uniformen Einfamilienhauskolonien ohne Freizeit- und Kulturangebote.«[86] Für Letzteres konnte man einen Oberbaudirektor allerdings schwerlich verantwortlich machen. Aber es stimmt: Das Feindbild der Stadtplaner des 20. Jahrhunderts, nämlich die Stadt des späten 19. Jahrhunderts, die gab es eigentlich nicht mehr.

Die »städtebaulichen Dogmatiker«: Auffällig ist, wiewohl das auch andere Gründe haben mag, dass weder Sill noch sein Nachfolger, Klaus Müller-Ibold, der von 1972 bis 1980 Oberbaudirektor war, in den einschlägigen Bänden von »Hamburg und seine Bauten« als Autoren vertreten sind (Letzterer schreibt nur einen kleinen Beitrag über »Plätze«, nicht aber, wie zu erwarten gewesen wäre, über konzeptionelle Grundsatzfragen[87]). Das war nun in der Tat bei Schumacher wie Hebebrand ganz anders, die ihre gesamtstädtischen Entwicklungskonzepte offensiv vortrugen und mit ihrer Person verbanden!

Sill und Müller-Ibold jedenfalls waren Oberbaudirektoren in einer Zeit des Umbruchs, die immens politisch war, was nicht nur erhebliche Auswirkungen *auf* die, sondern auch gewichtige Ursachen *in* der Stadtplanung hatte: Die Zeit der 68er-Generation, der Studentenunruhen, bezog sich nicht nur auf die Studenten, sondern war deshalb so folgenreich, weil deren Unruhe ein grundsätzliches Unbehagen der gesamten Gesellschaft artikulierte. Die Proteste in den USA gegen den Vietnamkrieg, die Revolte der Studenten in Paris im Mai 1968, der »Prager Frühling« 1968 – die Anlässe waren unterschiedlich, die Ursachen ähnlich: Die »Generation der Väter«, die Generation, die den Zweiten Weltkrieg geführt und die Länder aufgebaut hatte, galt als moralisch abgewirtschaftet – aus unterschiedlichen Gründen.

In Deutschland war das auch die Generation der Nationalsozialisten, mit denen sich die Söhne (und Töchter, aber von denen war zunächst noch nicht

◄ Die Oberbaudirektoren Otto Sill, 1964 – 1971, und Klaus Müller-Ibold, 1972 – 1980.

viel die Rede) auseinandersetzen mussten. Das fing in Berlin an, wo sich eine besonders kritische Studentenschaft gebildet hatte, nicht zuletzt aus solchen, die der Wehrpflicht durch den Umzug nach Westberlin entgehen wollten. Ihnen stand eine konservative Ordnungsmacht in Hochschule und Stadtregierung gegenüber – das Verbot, den kritischen Journalisten Erich Kuby einzuladen, war 1965 an der Freien Universität der Vorläufer, die Anti-Schah-Demonstration 1967 der Auslöser, nicht nur, weil der Student Benno Ohnesorg von einem Polizisten erschossen wurde, sondern weil sich die Diskussion durch die den Studenten gegenüber feindlich eingestellte Bevölkerung erhitzte. Die Ereignisse bis zum Attentat auf Rudi Dutschke und die Springer-Blockaden 1968 sind bekannt; der eigentliche Kern jenseits der politischen Ereignisse aber war: Die Stadt wurde wieder zum öffentlichen Raum, in dem diskutiert und demonstriert wurde! Es war nichts weniger als die Entdeckung der öffentlichen Diskussion, die einen Raum brauchte und fand.

Es war die Wiederentdeckung der europäischen Stadt.

In Hamburg wurde eine Aktion zur feierlichen Rektoratsübergabe am – ausgerechnet! – 9. November 1967 zum Auslöser der öffentlichen Diskussion, als beim Betreten des Auditorium Maximums vor 1000 geladenen Gästen zwei Studenten ein Transparent der feierlichen Professorenprozession im Talar voran trugen – »Unter den Talaren / Muff von 1000 Jahren«. Der Slogan bezog sich auf die mangelnde Aufarbeitung der Nazizeit durch die Universität, war aber auch als Protest gegen verkrustete Strukturen der Hochschule gemeint und wurde so verstanden.

Die Studentenbewegung aber hätte nicht so weitreichende Folgen haben können, wenn sie nicht auf ein verbreitetes Unbehagen in der gesamten Gesellschaft gestoßen wäre. Dem widerspricht auch nicht, dass sie von einer Mehrheit der Bevölkerung unter tätiger Mithilfe der sogenannten »Springer-Presse« bekämpft wurde – Veränderung macht Angst.

Die Studentenunruhen waren, und das macht sie für die Stadtplanung jener Jahre wichtig, Symptom und Remedur zugleich. Es war eben kein Zufall und hatte keine direkte Verbindung zur Studentenbewegung, dass in der gleichen Zeit wichtige Literatur zu einer neuen, kritischen Stadtsicht veröffentlicht wurde – Jane Jacobs' »Tod und Leben amerikanischer Städte« 1963, Alexander Mitscherlichs »Die Unwirtlichkeit unserer Städte« 1965, Wolf Jobst Siedlers, Elisabeth Niggemeyers und Gina Angreß' »Die gemordete Stadt« 1967.

Es war auch kein Zufall, sondern Teil einer allgemeinen Umbruchsituation, dass eine Hafenstadt wie Hamburg sich durch eine technische Neuerung bedroht fühlte: Am 31. Mai 1968 fuhr das erste Vollcontainerschiff die Elbe

hoch und machte am Burchardkai fest – 1178 Container markierten eine Re-
volution im Hafen. Denn für die Container musste der Hafen – weltweit jeder
Hafen! – umgebaut werden: Jetzt wurde nicht mehr die kleinteilige Abfolge
von Hafenbecken und Kaianlagen gebraucht, an denen die Schiffe mehrere
Tage liegen konnten. Stattdessen mussten große, zusammenhängende Lager-
flächen für die Container angelegt werden, während die sie transportierenden
Schiffe nur wenige Stunden im modernen Hafen liegen. Das war praktisch.
Aber es war auch eine Bedrohung von vielen, vielen Arbeitsplätzen.

In Hamburg sah man die kommenden Veränderungen. Schon das »Gesetz
über die Erweiterung des Hamburger Hafens« aus dem Jahre 1961 definierte
die zukünftigen Hafenerweiterungsflächen im Westen des bisherigen Hafens, in
Altenwerder und Moorburg. Die nach ihrem Bau ab 1866 unerhört modernen
Hafenanlagen um Sandtor- und Grasbrookhafen lagen dagegen im Schatten der
Entwicklung, genutzt, aber nicht wirklich gebraucht. Die Speicherstadt entwickelte sich vom duftenden Ort exotischer Spezereien zum profanen Teppich-
lager. In London hatte die Containerisierung des Verkehrs dazu geführt, dass
der Hafen in der Bedeutungslosigkeit versank – davor hatten die Hamburger

▼ Containerisie-
rung in den 1960er
Jahren.

VON DER TRABANTENSTADT ANS WASSER

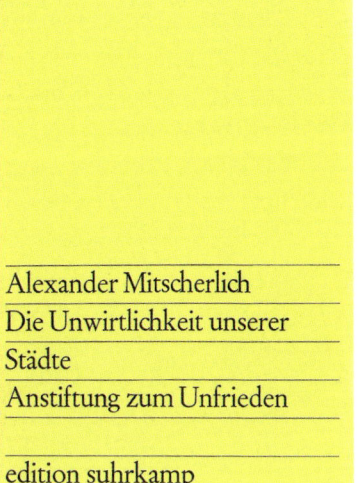

Alexander Mitscherlich
Die Unwirtlichkeit unserer
Städte
Anstiftung zum Unfrieden

edition suhrkamp
SV

▶ Mitscherlichs Buch erschien 1965.

▶▶ »Rettet die Deichstraße« hieß es in den 70er Jahren. Heute ist sie gerettet und kommerzialisiert.

wirtschaftliche Angst (hatten aber als offener Tidehafen günstigere Voraussetzungen): Die technische Umrüstung wurde immer schnell vollzogen.

Angst, und zwar berechtigte, hatten auch die Hafenarbeiter. Die Werftindustrie konnte mit der ostasiatischen Billigkonkurrenz nicht mithalten – Stülcken oder Deutsche Werft sind inzwischen einschließlich ihrer markanten Kabelkrananlagen und Helligen vom Südufer der Elbe verschwunden. Auch der Warenumschlag von den und auf die Schiffe veränderte sich und brauchte weniger Arbeiter, obwohl der Umschlag schneller ging – von der Sackkarre über den Gabelstapler bis zum Roll-on-Roll-off-Schiff. Heute ist allenfalls noch ein Zehntel der Arbeiter im Vergleich zu den 20er oder den 50er Jahren im Hafen beschäftigt; die allerdings sind heute hoch qualifiziert.

Dass 1971 mit dem Städtebauförderungsgesetz ein neues Verständnis von Sanierung, nämlich nicht als Abriss, sondern als Bewahrung, in Gesetzesform gegossen wurde, war kein Zufall. 1971 hatte der Deutsche Städtetag gefordert: »Rettet unsere Städte jetzt!« – unsere Städte, die doch das Ergebnis der Suche nach der besten aller möglichen Welten gewesen waren, mussten ziemlich plötzlich »gerettet« werden (wenn der Appell auch nicht in erster Linie ästhetischer, sondern ökonomischer Art war)!

Es war kein Zufall, dass danach 1972 der Erhalt der Deichstraße als letzte Erinnerung an das mittelalterliche Hamburg beschlossen wurde, anstatt immer nur das Alte abzureißen; 1975 folgte das »Internationale Jahr des Denkmalschutzes«, das endgültig zeigte, dass es noch andere Werte gab als Funktionalität und »Licht, Luft und Sonne«. Sanierung: Das war jetzt kein rein bauliches Problem mehr, keines, das durch Beseitigung alter Bausubstanz gelöst werden konnte. Jetzt wurden die Bewohner und ihre Meinungen einbezogen, und es mussten Sozialpläne aufgestellt werden!

Und natürlich ist es auch kein Zufall, dass das alles unter einer sozialliberalen Regierung geschah – die selbst Ergebnis der allgemeinen Erwartung von Veränderung als Qualität war: »Mehr Demokratie wagen«, der Satz Willy Brandts aus seiner Regierungserklärung 1969, brachte eine ganze Zeit auf den Begriff, einschließlich der implizierten Möglichkeit des Scheiterns, die im »Wagen« liegt. Die Jahre von 1963 bis 1974 waren eine Zeit des Wandels.

Die Flächensanierung in Berlin-Kreuzberg Mitte der 60er Jahre, für deren Betroffene im »Märkischen Viertel« Ersatzwohnungen geschaffen wurden, bildete letztlich die Initialzündung für die Besetzung von leer stehenden Häusern und Wohnungen durch junge Menschen in Deutschland; auch hier ging die Initiative von Berlin aus. Die »Idee« dazu kam aus Dänemark (»Christiania« bei Kopenhagen als autonomes Viertel) und den Niederlanden, wo die »Krakers« heruntergekommene Altbauten besetzten und für ihre Zwecke herrichteten. In diesen Aktionen verbanden sich Protest gegen gesetzliche Normen und staatliche Autorität mit der Beschaffung billigen Wohnraums – Studenten und Jugendliche hatten sonst kaum eine Möglichkeit, an preisgünstige Wohnungen zu kommen. Politischer Protest und gesellschaftlicher Aufbruch gingen Hand in Hand: Neue Formen des Zusammenlebens wurden erprobt (Wohngemeinschaften und »Kommunen«), die als »Befreiung von bürgerlichen Normen« begriffen wurden. Die Besetzung von Häusern wurde nicht als Gesetzesbruch gesehen, sondern als gerechtfertigte revolutionäre Tat.

Die Reaktion der Hausbesitzer, die in den meisten Fällen ihre Häuser deshalb leer stehen hatten, weil sie sie abreißen lassen wollten, war insbesondere in den ersten Jahren dieser Entwicklung vor allem durch Strafanträge und den Ruf nach der Polizei bestimmt; viele Häuser wurden gewaltsam geräumt. Später wurde mehr und mehr auch von der Bevölkerung ein gewisses Verständnis für das Handeln der Besetzer aufgebracht, weil man erkannte, dass häufig der – teilweise jahrelange – Leerstand der Häuser zum gezielten Verfall genutzt wurde, um so eine Abrissgenehmigung und damit eine bessere Ausnutzung der Grundstücke zu erzwingen.

▸ Auf zum fröhlichen Demonstrieren und zur »Volxküche«, die Hafenstraße 1989.

In Hamburg waren schon 1973 erste Hausräumungen besetzter Häuser (Ekhofstraße) vorgenommen worden. Zum Symbol des Protestes wurden acht Jahre später einige Häuser an der Hafenstraße, obwohl sie keineswegs die einzigen waren, die illegal okkupiert worden waren. Die wandgroßen Malereien mehr oder minder revolutionären Inhalts an den Brandwänden wurden zur Provokation. Hier, am Rand von St. Pauli, standen mehrere gründerzeitliche Häuser, die abgerissen werden sollten, um Neubauten Platz zu machen. 1981 wurden sie besetzt. Nur zwei Jahre später wurden kleinteiligere Planungen entwickelt, bei denen die vorhandenen Bauten stehen bleiben konnten. Dennoch folgte ein jahrelanger Kleinkrieg zwischen Polizei und Besetzern; die einen vermuteten kriminelle bis terroristische Aktivitäten in den Häusern, die anderen fürchteten die Zwangsräumung und liebten die Provokation der Ordnungsmacht. Die regierende SPD konnte sich zu keiner Entscheidung durchringen und taktierte vor sich hin, bis der damalige Erste Bürgermeister Klaus von Dohnanyi den gordischen Knoten durchschlug, indem er mit den Besetzern in einen Dialog trat und gleichzeitig sein Bürgermeisteramt zur Verfügung stellte. Damit war endgültig die politische Macht der Besetzer bewiesen, waren sie als ernsthafte Gesprächspartner akzeptiert. Allerdings dauerte es noch bis 1995, ehe endgültige Verträge geschlossen wurden, die das Wohnen der inzwischen friedlich gewordenen Bewohner legalisierten und den Weg frei machten für eine zwischen den Altbauten liegende Neubebauung mit Sozialwohnungen.

Die Wandgemälde sollten im Laufe der Auseinandersetzungen teilweise übermalt werden, wurden aber immer wieder erneuert. Heute erregen sie

▲ Wohnsiedlung
Mümmelmanns-
berg, Richtfest für
die Bauten der
»Neuen Heimat«
am 1. Juni 1972.

keinen Protest mehr; die Häuser sind zum festen Bestandteil der Tourismus-
industrie geworden. Vermutlich werden sie demnächst unter Denkmalschutz
gestellt und von Restauratoren sorgfältig bewahrt. Die Hausbesetzerszene hat
gesiegt, indem sie einerseits gesellschaftliches Bewusstsein verändert und sich
andererseits selbst angepasst hat.

Und wieder ist ein Zeitabschnitt nur in seinen Widersprüchen zu erfassen. Denn
das Jahr 1967, der Beginn der Studentenrevolte und der skizzierten weiteren
Umwälzungen politischer, aber eben auch technischer Art, stellt gleichzeitig
in Hamburg den Beginn einer höchst intensiven Bauphase dar mit dem Bau
der Siedlung Osdorfer Born. 1970 bis 1979 wurde – nach einem Wettbewerb
– auch die Großsiedlung Mümmelmannsberg gebaut. Beide liegen am Stadtrand, beide gelten heute als Problemgebiete und haben eine Sozialstruktur
mit hohem Ausländeranteil, hoher Arbeitslosigkeit und hohem Diskriminie-
rungspotential. Der Osdorfer Born mit etwas mehr als 10 000 Bewohnern und

Mümmelmannsberg mit etwas weniger als doppelt so vielen gelten als G
»an den Rändern der Städte«, in denen eine neue Gettoisierung von so
Gruppen stattfindet: »In bestimmten Quartieren der Innenstädte, aber au
Großsiedlungen an der Peripherie bilden sich räumlich eingegrenzte M
einer sozial heterogenen Bewohnerschaft aus Armen, Ausländern und Arl
losen.«[88] In einer Evaluation des bundesweiten Programms »Soziale St
das sich auf Hamburg bezieht, werden diese Gebiete allgemein beschrie
»Gebaut wurden Großsiedlungen, monostrukturiert als reine Wohngebiet
ausschließlich sozialem Mietwohnungsbau und erstellt aus einem Guss
wenigen großen Wohnungsunternehmen [...]. Die soziale Situation in di
Siedlungen hat sich jedoch seit den achtziger Jahren gravierend verändert.
Der soziale Wohnungsbau, ursprünglich für breite Schichten der Gesellsc
gedacht und nutzbar, wurde immer mehr zu einem Wohnungsbestand spe:
zur Versorgung des ärmeren Teils der Bevölkerung, darunter nicht zuletzt a
Migranten. Das schlug sich in diesen Quartieren, in denen sich die Wohnun
mit Belegrechten konzentrierten, unmittelbar in der Veränderung der so:
len Zusammensetzung der Bewohnerschaft nieder. [...] Auf der anderen Se
verloren die Gebiete selbst zunehmend an Attraktivität als Wohnstandort. I
betraf die ungünstige Lage, die hochverdichteten städtebaulichen Struktur
das fehlende Zentrum, die schwache Versorgungsinfrastruktur oder die ¿
ringen sozio-kulturellen Angebote in solchen Großsiedlungen. Hinzu kam
Defizite im Wohnumfeld, ein unwirtliches äußeres Erscheinungsbild, schlech
Wohnungsqualitäten oder bauliche Mängel als Folge einer lange vernachlä
sigten Bestandspflege.«[89]

Wir kommen später noch darauf zurück, wie man mit diesen Gebiete
umgehen kann; hier geht es zunächst um Folgendes: Um 1970, mitten in de
skizzierten politischen Umbruchphase, werden die Wohnquartiere gebaut, di
später, aber im Grunde sehr schnell schon, als Problem angesehen werden. Di
Kritik an ihnen erhebt sich fast unmittelbar.

Das beste Beispiel dafür ist eine weitere Großsiedlung, nämlich Steils
hoop. Dort hatte 1961 ein städtebaulicher Wettbewerb zu einem Ergebnis ganz
in der Art der »gegliederten und aufgelockerten Stadt« geführt. Wenige Jahre
später, 1965, als es mit dem Bauen ernst werden sollte, galt das Konzept schon
nicht mehr als tragfähig. Aus den seinerzeitigen Preisträgern wurde eine neue
Planungsgruppe gebildet, die mit einem Mitte der 60er Jahre fast revolutionären Konzept aufwartete: der Wiederentdeckung des Blocks, die demonstrative
Antithese zur Auflockerung!

Dass diese Blocks eine viel größere Dimension und damit Wirkung hatten
als die der 20er Jahre, wurde nicht gleich bemerkt (und die Hamburger Blocks
der 20er Jahre galten den »Modernen« damals ja auch schon als wenig inno-

◀ Blick über die Großsiedlung Steilshoop zum Ohlsdorfer Friedhof. Ab 1969 entstanden im Bereich ehemaliger Kleingartenvereine Wohnungen für 22 000 Menschen. Die Planung der Architektenarbeitsgemeinschaft Steilshoop (Hans Peter Burmester, Gerhard Ostermann, Gerolf Garten, Werner Kahl, Georges Candilis, Alezis Josic, Shadrach Woods, John Suhr) bedeutete die Rückkehr zu einer Straßenrandbebauung in Form von offenen Blöcken.

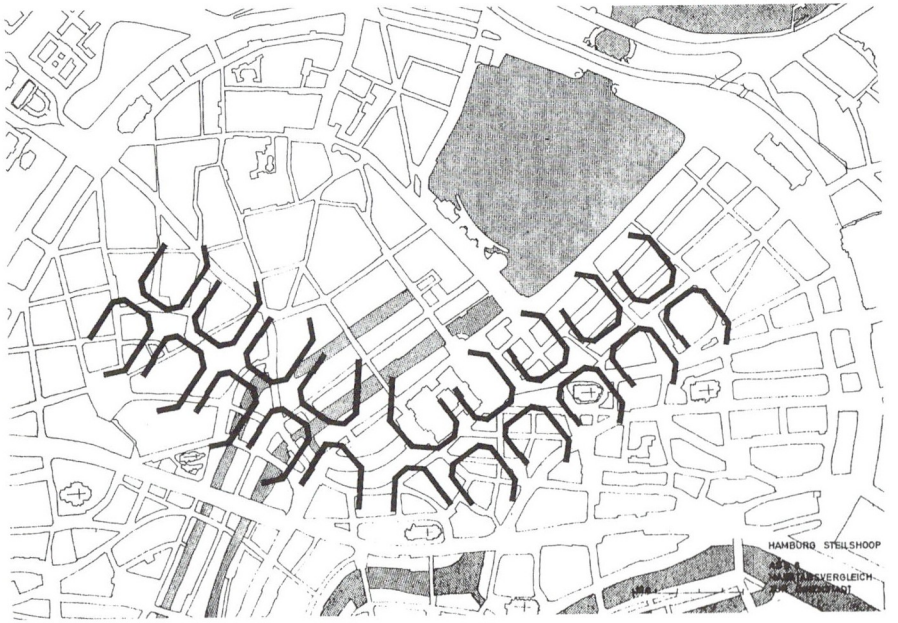

◀ Größenvergleich der Siedlung Steilshoop mit der Innenstadt.

VON DER TRABANTENSTADT ANS WASSER

vativ). »Das großzügige, visuell einprägsame Ordnungsschema dieses neuen Stadtteiles für ca. 24 000 Einwohner [...] zeigt zwei Stufen der ›Öffentlichkeit‹: die absolute der Straßen- und Platzräume und die ›Halböffentlichkeit‹ der Innenhöfe. So sind interessante Ansatzpunkte für gezielte und spontane Kommunikation vorhanden« schrieb vermutlich dessen Chefredakteur Paulhans Peters 1972 im »Baumeister«.[90] Das war mitten während der Bauzeit und mitten in der bundesweiten heftigen städtebaulichen Diskussion um bessere Konzepte. Zwei Jahre später schrieb Peters: »Wer aus der Innenstadt nach Steilshoop kommt, dem bietet sich das Neubaugebiet abweisend wie eine Festung dar: die südlichen Hofbebauungen wirken wie Bollwerke, 9 Geschosse hoch, die nur von den waagrechten Betonstreifen der Parkpaletten unterbrochen werden. Das ist eine riesige Mauer aus Beton, die besonders von Südosten gesehen, undurchdringlich wirkt. [...] Alle Blöcke scheinen so viel mit sich selbst zu tun zu haben, daß sie ihr Augenmerk nicht auf ihr Gegenüber richten konnten. Und so ist ganz Steilshoop – von welcher Seite aus man es betrachtet: nirgendwo nimmt es Bezug zur Nachbarschaft auf [...]. Auch in dieser Dimension zeigt Steilshoop, dass es nur groß ist, aber keine Größe hat.«[91]

Die Situation im Städtebau war also um 1970 von großer Unsicherheit geprägt; die Rezepte aus den Jahren zuvor taugten erkennbar nicht mehr, neue Lösungen gab es nicht – bei jeder wurde fast unmittelbar Kritik laut. Wenn man sich heute die neuen Quartiere der späten 60er Jahre ansieht, muss man sagen: Die Kritik war berechtigt, obwohl zwei Aspekte meist außer Acht gelassen werden. Der eine ist: Die Kritik bezog und bezieht sich nicht auf die Qualität der Wohnungen selbst; »Deutschland – das Land der Luxuswohner« bewährte sich auch hier. In Steilshoop war es eher so, dass die großzügigen Wohnungen von im Schnitt 80 qm als zu groß angesehen wurden, weil damit auch die Miete stieg.

Und der zweite Punkt: Wenn – und das gilt bundesweit – die großen Siedlungen, die Trabantenstädte von Kiel-Mettenhof bis München-Perlach, nicht gebaut worden wären, dann hätte man danach, als *durch diese* das quantitative Wohnungsproblem gelöst war, nicht so feinsinnig Kritik an den qualitativen städtebaulichen Lösungen üben können. Die wohnungspolitische Abwandlung eines bekannten Satzes lautet: »Erst kommt die ausreichend große Wohnung für jede Familie, dann die Kritik des Städtebaus«! Die neue, heute zu beobachtende Ghettoisierung »an den Rändern der Städte«, von der oben die Rede war, ist nur möglich, weil eine riesige Zahl von Wohnungen unter den finanziellen Bedingungen des sozialen Wohnungsbaus gebaut wurde – die angesprochenen Bevölkerungsgruppen hätten im späten 19. Jahrhundert unter viel schlimmeren Bedingungen in Slums gewohnt – oder anders: Die heutigen Slums sind ausgesprochene »Luxus-Slums«! Was sie nicht wirklich besser macht.

Als Grundlage der städtebaulichen Entwicklung auch der neuen Wohngebiete,
aber grundsätzlich der Gesamtstadt um 1970 galt immer noch der gute, alte
Schumacher'sche Achsenplan in einer im Mai 1969 fortgeschriebenen Variante,
die in der Hinzufügung von Hebebrands Polyzentralität und der Verdichtung
an Schnellbahnstationen besteht: »Die Achsenkonzeption, die der Hamburger Regionalplanung seit vielen Jahren zugrunde liegt, wird weiter verfolgt«
und schließt das »System der städtischen Zentren« ein, das darauf abzielt,
»die unterschiedlichen Dienstleistungfunktionen an geeigneten Standorten zu
bündeln und sie in Wohn- und Arbeitsstättegebiete gut einzubinden«.[92] Eine
dieser Achsen war – auch das schon zu Schumachers Zeiten – nach Bergedorf ausgerichtet, obwohl zu jener Zeit das Marschland als für Wohnzwecke
ungeeignet erschien.

Das wurde mit einem neuen Konzept geändert, weil (und das ist tatsächlich gegenüber den 20er Jahren neu) der Drang der Familien an den Stadtrand
durch den privaten Pkw begünstigt und ermöglicht wurde. In Billwerder-Allermöhe sollten neue Gewerbeflächen und abschnittsweise neue Wohnungen für
Mittelschichtfamilien entstehen, die der Stadt sonst an die Umlandgemeinden
verloren gegangen wären, und zwar einschließlich ihrer Steuergelder; die Flächen wurden im Achsenplan 1969 und im Flächennutzungsplan von 1973 frei
gehalten: »Fläche, Infrastruktur, Zeit und Geld waren als Einflussgrößen in
ihren Wechselbeziehungen und Abhängigkeiten zu betrachten.«[93]

Zunächst wurde das Gebiet als weitere Trabantenstadt für fast 80 000 Einwohner geplant. Das wären mehr als im Märkischen Viertel in Berlin, mehr
als irgendwo sonst in der Bundesrepublik (West). Aber, wie Müller-Ibold ver-
sprach, »Fehler, die bei dem Bau von Großsiedlungen in der Vergangenheit
begangen wurden, sollen bei dieser Stadt für 80 000 Einwohner vermieden werden. Neue Planungsmethoden und die Heranziehung von Wissenschaftlern aus
den verschiedensten Fachgebieten bieten neue Möglichkeiten.«[94]

Einige dieser Wissenschaftler, darunter der spätere Oberbaudirektor
Hamburgs, Egbert Kossak, saßen in der »Freien Planungsgruppe Berlin«, den
Stadtplanern, die einen »Programmplan« für »den Mammutstadtteil in den
Marschlanden« entwickelt hatten, wie es »Der »Spiegel« 1973 schrieb, der (bei
eigenen Zweifeln) ringsum Begeisterung feststellte: »Die von den Berliner Planern unter Professor Egbert Kossak entworfene Stadt in der Stadt – mit Grach-
ten und Grünstreifen, Jachthafen und Wohnhöfen – verspreche, schwärmte
die ›Frankfurter Allgemeine‹, ein ›modernes Venedig‹ zu werden; Berlins
›Tagesspiegel‹ variierte: ›norddeutsches Amsterdam‹.«[95] Die Planer wollten
alles besser machen, denn das »Märkische Viertel« war zum neuen Feindbild
der Stadtplaner geworden (was definitiv ungerecht war): »Vermeiden wollen
die Planer auch die triste Uniformität der meisten westdeutschen Nachkriegs-

▲ Die Großsiedlung
Mümmelmannsberg,
erbaut 1970 – 1980,
Architekten: Werk-
gemeinschaft freier
Architekten (Hirsch,
Hoinkis, Lanz, Schütz,
Stahl), Gesamtkon-
zept: Neue Heimat,
Baubehörde und
Landesplanungsamt.

viertel; überwiegend ›hofartige Bauformen‹ und, vor allem, viele schiffbare Fleete und Seen sowie reichlich ›Spielraum für die individuelle Ausbildung der einzelnen Teilgebiete‹ (Professor Kossak) sind vorgesehen.«[96]

Letztlich war das schlechte Beispiel des Berliner Märkischen Viertels und anderer Trabantenstädte den Hamburger Hoffnungen auf eine neue, überzeugende Lösung für die Großsiedlung überlegen; 1976 wurde der Plan gestoppt. 1979 wurde ein neuer Plan für nur noch 9000 zukünftige Bewohner vorgelegt und realisiert, der eine eigene Typologie schaffen sollte: vorwiegend Einfamilien-Reihenhäuser und drei- bis viergeschossiger Mietwohnungsbau in einer städtebaulichen Struktur, die ihre Anregungen aus der spezifischen Lage in den Marschen gewann – Kanäle (»Fleetsystem«), Brücken, von öffentlichen Wegen durchzogene Grünflächen. Zwar kritisierte der Journalist Florian Marten verpasste Chancen (»Allermöhe steht für die Einsicht in Fehler der Vergangenheit, blieb aber auf dem Weg in die Zukunft viel zu früh stehen«), bescheinigte der Siedlung jedoch die Chance, weitere Entwicklungen offen zu halten.[97]

Tatsächlich hält sich das Quartier wie auch das später gebaute Allermöhe-West als geschlossene Neubausiedlung besser als die vorgenannten Siedlungen –

trotz der abgelegenen Lage. Das ist sicher nicht zuletzt einer anderen Sozialstruktur geschuldet, den Mittelschichtfamilien, die von ihrem Einkommen her in der Lage sind, ihre Einfamilienhäuser auch zu finanzieren. Eines ist aber allenfalls bedingt gelungen: den Spagat zwischen der Selbstbestimmung des Einzelnen im Einfamilienhaus und der Anlage eines identitätsstiftenden Gesamtkonzeptes zu lösen. Die Bezirksversammlung in Bergedorf hatte bereits verhindert, dass ein Gestaltungskatalog für ein Teilgebiet (Nettelburg-Süd) eingeführt wurde; das kennzeichnet die Furcht, zu stark in das vermeintliche Recht des Einzelnen auf Selbstverwirklichung einzugreifen. Dieses Recht allerdings stößt an Grenzen, wo viele das gleiche Recht für sich beanspruchen. Eine Addition von individuellen Lösungen ergibt kein neues Ganzes, sondern nur eine Addition von individuellen Lösungen. Einfamilienhausgebiete nicht nur in Allermöhe zeigen das sehr deutlich.

Zur gleichen Zeit, als Allermöhe-Ost geplant und in seinem ersten Plan verworfen wurde, zur gleichen Zeit, als Steilshoop und Mümmelmannsberg im Bau waren, wurde in Hamburg etwas völlig anderes im Wohnungsbau erprobt, das von einem seiner Initiatoren im Nachhinein als gescheitert angesehen wurde, das aber 20 Jahre später genau dieses überhaupt nicht ist: das »Unternehmen Mottenburg«; »Von der ZEIT angeregt, haben sich sechs engagierte Architektenteams, eine gemeinnützige Wohnungsgesellschaft, das Bundesministerium für Raumordnung, Bauwesen und Städtebau und der Hamburger Senat zu einer Aktionsgemeinschaft zusammengeschlossen: Ein altes Quartier soll aufgemöbelt werden. Mieter und Hausbesitzer sollen dabei mitbestimmen.«[98]

Es ging um drei Blöcke in »Mottenburg«, dem Spitznamen für den Stadtteil Ottensen in Altona, der kleinteilig, kaum kriegszerstört, durchzogen von kleinen und großen Fabrikanlagen und gründerzeitlichen Wohnbauten mit Arbeiterwohnungen war. »Es war ein schönes, aber, wie wir glaubten, auch ein bescheidenes Ziel«, schrieb sieben Jahre später einer der Initiatoren, der Journalist Manfred Sack von der »ZEIT«, »nämlich ein Altstadtviertel zu erneuern, ohne es zu zerstören. Der zum Slogan heruntergekommene ›Mensch als Maß des Städtebaus‹ sollte wieder aufgerichtet werden und über den Stumpfsinn der Planung triumphieren. Vernunft sollte über Vorschrift gesetzt, die plumpe Mechanik ihrer Durchsetzung durch kritische Nachdenklichkeit unterlaufen werden.«[99]

Was Sack und seine Mitstreiter vorhatten, war das, was später als »behutsame Stadterneuerung« erfolgreich zum Standard heutiger Sanierungspraxis wurde: Renovierung der Altbauten bei Beibehaltung der Bewohnerstruktur und allenfalls geringfügiger Mieterhöhung, behutsame Schließung von vorhan-

▲ »Die ZEIT« startete das »Unternehmen Mottenburg«, und parallel dazu begann die Gentrifizierung ganzer Stadtteile, hier Ottensen.

denen oder sich nach unvermeidbarem Anriss ergebenden Baulücken in zeitgemäßer Architektur, Entkernung der Höfe: »Wir weigerten uns zu glauben, daß Stadterneuerung immer wieder zu sozialen, architektonischen, städtebaulichen Katastrophen führen müsse.«[100]

Sack hat das Unternehmen nach sieben Jahren als gescheitert betrachtet. Wenn man sich das Quartier heute ansieht, dann hat er in zweierlei Hinsicht recht: Die Sozialstruktur hat sich vollständig zugunsten von Jungen und Erfolgreichen und/oder Lehrern und Bachblütentherapeuten verändert. Und die Mieten oder Wohnungskaufpreise sind beträchtlich gestiegen; das Ziel, unterhalb des Mietniveaus des sozialen Wohnungsbaus zu bleiben, wurde definitiv nicht erfüllt. Trotzdem sieht der Journalist das Ergebnis heute deutlich milder als seinerzeit.

Aber ob in Allermöhe oder in »Mottenburg«: Beide Planergruppen haben übersehen, dass es Entwicklungen gibt, auf die sie gar keinen Einfluss haben – das liegt offenbar in den Planergenen: Wenn man plant, heißt das, man plant alles – und die sogenannte Realität hat sich dem anzupassen.

Tatsächlich war der erste Plan in Allermöhe nach nur drei Jahren Makulatur. Tatsächlich war »Mottenburg« ein Quartier im Niedergang. Aber was die Planer nicht vorhersahen: Es gab einen Umschwung in der Auffassung von Stadt: Es wurde (sicher auch befördert durch die Studentenrevolte derer, die nach dem Studium erfolgreiche Beamte, Angestellte oder Unternehmer geworden waren) seit Ende der 70er-Jahre chic, in Altbauten zu wohnen, und gar in Vierteln, in denen noch Arbeiter und schon Immigranten wohnten. Das begann in Hamburg-Rotherbaum mit der Sanierung von Pöseldorf, in München-Schwabing oder Berlin-Kreuzberg und setzte sich in Ottensen fort (bis heute zum Schanzen- und Karo-Viertel). Es war eine Sanierung von Ottensen auf kapitalistischer Grundlage, die die (Miet)-Preise verdarb und die Bausubstanz rettete.

Am 1. Mai 1945 zählte die Stadt Hamburg 1 004 325 Einwohner. Fünf Jahre später war die Zahl wieder auf 1,6 Millionen gestiegen, zehn Jahre darauf auf 1,8 Millionen. Am 27. Mai 1970 wurden als Ergebnis der Volkszählung 1 793 823 Einwohner angegeben, danach ging die Zahl kontinuierlich zurück bis zu ihrem Tiefpunkt am 31. Dezember 1986 mit 1 571 267. Von letzter Beseitigung von Kriegsschäden, Erneuerung in Sanierungsgebieten und wachsenden Ansprüchen der Bewohner abgesehen, musste man also tendenziell mit einem sinkenden Bedarf an Neubauwohnungen rechnen – nicht zuletzt deswegen konnte man sich mit den kleinteiligen, aber auch arbeitsintensiven Stadterneuerungsprojekten wie »Mottenburg« befassen. Wir haben versucht, die 70er Jahre als Zeit des Wandels darzustellen – eines Wandels, der auch den vom ungebrochen optimistischen Wachsen zum Schrumpfen beschreibt. Einen Teil davon stellt der Niedergang der »Neuen Heimat« dar, die wirtschaftlich unter der gebremsten Expansion litt, im Kern aber an Korruption.

Die »Neue Heimat« war so etwas wie ein Synonym für den sozialen Wohnungsbau der 50er bis 70er Jahre gewesen. Westeuropas größter Wohnungs- und Städtebaukonzern war an sehr vielen der großen Wohnungsbauvorhaben der Nachkriegszeit in der Bundesrepublik beteiligt. Zwischen 1950 und 1980 baute er rund 470 000 Wohnungen. Nach dem Ende der großen Baukonjunktur aber bekam er wirtschaftliche Probleme, weil er die Anpassung an die neue konjunkturelle Situation und an neue Vorstellungen vom Städtebau nicht schaffte; der zynische Spruch: »Was geschieht, wenn jeder eine Wohnung hat? Dann werden die ersten saniert. Man nennt das ›Verstetigung der Bauleistung!‹« – dieser Satz hatte sich irgendwie noch nicht vollständig durchgesetzt.

Ein Bericht im »Spiegel« über den »›Neue Heimat‹-Skandal« brachte 1982 zutage, dass es nicht nur wirtschaftliche Probleme gab, sondern auch einen großen Teil an Misswirtschaft, Filz zwischen Konzern und Gewerkschaften und Korruption. Von diesem Skandal konnte sich der Konzern nicht wieder erholen; es gab Untersuchungsausschüsse bis in den Bundestag. Das politisch Entscheidende war dabei, dass die soziale Verantwortung der Gewerkschaften und damit der Gemeinwirtschaft überhaupt in die Kritik geriet, zumal ein Teil der Verluste des Konzerns aus den Mitgliedsbeiträgen der Mitglieder finanziert werden musste. Das fanden die nicht gut.

1986 beschlossen die Gewerkschaften daher den Rückzug aus der Gemeinwirtschaft und den Verkauf des Konzerns; dieser wurde für 1,- DM an einen Berliner Brotbäcker verkauft. Mit dem Rückkauf durch die Bank für Gemeinwirtschaft und die Volksfürsorgeversicherung, ebenfalls einstmals Gewerkschaftsgründungen, konnte die geordnete Auflösung durch den Verkauf einzelner Unternehmensbereiche und des Wohnungsbestandes vollzogen werden; in Hamburg hat die Nachfolgegesellschaft GWG inzwischen mit der SAGA fusioniert.

Das »Wachstum« bezog sich inzwischen auf andere Bereiche – mehr Autos, mehr Ferienreisen, auch mehr weltweiter Warenaustausch durch Liberalisierung der Märkte und durch die Containerisierung des Verkehrs; so wurde der Güterbahnhof Maschen 1977 als der größte Rangierbahnhof Europas eingeweiht. Auch der Bau der Köhlbrandbrücke fiel in diese Zeit (1974) wie auch die Eröffnung des Neuen Elbtunnels 1975, der den Durchgangsverkehr von Hamburg fernhielt. Modernisierung hieß alles, was das Alte dabei vernichtete; der Abriss des wilhelminischen Altonaer Bahnhofs wird heute vor allem deshalb immer noch betrauert, weil der Neubau an derselben Stelle (1979), ein »Kaufhaus mit Gleisanschluss«, so scheußlich geraten war; architektonisch war der alte Bahnhof aus dem Jahre 1898 (Architekt: Georg Eggert) keineswegs ein besonderes High-

▶ Die Deutschen mussten neue Wörter lernen, z.B. »Parkuhr«, Neuer Wall 1964.

light gewesen. Die letzte Straßenbahn fuhr, von vielen Hamburgern betrauert, 1979 durch die Stadt – vorher hatte man sie allgemein als Verkehrshindernis gesehen. Welche Kraft Nostalgie besitzt, kann man heute daran ablesen, dass erneut Straßenbahnen geplant werden. Überlegungen, die Pferdebahn wieder einzuführen, weil diese mit »Biokraftstoff« betrieben werden kann, gelten jedoch (noch) als exotisch.

Das große, die städtische Öffentlichkeit über Jahrzehnte beschäftigende Infrastrukturprojekt war aber der geplante Ersatzbau eines Großflughafens in Kaltenkirchen: »Als irgendwann in den fünfziger Jahren die Regierungschefs aus Hamburg und Kiel sich in dem Restaurant ›Onkel Tom's Hütte‹ bei Kaltenkirchen trafen und, wie Augenzeugen zu berichten wissen, auf einer schmuddeligen Landkarte den Standort ›ausguckten‹, war die Flugwelt noch heil. Die Raten von Fracht und Passagieren schnellten in die Höhe, immer mehr Flugbewegungen

▼ Flughafen Hamburg, Terminal 2, erbaut 1990 – 1993, Architekt: Meinhard von Gerkan und Karsten Brauer.

VON DER TRABANTENSTADT ANS WASSER

wurden gezählt. ›Spätestens 1975 geht in Fuhlbüttel nichts mehr‹, hieß es damals«[101], so die »ZEIT« 1976, als das Projekt bereits gescheitert schien: »Der Hamburger Bürgermeister trug den Fall zu Markte. Zwischen Birnen und Bohnen sprach Hans-Ulrich Klose vom Abspecken in Sachen Kaltenkirchen. Die fetten Jahre seien eben vorbei, verriet er auf dem Wochenmarkt von Neumünster den Markt- und Hausfrauen. Die hochfliegenden Pläne vom Weltflughafen Kaltenkirchen würden wohl zunächst einmal in den Schubladen verschwinden.«[102] Das war entschieden falsch prognostiziert – der Reiseboom begann erst richtig, und der Billigflieger war noch Utopie. Tatsächlich gehören der Flughafengesellschaft noch heute weite Teile des erforderlichen Geländes. Wirklich realistisch sind die – mit der Regelmäßigkeit des Ungeheuers von Loch Ness auftauchenden – Berichte über einen neuen Flughafen nicht, weil sich die Verteilung des Luftverkehrs mit der Konzentration auf Frankfurt / Main sowie München und in Zukunft Berlin völlig gegenüber den ersten Plänen um 1960 verändert hat. Politisch scheint ein solches Projekt ohnehin nicht durchsetzbar zu sein, wenn man sich nicht Protestaktionen wie 1981 in Brokdorf aussetzen will. Davon abgesehen: Hamburg hat mit den Neubauten in Fuhlbüttel den schönsten deutschen Flughafen – das sollte man nicht aufgeben.

Aber drei im weiteren Sinne »Infrastrukturprojekte« aus jener Zeit um 1980 sind – aus ganz unterschiedlichen Gründen – wichtig für die Stadt geblieben. Das erste entstand aus privater Initiative und reinstem kapitalistischen Geiste – und bereicherte die Stadt: das »Hamburger Passagenwerk« der westlichen Innenstadt um den Gänsemarkt herum. Das grundsätzliche Problem jener Jahre war – nicht nur in Hamburg – die sogenannte »Verödung der Innenstadt«. Die betraf Hamburg in besonderem Maße, weil man 100 Jahre lang erfolgreich eine Politik betrieben hatte, die Wohnfunktionen aus der Innenstadt zu verdrängen zugunsten der »Citybildung«, sprich: der Tertiärisierung der Innenstadt. Hier gab es – außer den Wohninseln um den Großneumarkt und um den Hummelbrunnen herum – praktisch nur noch Büronutzungen und Verkaufsanlagen. Das führte zwangsläufig dazu, das sich die Stadt morgens belebte und sich abends, nach Ladenschlus um 18 Uhr, die sprichwörtliche Ruhe des Chicagoer Friedhofs über sie legte. Nun gut – Chicago ist Partnerstadt von Hamburg.

Das wurde zwar allgemein beklagt, vor allem von den Kinobesitzern und Restaurantbetreibern, aber wirklich ändern konnte es die Politik nicht, weil sie gar keinen Einfluss darauf hatte. Geschäftliche Entscheidungen über Nutzungen werden auch heute noch nach ökonomischen Gesichtspunkten getroffen, nicht nach den politischen Wünschen eines Senats. Es kommt noch ein interessanter Aspekt hinzu, der mit der medialen Wirklichkeit zu tun hat:

◄ Das Hamburger
»Passagenwerk«
in der östlichen
Innenstadt, hier
rot hinterlegt.

Öffentliche Bauten wurden und werden in den Medien wesentlich kritischer betrachtet als private. Die Passagen der westlichen Innenstadt hatten einen – berechtigten – hervorragenden Start im Vergleich zur gleichzeitig stattfindenden Planung einer Neugestaltung des Rathausmarktes.

Der ökonomische Anlass war einfach: Vor allem britische Anleger mit langfristigen Interessen hatten in eher am ökonomischen Rande liegende, aber innerstädtische Blocks investiert, ohne diese Investition weiter zu nutzen. Ein großes Areal wurde an die Allianz Versicherung weiterverkauft, die in jenen Jahren einen Immobilienmanager mit Weitsicht, Lust an qualitätvoller Architektur und Wagemut hatte. Das Ergebnis: Er entwickelte zusammen mit den Architekten eine neue Typologie für die Hamburger Innenstadt – die Passage.

Die durchschnitt mit neuen, der Öffentlichkeit zur Verfügung gestellten Wege-verbindungen die Blocks, band sie in das Geflecht aus Straßen und Plätzen ein und führte so die Flaneure an den Schaufensterfronten neuer, relativ kleiner, aber feiner Läden vorbei. Was in Paris in der ersten Hälfte des 19. Jahrhunderts gelang, wurde auf die zweite des 20. Jahrhunderts übertragen, und siehe: Auch hier funktionierte es (meistens); »[...] sie stellen eine attraktive Alternative zur Stadtstraße dar: witterungsgeschützt, häufig klimatisiert, zusammenhängend. Auch bei Hamburger Schmuddelwetter ist Bummeln trockenen Fußes mög-lich. Dieser Wechsel zwischen Innenraum und Außenraum, Privatraum und öffentlichem Raum, Attraktion und Erlebnisraum bedeutet für die Innenstadt zunächst einmal ein ganz neues Stadterlebnis. [...]« Und der Stadtplaner Peter Illies fährt fort: »Stadtbildgestalterisch gesehen, haben die neuen Galerien und Passagen keine Umwälzung bewirkt. Im Gegenteil, sie fügen sich maßstäblich, meist behutsam auf die Umgebung reagierend, in vorhandene Blockstrukturen: eingebaut in historische Gebäude, eingespannt zwischen Neubauten oder quer durch einen ganzen Block laufend. Insgesamt ein gelungenes Stück Stadtrepa-ratur, stilistisch teilweise orientiert an Vorhandenem, teilweise mit neuen Ma-terialien und Elementen, die Raumkanten und Eingangssituationen interpretie-rend, teilweise neue städtische Räume und interessante Akzente bildend.«[103]

Der eigentlich langfristig wichtige Aspekt des neuen Typus aber ist: Es wird den Bürgern der Stadt etwas *hinzu*gegeben, was nicht (nur) eine neue Art des »Erlebniseinkaufens mit Regenschutz« darstellt, sondern einen neuen, halb öffentlichen Stadtraum: Die Blocks waren vorher völlig unzugänglich, jetzt sind sie zugänglich, solange die Öffnungszeiten und die privaten Ordnungs-dienste es erlauben (das unterscheidet die Passagen von den Einkaufszentren, die sich gegen die stadtöffentlichen Räume abschotten – wir kommen noch darauf zurück).

In dieser Qualität jedenfalls, in diesem Angebot an den Stadt-Benutzer liegt das eigentliche Merkmal der Passagen. Sie signalisieren: »Wir schenken dir diese neue Straße. Wir würden uns freuen, wenn du im Gegenzug ab und zu etwas kaufst!« Das ist ein fairer Ausgleich.

Das gleichzeitige Gegenstück zu den privaten Passagen bildete die Planung für den Rathausmarkt. Der war ein vom Verkehr zerfressenes, kaum noch als Platz nutzbares Areal, das zwar für Massenaufläufe gut nutzbar war: Die Gewerk-schaften feierten hier den 1. Mai, solange man damit noch Arbeiter auf die Straße bringen konnte; Charles de Gaulle konnte vom Rathausbalkon Frank-reich und Hamburg preisen; der HSV feierte zum, bedauerlicherweise vorläufig letzten Mal, Deutsche Meisterschaften und 1984 den Triumph im Europapokal

▲ Der Rathaus-
markt nach der
Neugestaltung,
1980 – 1982,
Architekt:
Timm Ohrt.

der Landesmeister. Aber jenseits dieser besonderen Anlässe war der Platz nicht
das, was man sich für eine öffentliche »gute Stube« der Stadt gewünscht hätte;
er war das, was man eigentlich dem Wetter vorbehalten wollte – schmuddelig.
1977 fand ein offener Wettbewerb für eine Neugestaltung statt, der dem Journalisten der »ZEIT«, Manfred Sack, »Hoffnung für einen Platz« vermittelte:
»Zur Zeit ist der durch Bauwerke halb geschlossene, halb offene, dem Verkehr
überlassene Rathausmarkt abseits vom Einkaufsbetrieb der City weder Markt
noch Treffpunkt, sondern ungemütlich, laut und langweilig. [...] Sie [die mit
dem ersten Preis ausgezeichnete Arbeit; GK] senkt den größten Teil des Platzes
um ein paar Stufen ab, markiert und versteckt den Verkehr unter Baumreihen,
lässt Platz für die Rathausvorfahrt, betont und überspielt gleichzeitig die Mün-
dungen der zwei wichtigsten Geschäftsstraßen. Zweifel wecken eine reichlich
einfältige Arkadenreihe (für Cafe, Kioske, Bushaltestellen) und die modische,
an dieser Stelle falsche Terrassierung der Kaimauer an der Kleinen Alster.« Und
Sack resümiert: »Unter Herrenschneidern würde man den Sieger-Entwurf so
kennzeichnen können: Grauer Flanell; sorgfältiger, der Tradition verpflichteter

Schnitt, modisch leicht erweitertes Beinkleid; es wird erwartet, dass der Pfiff durch Beifügungen erzeugt wird, durch bunte Krawatten zum Beispiel.«[104]

Manfred Sack betrachtete die Tatsachen und hatte, auch nach 30 Jahren, völlig recht mit seinem Urteil. Die Hamburger Lokalpresse dagegen beschwor mit Lust die Katastrophe und kritisierte die Kosten von knapp 40 Millionen DM für einen »Roten Platz« – wegen der ausgewählten Granitplatten. Mit dieser Assoziation wurde dem SPD-geführten Senat gleich noch die Nähe zu Moskau unterstellt. Dass die Sozialdemokraten sowieso nicht mit Geld umgehen konnten, bewies einmal mehr die Kostensteigerung von ursprünglich veranschlagten 20 auf 38,50 Millionen DM; das wusste man aber schon längst. »Der Spiegel« fasste die Empörung zusammen, ohne sie selbst mitzutragen: »›91 Prozent‹, meldete es [das »Hamburger Abendblatt«; GK] nun, lehnten eine Neugestaltung der Fläche ab. Andere Hamburger Springer-Zeitungen zogen mit. Die ›Welt‹ registrierte ›Erregung‹ über ›Pharao Klose‹, und zwar gleich in ganz Norddeutschland, und ›Bild‹ meldete einen ›Proteststurm gegen Kloses Roten Platz‹«. Und »Der Spiegel« resümierte: »Hans-Ulrich Klose kriegt's täglich und so dicke, als hätte er Giftmüll vors Rathaus gekippt. Das reicht vom Vorwurf des Amtsmissbrauchs (›Prestigeobjekt‹, ›Wahlschlager‹) bis zur Beschwörung des drohenden ›Staatsbankrotts‹. Dabei sind Springers Spalten offen für alle, die es den Rathaus-Sozis mal geben wollen – Einzelhändler und Steuerzahler, Bürger- und Mieterverein, Denkmalschützer und Fremdenführer, Hausfrauen, Pensionäre und natürlich die oppositionelle CDU.«[105] Es war eine leicht zu durchschauende Kampagne einiger Zeitungen, die den Sack schlugen und den armen Esel SPD meinten.

Manchmal lohnt es sich eben, in alten Zeitungen zu stöbern … Und sich anschließend den Rathausmarkt anzusehen.

Das dritte Projekt der Infrastruktur, neben Passagen und Rathausplatz, war kein gebautes, sondern ein Gutachten mit Langzeitwirkung bis heute, obwohl es bereits 1973 verfasst wurde: Es war ein städtebauliches Gutachten der Architekten von Gerkan, Marg und Partner (gmp) mit dem Titel »Hamburg – Bauen am Wasser«.[106] Daran ist zunächst bemerkenswert, dass die Stadt, vertreten durch das Landesplanungsamt, überhaupt einen Auftrag mit diesem Titel vergab, denn dahinter muss das Gefühl eines Defizits gestanden haben, das Empfinden, Hamburg verschenke eine Chance, die in der Lagegunst der Stadt liegt. Als Zweites kommt die ausgreifende Betrachtung der Architekten hinzu, die Frage umfassend und ohne durch Scheuklappen scheinbarer Hamburger Gesetzmäßigkeiten zu betrachten, wie der, der Hafen sei der Hafen sei der Hafen, und die Hafenwirtschaft teile dem Senat mit, was zu tun sei – nicht etwa umgekehrt.

Stattdessen stellte der Auftrag die Aufgabe, eine »Bestandsaufnahme der wichtigsten Situationen am Wasser am Stadtgebiet, insbesondere in citynaher Lage«, anzufertigen, »die strukturelle, bauliche und stadtgestalterische Einflussnahme erlauben. Bei der Bestandsaufnahme sollen alle Standortmöglichkeiten genannt werden, für deren Auswahl zunächst nur die natürlichen und städtebaulichen Gegebenheiten und Voraussetzungen für ›Städtebau am Wasser‹ maßgeblich sein sollen«[107] – also nicht die wirtschaftlichen, die hafenbezogenen.

Die Architekten gingen die Aufgabe grundsätzlich an: »In der Menschheitsgeschichte vollzieht sich gegenwärtig ein Umbruch unvorstellbaren Ausmaßes.«[108] Letztlich boten sie aber keine Lösung für dieses Problem an; stattdessen schafften sie etwas, das für die Stadt bis heute positive Folgen hat: Sie öffneten den Blick darauf, dass Hamburg nicht nur attraktive Grundstücke an der Alster und einen Hafen an der Elbe hat, der als Gewerbegebiet betrachtet werden muss. Sie zeigten in vielen Beispielen und unter Betrachtung der Gebiete von Blankenese bis nach Bergedorf und von Finkenwerder und Harburg bis nach Alsterdorf, dass die Qualität einer »Stadt am Wasser« nicht in einzelnen

VON DER TRABANTENSTADT ANS WASSER

hochpreisigen Villengebieten liegt, sondern dass eine umfassende Betrachtung – bei aller Verschiedenheit der Situationen zwischen tidenabhängiger Elbe und den Beken durch die Stadtteile – den eigentlichen Charakter der Stadt als zentrale Besonderheit hervorzuheben vermag. »Stadt am Wasser« ist dann nicht mehr eine Situation wie bei London an der Themse oder Paris an der Seine, sondern ein städtisches Geflecht aus Straßen *und* Plätzen *und* Wasserläufen *und* Wasserflächen.

Damit ist das Gutachten der eigentliche Beginn einer »Entdeckung des nördlichen Elbufers« mit der »Perlenkette«, der »HafenCity« und des »Sprungs über die Elbe« mit der geplanten IBA 2013 und der IGA 2013.

1973 spielte diese Perspektive zumindest in der Öffentlichkeit noch keine große Rolle. Erst Mitte der 80er Jahre, mit einem neuen Oberbaudirektor, wurde das Thema wieder wichtig, zunächst als Spielwiese für Architekten, die auf »Bauforen« aus Herzenslust kreativ spinnen durften – was durchaus nicht negativ gemeint ist. Der neue Oberbaudirektor war seit 1981 Egbert Kossak, ein »Mann mit ›gestalterischen Fähigkeiten‹«, wie das »Hamburger Abendblatt« erwartete.[109] Sein Problem (und das der Stadt) war: In den 80er Jahren gab es nicht so viel zum Gestalten. Es war eine Zeit sinkender Bevölkerungszahlen und stagnierender Wirtschaft, eine Zeit, in der, bildlich gesprochen, flach geatmet wurde, um wenig Energie zu verbrauchen. Die Bauforen bildeten jedoch schon den Keim für etwas Neues.

Das kam dann aus gänzlich unerwarteter Richtung und hatte mit Bananen und Trabbis zu tun.

VII

VII

DIE HINWENDUNG ZUR STADT

Es war nicht nur die Vereinigung beider deutscher Staaten durch den Anschluss des einen an den anderen nach Paragraph 23 des Grundgesetzes (der dem einen, dem Sich-anschließenden, die Möglichkeit einer Mitarbeit von vornherein nahm), die die europäische Welt umwälzte, revolutionierte im buchstäblichen Sinne. Was 1989 und 1990 in Mittel- und Osteuropa geschah, war ein so weitreichender Umbruch in jeder Hinsicht – politisch, wirtschaftlich, vor allem aber geistig –, weil er zeigte: Man kann Dinge ändern, selbst wenn sie noch so festgefügt scheinen. Das bleibt in den Köpfen und ist vermutlich bis heute noch nicht aufgearbeitet – es war die Politik gewordene Realisierung der Formel von Herbert Achternbusch: »Du hast keine Chance. Also nutze sie!«

Die Veränderungen hatten Folgen, die wiederum Veränderungen und Prägungen in der Gefühlswelt und damit im sozialpsychischen Bereich bewirkten, selbst wenn der Einzelne sie nicht spürte oder nicht akzeptierte – Folgen ohne direkte Verbindung zur eigentlichen Ursache: Der Anschluss der DDR verbesserte zum Beispiel das allgemeine Lebensgefühl ausgerechnet im Saarland, weil die Saarländer jetzt nicht mehr das Gefühl hatten, als Letzte in der Bundesrepublik angekommen zu sein. In den neuen Bundesländern hingegen entstand nach der Wende vielfach das Bewusstsein, der »kleine, ungeliebte, weil minderwertige Bruder« zu sein; bis heute kann man die Reaktion von Bürgern der DDR beobachten, die jede vermeintlich gegen sie gefällte Entscheidung mit dem fast wohligen Gefühl kommentieren: »Siehste – immer

◄◄ Baustelle Hafencity, um 2008. Zu sehen ist die leere Hülle des Kaispeichers A, der späteren Elbphilharmonie.

▶ Trabbis und
Wartburgs erober-
ten nach der Wen-
de die Hamburger
Innenstadt.

auf die Kleinen!« In Hamburg war es dagegen umgekehrt: Die Hamburger konnten ihre aus Höflichkeit nie so recht geäußerte allgemeine Distanz zum Rest der Republik jetzt konkret ausleben anhand von Autokennzeichen wie LWL, HGN, NWM oder NVP, die sie morgens in die Stadt fahren sahen. Die Distanz des Westdeutschen dem Ostdeutschen gegenüber ging hier auf in der Distanz des Hamburgers gegenüber dem Rest der Welt – zugegeben: eine sehr verkürzte Sicht.

Zweifellos war die Hamburger Wirtschaft, die vor der Wende in einer Art Dornröschenschlaf gelegen hatte, den revolutionären Kräften von Polen, der DDR oder der Tschechoslowakei überaus dankbar. Die erlösten, eher unbeabsichtigt, die Stadt aus der Behinderung, in der sie seit 1945 hatte leben müssen: Sie gaben Hamburg das Hinterland zurück, das es vor 1945 gehabt hatte. Damit kam die geostrategische Lage der Stadt mit einem seetüchtigen Hafen tief im Binnenland wieder voll zur Geltung: Um die baltischen Staaten, um Tschechien oder die Slowakei, um Polen, um Weißrussland, die Ukraine oder Russland zu erreichen, hat man vom Hamburger Hafen aus einen Vorsprung vor einem potenziellen Hafen an der Elbmündung von rund 130 km (von den Niederlanden mit Rotterdam noch mehr). Ein Vorsprung, der die 8000 oder 10000 Container noch gesammelt auf dem kostengünstigen Schiff beließ, anstatt sie, zu wenigen gebündelt, auf die Schiene oder gar einzeln auf den Lkw umladen und transportieren zu müssen!

Entsprechend dynamisch stiegen die Wachstumsraten des Hafens: Lag die Zahl der ein- und ausgehenden Container 1991 noch bei rund zwei Millionen TEU[110], so stieg sie bis 2007 kontinuierlich auf knapp zehn Millionen; zwischen 1980 und 1990 lagen die Wachstumsraten des Seegüterumschlages bei null oder sanken sogar – bis 2007 stiegen sie dagegen um mehr als das Doppelte (allein zwischen 2002 und 2007 um 47 Prozent, wobei die der Zahl der Containerschiffe von knapp 6000 Ankünften auf 7500 Ankünfte bei steigender Größe der Schiffe wuchs!). Der Hafen ist inzwischen wieder zum wirtschaftlichen Mittelpunkt der Stadt geworden – 154000 Arbeitsplätze sollen direkt und indirekt vom Hafen abhängig sein.

Mit einer gewissen Zeitverzögerung machte sich der Wechsel von Stillstand zu Dynamik auch politisch bemerkbar. Hatte sich noch in den 80er Jahren und in der ersten Hälfte der 90er Jahre eine gewisse Erschöpfung bei der den Stadtstaat regierenden SPD gezeigt, obwohl sie immer noch von ihrem traditionellen Milieu oder aus alter Gewohnheit gewählt wurde, so bröckelte die Zustimmung zunehmend. Das hatte sicher mit bestimmten Ereignissen und Personen zu tun – ein Brauer oder Weichmann waren auch Vaterfiguren –, aber es war auch Ergebnis einer gewissen Müdigkeit des Wahlvolkes hinsichtlich einer Politik, die sich wie Mehltau auf die Gemüter legte – immer bemüht, immer gut gemeint, aber mit wenig Überzeugungskraft und Dynamik vermittelt. Insofern bekam das von der, seit 2001 in Koalition mit der rechts gerichteten Schill-Partei regierenden, CDU kreierte Schlagwort von der »Metropole Hamburg – wachsende Stadt« den Charakter eines Aufbruchsignals – obwohl es sich tatsächlich ja nur um ein Schlagwort handelte. Aber diese können eben auch Politik werden. Tatsächlich ist Hamburg heute eine der wenigen Wachstumsregionen der Bundesrepublik (sicher nicht nur wegen des Slogans!); die Stadt wurde binnen weniger Jahre national und international als attraktiv wahrgenommen. Sie wurde für Touristen von See oder aus dem Binnenland zum Anziehungspunkt, über sie wurde international berichtet, die Rankings in den Listen internationaler Beliebtheit wurden besser und die (sehr) lokale Presse schrieb immer öfter von einer »Weltstadt«. Inzwischen gibt es Leute, die behaupten, selbst das Wetter sei besser als in München.

Die tatsächliche Stadtentwicklung ist auf interessante Weise dieser Entwicklung gefolgt, getragen von den Ambitionen zweier Oberbaudirektoren, die sich gestaltend einbringen wollten – also im Verständnis des Amtes echte Nachfolger Fritz Schumachers waren. Egbert Kossak hatte das Amt von 1981 bis 1998 inne und wurde von Jörn Walter abgelöst, der es seitdem besetzt.

▸ Egbert Kossak,
Oberbaudirektor
1981–1998.

Das übereinstimmende Merkmal beider Politik ist die Hinwendung zur Stadt anstelle von deren Erweiterung. Nachdem die großen Siedlungen gebaut waren und damit die Wohnungsnot weitgehend beseitigt war, konnte Kossak in seiner »Halbzeitbilanz«, einem Buch mit dem schönen Titel »Stadt im Fluss«, 1989 feststellen, für »die ›normale‹ Familie bilden die spezifische Identität eines Stadtteils, ein städtisches Milieu und die Nachbarschaft wieder eine größere Rolle bei der Wohnstandortwahl als das reine Glück im Grünen. Diese Sehnsucht der Menschen nach dem Leben in einer milieureichen, städtischen Umwelt mit einem ortsspezifischen Ambiente muss der Ausgangspunkt aller zukünftigen Stadtplanung und allen zukünftigen Bauens sein.«[111]

Sicher traf Kossaks Feststellung – die »Sehnsucht der Menschen nach dem Leben in einer milieureichen, städtischen Umwelt« – 1989 keineswegs für alle zu; sicher war sie aber für bestimmte Teile der Bevölkerung zutreffend und markierte einen Umschwung. Der Student (heute: der Studierende), der Single, der Yuppie – alle zusammen machen inzwischen rund die Hälfte derer aus, die in einer Stadt wie Hamburg Wohnungen nachfragen, und diese Nachfrage richtet sich auf innerstädtische Wohnungen. Aber auch ein Teil der Familien, die noch zehn oder 20 Jahre zuvor ins Norderstedter Grün zogen, suchen inzwischen innerhalb der Stadt Wohnraum (finden ihn aber seltener). Das trifft auch auf viele Norderstedter Reihenhausbesitzer um die fünfzig zu, deren Kinder nicht mehr Federball im eigenen Garten spielen wollen, sondern längst in Aachen oder Barcelona studieren; aus dem stolzen Reihenendhaus-Eigentümer ist heute oft ein Reihenhaus-End-Eigentümer geworden, weil er seine für die Sicherung des Lebensabends gedachte Latifundie nicht mehr angemessen verkaufen kann. Umgekehrt zieht es einen Teil der Älteren aus dem innerstädtischen Milieu in die Kleinstädte im Umland, weil sie dort einen größeren Grad an persönlicher Sicherheit vermuten.

Der Weg »zurück in die Stadt« (der keine Einbahnstraße ist und nicht für alle gilt, der aber doch eine Umkehr für viele bedeutet – eine Umkehr vor allem im Bewusstsein der Stadtbewohner) war im Hinblick auf die stadtplanerische Antwort lang, ist keineswegs abgeschlossen und verlief mehrfach wie die Echternacher Springprozession – siehe die im vorigen Kapitel beschriebenen Großsiedlungen, die ja teilweise gleichzeitig gebaut wurden.

Zunächst wurde seit etwa Mitte der 80er Jahre eine zweite Geschäftsstadt aufgebaut: Die City Süd, die in Hammerbrook innenstadtnah als Addition von Bürobauten entstand, lag zwar in einem im Krieg zerstörten Arbeiterwohngebiet, enthielt aber so gut wie keine Wohnungen – zu diesem Zeitpunkt hielt man neue und gar innerstädtische Wohnungen schlicht für überflüssig, was

▲ Die City Süd: Im Luftbild stellt sich die Infrastruktur als einziges Ordnungselement dar. Aus der Fußgängerperspektive ist es nicht anders: Eine Ansammlung von Solitären.

Kossak später selbstkritisch kommentierte: »Da haben wir tatsächlich, wie ich glaube, einen Fehler gemacht. Man hätte hier sehr viel frühzeitiger und rigider eingreifen müssen und auf eine Nutzungsmischung drängen sollen. Man hätte zum Beispiel parallel zum Mittelkanal Wohnungen bauen können.«[112]

Lassen wir beiseite, wer mit »man« gemeint ist: Tatsächlich war eben die Situation so, dass vor der Wende niemand an einen neuen und gar innerstädtischen Wohnungsboom gedacht hatte – und offenbar auch der Oberbaudirektor nicht. Trotzdem gab es aber die Idee einer allgemeinen Hinwendung zur Stadt auf verschiedenen Ebenen und aus unterschiedlichen Motiven, die keineswegs nur mit dem Wohnen zu tun hatten. So hatte zum Beispiel ein SPD-Bürgermeister, Klaus von Dohnanyi, zusammen mit seinem FDP-Wirtschaftssenator, Wilhelm Rahlfs, 1988 die Idee, den teuren weiteren Ausbau der Containerterminals in Moorburg und Altenwerder durch einen Verkauf der Speicherstadt zu finanzieren, der 500 Millionen DM hätte bringen sollen: Ein neues Quartier sollte in den Bauten der Speicherstadt entstehen, »in der Weise, dass neben Beibehaltung bisheriger Unternehmen hier ein wenig mehr Gastronomie, ein wenig mehr Gewerbe, Büroflächen anderer Art, hafengebundene wie nichthafengebundene, sind, und dass man hier auch wohnen kann.«[113] Der Aufschrei der Hamburger Öffentlichkeit auf die Verkaufsabsicht war beträchtlich: »Rettet die Speicherstadt!« wurde zum Slogan, der als Aufkleber auf vielen Autos klebte, sodass das Projekt ganz schnell fallen gelassen wurde – in der Öffentlichkeit. 1991 wurde die Speicherstadt gegen den hinhaltenden Widerstand Henning Voscheraus, der von Dohnanyi inzwischen als Erster Bürgermeister abgelöst hatte, unter Denkmalschutz gestellt; seitdem hat sie sich so verändert, wie es beim geplanten Verkauf seinerzeit gedacht war. Allerdings hat man sich wohl von der Idee der Finanzierung von Altenwerder durch Gewinne aus der Speicherstadt verabschiedet ...

Aber noch einmal: Vor 1990 schien das Problem des innerstädtischen Wohnens nicht wirklich vordringlich zu sein. Kossak stellte in seiner Zwischenbilanz vielmehr einen Mangel an Büroflächen fest: »Die City braucht schon kurzfristig Erweiterungsraum in enger räumlicher Verflechtung und in attraktiver Lage« und sucht »international konkurrenzfähige Standorte mit eigener Prägung«.[114] Er hatte sie auch schon gefunden und in verschiedenen international besetzten Architekten-Workshops (»Hamburger Bauforen«) an unterschiedlichen Orten getestet.

Diese Orte lagen sämtlich an der Grenze zwischen Stadt und Hafen und orientierten sich zur Elbe hin – das war, jenseits der Frage, ob Büros, Wohnungen oder beides gebaut werden sollte, das eigentlich Neue der Überlegungen: die Hinwendung zur Stadt und zum Fluss, weil diese an sich attraktiv sind!

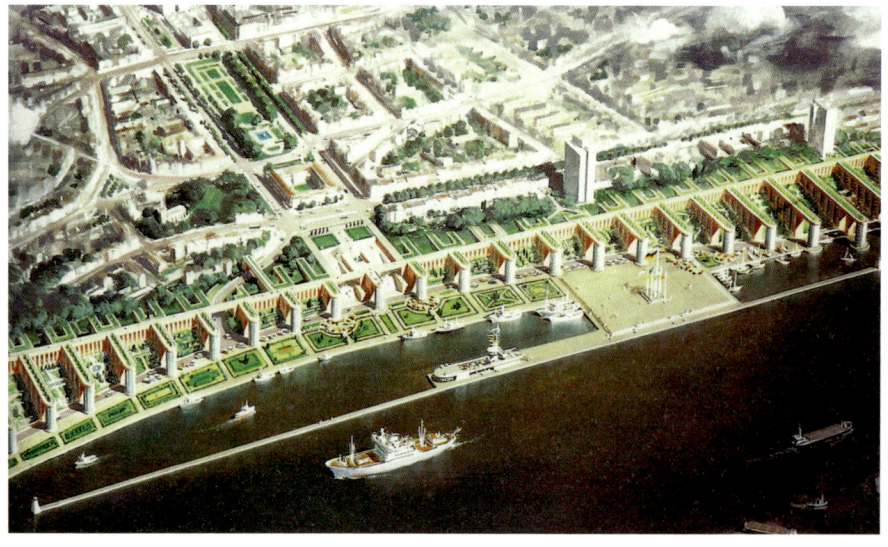

◄ Erinnerungen an die Elbufergestaltung von 1941: Der Vorschlag der Entwurfsgruppe Manolo Núñez i Yanowsky, Jan Derwig, Jörg Friedrich, Raimond Gardia, Hans-Ulrich Neuhaus, Vera Pernicka auf dem II. Hamburger Bauforum 1985.

DIE HINWENDUNG ZUR STADT

Kossak fasste seine städtebaulichen Zielvorstellungen 1989 in vier Punkten zusammen:

»1. Die City braucht Erweiterungsraum, kurzfristig, in attraktiver Lage und in enger räumlicher Verflechtung. Die Flächenreserven in der Innenstadt sind erschöpft. Für die 90er Jahre sind neue Unternehmen für Hamburg nur an international konkurrenzfähigen Standorten zu gewinnen. Das Gebiet zwischen Zollkanal und Norderelbe – das Gebiet um die Speicherstadt also – und zuerst die südlich an die Speicherstadt selbst angrenzenden Gebiete bilden den wichtigsten Erweiterungsraum für die City. [...]

2. Die Erlebbarkeit des Hafens als integrierter Teilraum der Stadt ist wieder herzustellen. [...] Es muss gemeinsames Ziel von Städtebau und Hafenentwicklungspolitik sein, das Südufer der Elbe zwischen Finkenwerder und den Norderelbbrücken funktional und baulich zu reaktivieren, Impulse für die Entwicklung der Stadt im Hafen und gleichzeitig für die Hafenentwicklung selbst zu geben.

3. Das Gebiet um die Reeperbahn, das alte St. Pauli, ›sailor's town‹, die sündigste Meile der Welt, bedarf einer grundsätzlichen Revitalisierung als Wohnort, als Arbeitsstättenort, auch als Touristenattraktion, als Ort der Kultur und als Ort des Vergnügens. [...]

4. Die Stadt muss und wird ihre einmaligen Chancen nutzen, eine neue städtebauliche Beziehung zum Hafen und zur Elbe am nördlichen Elbufer herzustellen. [...] Das Nordufer der Elbe ist zu wertvoll, um dort noch länger in verrotteten Kühlschuppen EG-Butter zu lagern oder Baustofflager zu pflegen.«[115]

Kossak beschrieb hier – 1989, zehn Jahre bevor die »HafenCity« zum städtebaulichen Programm des Senats gehörte! – eine Stadtentwicklung, die nicht nach außen, sondern nach innen gerichtet war, die eine Binnenverdichtung auf (wie man heute sagen würde) »Konversionsflächen« propagierte und die die Attraktivität des Milieus »Hafen« und einer Lage am Wasser nutzen wollte. Und er beschrieb die Gebiete, in denen das bevorzugt geschehen sollte: den Bereich südlich der Speicherstadt – damals noch Freihafen und damit eigentlich tabu für nicht hafenbezogene Überlegungen –, das nördliche Elbufer mit einer vor sich hin rottenden Bebauung, die vor allem als Kulisse von Fernsehfilmen dienen konnte, weil sie so schön marode war, den »Sprung über die Elbe« ans südliche Elbufer und die Gentrifizierung von St. Pauli. Alles das findet heute statt.

Was Kossak nicht beschrieb, war der Bedarf an Wohnen auch in diesen Gebieten; vielleicht konnte er das deshalb nicht, weil kein Mensch die Öffnung der Grenzen nach Osten und die Vereinigung der beiden Deutschlands vorhersehen konnte.

Später wurde die Frage diskutiert, wer der Erfinder der »HafenCity« war. »Wer hatte die Idee für die Hafencity?«, fragte die »Welt« am 1. Januar 2006, als das nun wirklich nicht mehr wichtig war.[116] Seit dem Gutachten von gmp 1973 lag das Hafengebiet in unterschiedlicher Weise und aus unterschiedlichen Motiven heraus – immer irgendwo zwischen Geldschöpfung und Attraktivität – im Blickpunkt der Stadtentwicklung. Und damit verbunden war die Hinwendung der Stadt zur Stadt – und *das* ist der zentrale Punkt. Sie wurde sprunghaft befördert durch die neue Öffnung nach Osten, und damit bekam auch die Frage nach dem Wohnen einen neuen Impuls. Der ist nicht in erster Linie abhängig vom »demographischen Wandel«. Anders steht es mit dem ökonomischen Aspekt: Mit steigenden Energiekosten (die das frei stehende Eigenheim oder das Reihenhaus stärker belasten als die Geschosswohnung), ebenfalls steigenden Benzinpreisen und dem Abbau von Pendlerpauschale und Eigenheimzulage wird das Wohnen am Stadtrand oder in der Vorstadt immer teurer, insbesondere dann, wenn man seinen Arbeitsplatz in der Stadt hat.

Aber es sind andere Wohnungen als bisher: Es geht jetzt nicht mehr um das Wohnen einer breiten, sozial gemischten Bevölkerungsschicht, sondern um das der gesellschaftlichen Aufsteiger, einer jungen, dynamischen Schicht,

◄ Ein Presse-, Saft- und Weinkontor in der Susannenstraße verwöhnt »die Szene« im Herzen des Schanzenviertels.

die das Un-Gewohnte attraktiv findet. Deshalb werden auf der Angebotsseite, dort, wo die Rückkehr in die Innenstadt attraktiv gemacht werden soll, inzwischen neue Wohnformen erprobt: das »Loft« als Stichwort einer Verbindung von Arbeit und Wohnen. Großzügige, nicht durch Wände unterteilte Wohn- und Arbeitsbereiche vertragen sich aber nicht mit dem Kindergeschrei der vierköpfigen Standardfamilie.

Außerdem werden Wohnformen entwickelt, die die Probleme und Bedenken derer berücksichtigen, die gern in der Kernstadt wohnen, aber dort Sicherheitsprobleme für sich sehen. Doorman-Häuser, die Renaissance des Portiers, oder auch (noch verschämte) Anfänge von *gated communities*, also umzäunten, videoüberwachten Siedlungen wohlhabender Bevölkerungsgruppen, die sich diesen zusätzlichen Sicherheitsaufwand leisten wollen, geben Antwort auf das Unbehagen der Bewohner im Umgang mit dem Andersartigen, dessentwegen sie eigentlich ja in die Stadt ziehen auf der Suche nach dem »bunten Leben«! Denn eines ist auch klar: Die Familie, die mit einem oder zwei kleinen Kindern wohnt, bevorzugt immer noch den Stadtrand und das eigene Reihenhaus; die Renaissance des Wohnens in der Innenstadt, so es sie denn auch langfristig gibt, ist eine Sache einer jungen, ungebundenen Mittelschicht und der Älteren, die es sich leisten können.

Die Landesbausparkasse Hamburg hat 2003 in einer Studie dargestellt, wie wichtig auch der Aspekt zusätzlicher Dienstleistungen für die neuen Innenstadtbewohner aus jungen Kreativen und älteren Rückkehrern ist: »Wohnen wird in Zukunft immer mehr mit zusätzlichen Dienstleistungen verknüpft sein. Mögliche Dienstleistungen reichen von Concierge- / Doorman-Konzepten, für die besonders in der Innenstadt bei einer stark ›arbeitsorientierten‹ und in der Innenstadt arbeitenden Klientel ein Bedarf gesehen wird, über Multimedia / Internet, Einkaufsservice bis zur medizinischen und sozialen Betreuung.«[117] Weiter heißt es in der Studie: »Wohnen in der Innenstadt ist damit für jüngere Singles und Paare vor allem eine Frage des Preises. Bei älteren Singles und Paaren wird hingegen erwartet, dass das Angebot an Läden, Gastronomie und Kultur sowie das Thema Sicherheit bei der Wahl des Wohnstandorts von zentraler Bedeutung ist. Demgegenüber werden Familien derzeit nicht als wichtige Zielgruppe für das Wohnen in der Innenstadt eingestuft. Insbesondere wenn sie sich noch in der Gründungsphase befinden, entspricht das Wohnumfeld trotz der zum Teil verbesserten Qualitäten nicht ihrem Bedarf. [...] Als nicht wichtige Zielgruppe gelten weiterhin Alleinerziehende, für die die relativ hohen Preise insbesondere im Neubau in der City in vielen Fällen nicht bezahlbar sind.«[118]

Heißt im Klartext: Die »neue Lust auf Stadt« ist eine der Zweidrittelgesellschaft – Doorman-Haus und Einkaufszentrum bilden zwei Aspekte derselben Mentalität ab.

Die Realisierung der Hinwendung zu Hafen und Elbe fing als »Perlenkette am nördlichen Elbufer« an, wie es Kossak nannte. Sein II. Hamburger Bauforum 1985 hatte in Arbeitsgemeinschaften zwischen internationalen Architekten und Hamburger Büros große Projekte propagiert, die teilweise wie eine direkte Nachfolge der Planungen Konstanty Gutschows anmuteten. Das, was letztlich tatsächlich dort entstand, war viel qualitätvoller, gerade weil es nicht aus einer Großplanung entstand, sondern die bestehende Struktur aus alten Gewerbebauten ernst nahm. Einzelne Investoren, nicht ein Großinvestor, investierten dort, was genau zu der »bunten Mischung« – auch in der architektonischen Qualität – führte, die hier angemessen war. Es entstand ein Band zwischen der neuen Verwaltung von Gruner + Jahr am Baumwall (Architekten: Steidle und Kiessler) und dem nachgebauten Kühlhaus aus dem Jahr 1924 in Oevelgönne (Architekten: gmp), in dem heute Senioren überdauern können – ein Band, dessen Charakteristik die Vielfalt ist.

▼ Bürogebäude Dockland, Van-der-Smissenstraße, erbaut 2004–2006, Architekten Bothe Richter Teherani.

DIE HINWENDUNG ZUR STADT

Dieses Band ist heute – und das macht seine Bedeutung jenseits archi-
tektonischer Qualitäten aus – ein lebendiger Teil einer neuen Zone geworden,
wie es sie in Hamburg bis dahin nicht gegeben hatte: Eine touristische Fla-
niermeile, die auch von den Hamburgern genutzt wird. Jedes neue Gebäude
hat (mindestens) ein neues Restaurant, mehrere Beachclubs laden im Sommer
zum »Chillen« mit Caipirinhas, ein Design-Zentrum, das »Stilwerk«, konzentriert anspruchsvolle Gebrauchsgegenstände, dazwischen befinden sich immer
mal wieder gewöhnliche Büros oder etwas weniger gewöhnliche Wohnungen.
Den Hamburgern wurde bewusst, dass Wohnen am Wasser nicht nur an der
Elbchaussee oder an der Alster möglich und die Elbe nicht nur ein Ort der
Arbeit im Hafen ist.

**Als die im Krieg zerstörte Spitze der historischen Speicherstadt am Sandtorhöft
bebaut wurde,** konnte man das noch nicht sagen. Der komplexe Ablauf bis
zur Realisierung, soweit er denn für die Öffentlichkeit sichtbar war, war etwa
folgendermaßen (und er wird hier noch einmal beschrieben, um zu zeigen,
wie lange eben auch schon das heutige Gelände der »HafenCity« Gegenstand
städtischer Nutzungsüberlegungen war).

▲ Baustelle Hafen-
City, etwa 2008.

    Zunächst, 1984, bekam das Hamburger Architekturbüro gmp den Auf-
trag für ein Gestaltungsgutachten für die Speicherstadt. Das hatte Gründe, die
mit der Verlagerung einzelner Wirtschaftsbetriebe zu tun hatten, nicht etwa
mit gestalterischen Fragen. Die Speicherstadt galt als ökonomisch absteigen-
des Areal – hier konnte man keine Container laden, die an- und abfahrenden
Lastwagen kamen kaum durch die engen Straßen, und anstelle von Tee und
Gewürzen hatten sich in den ehrwürdigen Gebäuden orientalische Teppich-
händler angesiedelt. Das war zwar durchaus im Einklang mit dem Denken
Hamburger Kaufleute – man muss Dinge verändern, wenn sie sich dann besser
rechnen! –, brachte aber immer noch nur bescheidene Mieten.

    1988 wurde ein zweites Gutachten von den gleichen Architekten erbeten;
jetzt ging es um Neubauplanungen auf den freien Flächen der Speicherstadt,
vor allem an ihrer Spitze (die immer als »Kehrwiederspitze« bezeichnet wurde,
aber eigentlich die Spitze des Sandtorkais war). Im gleichen Jahr verkündete der

    DIE HINWENDUNG ZUR STADT

damalige Erste Bürgermeister von Dohnanyi, die Speicherstadt würde verkauft, um attraktive Büro- und Wohnmöglichkeiten in Hafennähe zu schaffen und nebenbei durch den Verkaufserlös den Ausbau weiterer Containerterminals zu finanzieren. Das war zwar rechtlich gar nicht möglich, weil die Speicherstadt im Freihafenbereich liegt und dort nur Hafennutzungen zulässig waren; zudem lag das Gebiet im Außendeichbereich, wo man gar nicht wohnen durfte. Aber die Folge der Idee waren die erwähnte Empörung der Bevölkerung und der Auftrag für ein weiteres Gutachten, das die grundsätzliche Tauglichkeit der Speicherbauten für andere Nutzungen untersuchte.

Der auf von Dohnanyi folgende Erste Bürgermeister Henning Voscherau meinte in einem Interview 1991: »Es liegt auf der Hand, dass dort [in der Speicherstadt; GK] nicht auf Dauer ein Naturschutzpark für Gewerbemieten weit unter Marktpreis bestehen bleiben kann. Zu verschenken hat Vater Staat das Geld der Steuerzahler nicht.«[119] Heißt: Wenn wir die Speicherstadt schon nicht verkaufen können, dann möchten wir wenigstens mehr Profit rausschlagen, indem wir die freien Flächen verkaufen. Die entstehenden Neubauten mit ihren hohen Mieten verstärken dann den wirtschaftlichen Druck auf die Speicherstadt.

Gebaut wurden in einer sehr freien architektonischen Interpretation der historischen Bauten rund 100 000 qm Büroflächen als »Hanseatic Trade Center« – die ursprünglich versprochenen anderen Nutzungen sind marginal und inzwischen auch nicht mehr wichtig, weil sich das Gewicht der Bebauung in die »HafenCity« verschoben hat. Diese Bebauung wurde einhellig von der Kritik wie den Stadtbewohnern als langweilig und monofunktional angesehen – übrigens eine Beurteilung, die sich angesichts der Neubebauung der »HafenCity« relativiert: Wenn alles bunt ist, freut man sich über einen ruhigen Hintergrund. Was die ursprünglichen Architekten nicht entschuldigt, die das Folgende ja nicht wissen konnten.

1997, wenige Wochen vor der Wahl zur Bürgerschaft, zog Henning Voscherau das Kaninchen einer »Hafen City« aus dem Hut, ein Projekt, zu dem die Vorarbeiten der Grundstücksbeschaffung und Firmenverlagerung jahrelang im Verborgenen betrieben worden waren: Das 155 ha umfassende Areal zwischen der historischen Speicherstadt und den Elbbrücken – weiter als alle bis dahin angestellten Überlegungen zu einer »Hafen City« – sollte der Innenstadterweiterung zur Verfügung gestellt werden. Wohnen, Freizeit, Büros, Museen, ein Kreuzfahrtterminal und viele Büros würden ein neues Stadtviertel bilden. Das von den Architekten gmp als Geheimprojekt im Zweigbüro in Aachen entwickelte Konzept sah nun zum ersten Mal den umfassenden Zugriff auf das

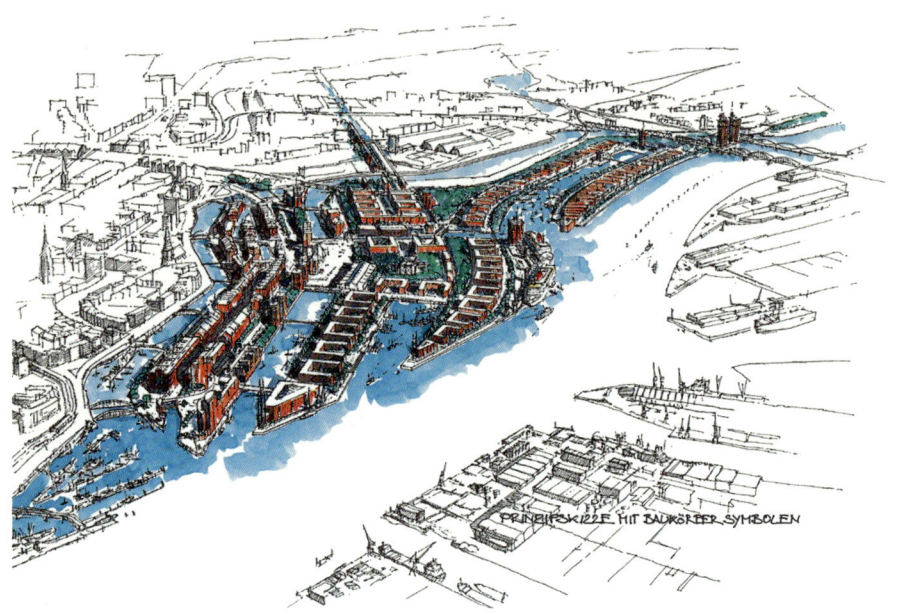

◂ Die erste Skizze
der heutigen Hafen-
City von Gerkan,
Marg und Partner
1997.

heutige Areal der »HafenCity« vor: Jetzt ging es nicht mehr um unverbindliche
Gutachten. Und es ging nicht mehr um Trabantenstädte auf der »grünen Wiese«, sondern um eine »Stadterweiterung nach innen« mit urbanem Flair, kaum
mehr als einen Kilometer von Hauptbahnhof und Rathaus entfernt!

Gleich, wer nun die Lorbeeren für die Erfindung der »HafenCity« ernten
kann: Es war eine faszinierende Idee. Was aber in Hamburg noch verwunder-
licher ist als eine Politik, die über den Rhythmus von Wahlperioden hinaus
denkt, ist die Tatsache, dass das Projekt tatsächlich über Jahre hinaus im Verborgenen betrieben werden konnte!

Von allem Konspirativen entkleidet, ging es um eine entscheidende Wei-
chenstellung der Stadtentwicklung, die in mehrfacher Hinsicht spektakulär ist.
Ausgangspunkt, noch einmal gesagt, war die veränderte geopolitische Situation der Stadt nach der Wende. Das traditionelle Hinterland Hamburgs mit
einem wirtschaftlichen Potenzial von 150 Millionen Menschen war wieder zu
erschließen – eine große wirtschaftliche Chance. Das erforderte aber mehr
Flächen für metropolitane Dienstleistungen – von der Büronutzung bis zu
Kultur- und Freizeiteinrichtungen –, mehr Flächen, als die dicht bebaute Innenstadt hergab.

Gleichzeitig – und das machte den Gedanken einer »HafenCity« so überaus faszinierend auch für die Bürger der Stadt – konnten endlich wieder im

DIE HINWENDUNG ZUR STADT

Bereich der Innenstadt Wohnungen gebaut werden. Das war bis dahin zugunsten scheinbar lukrativerer Büronutzungen vernachlässigt worden mit dem Ergebnis, dass in der Innenstadt kaum noch gewohnt wurde. Und wer flaniert schon gern durch Bürohausviertel?

Jetzt sollte dort, wo vor mehr als 100 Jahren 20 000 Bewohner von der Südseite des Binnenhafens vertrieben worden waren, um die Speicherstadt bauen zu können, ein neuer Stadtteil entstehen – ein Stadtteil, der deren altehrwürdige Bauten als historischen Kern umfasst! Hamburg war seit der Einrichtung eines Freihafens eine Stadt, die sich eigentlich von ihrer Haupteinnahmequelle, dem Hafen, abwandte – vermutlich aus eben diesem Grunde: Man wollte von der Mischung aus Lärm, Dreck und Arbeit in seiner Wohnumgebung verschont bleiben, sofern man es sich leisten konnte, nicht direkt am Arbeitsplatz wohnen zu müssen. Deswegen orientierten sich die Stadtviertel derer, die es sich leisten konnten, um die Alster oder an der Elbchaussee weiter stromabwärts, wo man nicht direkt mit dem Hafen konfrontiert war. Jetzt, nachdem sich die Hafenarbeit vollständig verändert hatte – der Hafen*arbeiter* ist von Hafen*ingenieur* abgelöst worden – kann eine neue Verbindung in einem neuen Stadtquartier geschaffen werden, in dem auch neue Formen der Verbindung von Wohnen und Arbeiten innenstadtnah erprobt werden.

Innenstadtnah: Üblicherweise kann man ein Zentrum gar nicht erweitern, weil es idealtypisch – sonst wäre es keines – von der übrigen Stadt umschlossen ist. In den alten Hafenstädten jedoch stellen Hafenflächen ein unmittelbar an die Innenstadt angrenzendes Erweiterungsgebiet dar, weil Schiffe und Waren eng mit den Büros der Kaufleute verbunden waren. Das bedeutet für Hamburg, dass der Kern der Stadt erweitert werden kann. Was mit der »Perlenkette« ein eher schüchterner Versuch war, ein Areal aufzuwerten – ein Versuch allerdings mit erheblichen Folgen für das Bewusstsein der Stadt –, das bekam jetzt eine neue Dynamik. Ein vollständig neuer Stadtteil wurde entwickelt, nicht »auf der grünen Wiese«, sondern in einer ganz besonderen Situation: *architektonisch* mit der Speicherstadt als historischem Rückgrat, *topografisch* mit der besonderen Situation aus Fluss, Hafenbecken und Landzungen, *historisch* mit dem Ort, an dem der Hamburger Hafen in die Moderne wuchs mit den ersten künstlichen Hafenbecken, und schließlich *ökologisch* mit der Umnutzung, der »Konversion« eines vorhandenen Industrieareals zu einem modernen Wohn- und Arbeitsstandort!

Diese Erweiterung der Innenstadt sollte auf keinen Fall durch ein monofunktionales Bürohausareal erfolgen – die City Nord, die City Süd und die Bebauung von Sandtorhöft und Kehrwiederspitze galten als Warnung. Die internationalen Entwicklungen zeigten: Es geht auch anders. Oder sie schreckten ab: Auf der einen Seite London, wo das weltweit größte Hafengebiet brachlag und als »Free Enterprise Zone« weitgehend ungeregelt hauptsächlich zu Büros umgebaut wurde, auf der anderen San Francisco, Kapstadt, Kopenhagen oder Amsterdam, wo die innerstädtischen Potenziale ehemaliger Hafengebiete für lebendige Stadtquartiere genutzt wurden.

Die Lösung war also »eigentlich« ganz einfach, selbst wenn es dauerte, bis sie überall Konsens war: Wenn Menschen auf den Straßen flanieren sollen, müssen dort Menschen wohnen – die hatte man in Hamburg seit dem Beginn des Jahrhunderts mehr oder weniger systematisch aus der Innenstadt vertrieben, auch mit dem Ergebnis, dass die Innenstadt einen erheblichen Kaufkraftverlust hinnehmen musste. Die Attraktivität der Innenstadt für die großen Käufer-ströme aus dem Umland bis hin nach Dänemark war gesunken, weil zahlreiche Fachmarkt- und Einkaufszentren im Umland und damit besser erreichbar lagen.

Die Räumung der zentrumsnahen Hafenanlagen des innerstädtischen Hafenrandes bot also die Chance, langfristig Entwicklungsflächen bereitzu-halten *und* neue Wohngebiete im Stadtzentrum anzulegen. Natürlich haben sich die Medien gerade auf diesen Aspekt gestürzt, der der attraktivste Teil des Pakets ist: neues Wohnen am Wasser! Wiederbelebung der Innenstadt durch Wohnungen! Klar ist aber auch, dass hier der kritischste Punkt der zukünftigen Entwicklung liegt: wie viele Wohnungen und für wen? Denn wenn doch diese Gegend so attraktiv ist, dann wollen dort auch viele Firmen hin, und Büro-mieten liegen höher als Wohnmieten. Die Entwicklungsstudie von gmp sah in verschiedenen Szenarien einen Wohnanteil zwischen 30 und 75 Prozent vor – eine ganz schöne Bandbreite, deren untere Grenze aber bisher auch noch durch keine verbindlichen Beschlüsse abgesichert ist – heute werden etwa 12 000 neue Bewohner angestrebt.

Immerhin: Erklärtes Ziel war, innerstädtische Zentrumsfunktionen für Tourismus, Gewerbe und Kultur zu stärken sowie das Wohnen wieder in die Innenstadt zu bringen. Die technischen und infrastrukturellen Voraussetzun-gen dafür waren hervorragend. Sowohl für den öffentlichen Nah- wie auch für den überregionalen Fernverkehr bestehen beste Anbindungen; Autobahn und Hauptbahnhof sind schnell erreichbar; das vorhandene Straßennetz kann übernommen werden. Aufwendige Straßen- und Brückenbauten sind kaum notwendig; für den öffentlichen Nahverkehr wären nur die Einrichtung eines neuen S-Bahnhofs und eine neue Buslinie durch das Gebiet erforderlich.

Zumindest war das die Perspektive 1997 – inzwischen hat sie sich ein wenig verschoben: Ein teurer U-Bahn-Bau ist im Gange, und einige andere Rechnungen waren wohl seinerzeit auch nicht aufgemacht.

Eine davon betrifft den Hochwasserschutz. Es ist ja den fern von Hamburg lebenden Menschen schwer zu vermitteln, dass der Mond und in seiner Folge Ebbe und Flut das Leben am Fluss bestimmen – man merkt es immer dann, wenn bei einem Hochwasser ein Auto aus WW oder AÖ am Fischmarkt stehen bleibt und nach Abzug der Flut etwas feucht wirkt. Die »Jahrhundertfluten« 1962 und 1976 waren drohende Vorboten einer Entwicklung, die heute vermutlich unter dem Vorzeichen des – verniedlichend so genannten – Klimawandels noch viel extremer ausfallen wird: Eine Erhöhung des Meeresspiegels hat zur Folge, dass über Hochwasserschutz neu nachgedacht werden muss. In dem Areal der zukünftigen »HafenCity« durfte zum Zeitpunkt der Veröffentlichung des Projektes überhaupt nicht gewohnt werden, weil es im Außendeichgebiet lag, also in keiner Weise hochwassergeschützt war!

Die Diskussion um den Hochwasserschutz kreiste um ein Sperrwerk an der Elbmündung mit kaum vorhersehbaren Folgen für den gesamten Elbraum und mit einem viel längeren zeitlichen Vorlauf oder einer Einzelhaussicherung durch schwere Fluttore, wie man sie am Fischmarkt oder an der Kehrwiederspitze sehen kann. Aber eine dann notwendige obere Ebene aus Brücken, wie beim »Hanseatic Trade Center«, ist für den erhofften Flaneur an den attraktiven Schaufenstern entlang wohl kaum vermittelbar. Man entschloss sich für die sogenannte »Warftenlösung«, also dazu, das gesamte Gelände der »HafenCity« auf eine Höhe von 7,50 Meter über Normalnull aufzuschütten – mit entsprechenden finanziellen Folgen. In der Summe ergeben sich Kosten für die Infrastruktur, die die ursprünglichen Überlegungen einer Finanzierung der Hafenerweiterungen in Altenwerder durch die Erlöse beim Grundstücksverkauf der »HafenCity« obsolet machen.

Die Annahme, die Höhe von 7,50 Meter über NN reiche auch in 50 Jahren noch für den Hochwasserschutz aus, ist übrigens genau das: eine Annahme. Neuere Studien wie die für eine neue Universität auf dem anderen Elbufer gehen inzwischen von 8,50 Meter Höhe aus.

Es ist heute noch viel zu früh, eine Bilanz der »HafenCity« zu ziehen – sie ist noch nicht einmal fertiggestellt. Die langfristige Planung anstelle einer kurzen Bauzeit, die zahlreichen Wettbewerbe zur Hebung der architektonischen Qualität, die Grundstücksvergabe in kleinen Einheiten, der Aufwand bei der Gestaltung der öffentlichen Räume – das alles sind positive Elemente. Bei aller Kritik im Einzelnen: Man muss ihr einfach Zeit lassen. Man muss allerdings heute auch fordern, dass die Überlegungen zur Wohnbebauung am Baakenhafen, wo die meisten Bewohner angesiedelt werden, größere Ansprüche an Typologien an diesem besonderen Ort stellt, als bisher an Sandtor- und Dalmannkai zu sehen.

▲ Die Elbphilhar-
monie von Herzog
& de Meuron in
der Planung, Ansicht
von Nordosten.

Um die weltweite Resonanz auf die »HafenCity« und damit auf ihre Ver-
marktbarkeit muss man sich jedenfalls keine Sorgen mehr machen, seitdem der
Bau der Elbphilharmonie beschlossen ist: Denn die bildet das architektonische
Highlight und zukünftige Markenzeichen. In einem Geniestreich hatte ein privater Investor die renommierten Schweizer Architekten Herzog & de Meuron
um eine, sagen wir, »architektonische Absichtserklärung« zu einem neuen Mu-
siksaal gebeten. Ob der wirklich nötig ist, ist bis heute nicht wirklich klar. Aber
die Architektenvision eines gläsernen Baus auf dem Kaispeicher A, die Neu
und Alt zu einem eindrucksvollen neuen Bild verband, schlug alle bisherigen,
bereits sehr konkreten Entwürfe für diese besondere Situation und schaffte es
sogar, die Meinung der politischen Entscheidungsträger durch die öffentliche
Begeisterung für den Entwurf zu kippen – zunächst waren die nämlich gegen
das neue Projekt.

»Hamburg ist bereit für Olympia: [...] Die Olympischen Spiele in Hamburg sind ein Gewinn für die olympische Bewegung und für den Sport. Denn hier kehrt der Sport zu den Menschen zurück – ins Zentrum einer wachsenden Stadt, die sportliche Höchstleistung, Internationalität und Nachhaltigkeit auf einzigartige Weise verbindet. Die Leitidee der Hamburger Bewerbung heißt City Olympics – Spiele im Herzen einer Weltstadt am Wasser.«[120] – Eine der großen Triebfedern zu einer neuen Dynamik in der »HafenCity« war die Olympia-Bewerbung der Stadt für die Spiele 2012. Rund zehn Jahre zuvor hatte es schon einmal eine Bewerbung gegeben, die wegen der politischen Wende zugunsten Berlins zurückgezogen worden war. Jetzt scheiterte die Bewerbung für 2012 am Cellospiel des Oberbürgermeisters von Leipzig, dem letzten verbliebenen nationalen Konkurrenten – mein Gott, Leipzig?

»Die Olympischen Spiele in Hamburg sind ein Gewinn für die olympische Bewegung und für den Sport« – mag sein; sie wären aber vor allem ein Gewinn für Hamburg gewesen. Denn sie sollten genau den dynamischen Impuls für die Entwicklung der »HafenCity« bringen, den das Projekt brauchte. Tatsächlich war das Konzept eindrucksvoll, weil es die besondere Lage der Stadt am Wasser in einmaliger Weise hätte ausnutzen können – einschließlich der Nutzung von Kreuzfahrtschiffen für temporäre Hotels. Und es hätte den Aspekt der Konversion von Brachen sowie die Hinwendung der Stadt nach Süden in besonderer Weise ausgedrückt, weil das große Olympiastadion auf dem Grasbrook, also auf dem südlichen Elbufer, hätte gebaut werden sollen.

▶ Bewerbungsvorschlag: Olympisches Dorf und Olympia-Sportstätten in der HafenCity.

Inzwischen hat sich die Stadt von der Olympia-Idee verabschiedet, weil sie in einem überschaubaren Zeitraum nicht realistisch ist, sie hat aber eine andere aufgegriffen, die sogar noch weiter nach Süden greift: nämlich die Veranstaltung einer Internationalen Gartenbauausstellung (IGA) und einer Internationalen Bauausstellung (IBA) auf der Elbinsel zwischen Norder- und Süderelbe im Jahr 2013. Beide Ausstellungen zusammen sollen einen »Sprung über die Elbe« markieren, sollen den Blick auf den »wilden Süden« der Stadt bis nach Harburg richten.

Das ist ein überaus ambitioniertes Vorhaben, weil es mit Traditionen und Sichtweisen der konservativen Hamburger bricht. Hamburg blickt nach Westen, weil elbabwärts die wirtschaftlichen Interessen und Möglichkeiten lagen und liegen. Die Elbinsel zwischen Norder- und Süderelbe war für die Stadt ein Ort der Hafenindustrie. Dass dort auch Menschen wohnten, dass gar Fritz Schumacher auf der Veddel ein geschlossenes Stadtquartier hatte bauen lassen, das war nicht wirklich im Bewusstsein der Stadt verankert – Wilhelmsburg bildete einen mit vielen sozialen Problemen beladenen Stadtteil, der nicht »richtig« dazugehörte, zumal er erst 1937 zum Stadtgebiet geschlagen worden war. Slogan und Logo vom »Sprung über *die* Elbe« zeigen das ein wenig, ignorieren sie doch, dass es mit Norder- und Süderelbe zwei Flussteile gibt. Und im Logo springt der rote Bogen gleich nach Harburg; Wilhelmsburg bleibt wieder unberührt.

Eine Zukunftskonferenz in Wilhelmsburg 2001/02 hatte aber über ein Jahr lang Wege zu »einer zukunftsfähigen, ökonomisch, sozial und ökologisch freundlichen Entwicklung von Europas größter Flussinsel inmitten der Metropolregion Hamburg«[121] entwickelt, und zwar als Bewegung »von unten«. Das bürgerschaftliche Engagement vieler einzelner Bewohner von Wilhelmsburg hatte den Senat erst zum Blick nach Süden gezwungen; die zukünftige Bauausstellung stützt sich in hohem Maße auf dieses Engagement und versucht, daraus ein Spezifikum zu entwickeln.

Jörn Walter als Oberbaudirektor entwickelte 2003 die Schwerpunkte einer Internationalen Bauausstellung folgendermaßen: als die »Kultivierung technischer Großinfrastruktur«, als die Thematisierung einer »Internationalen Stadt« und als eine »Stadt der Kulturen – Kultur der Stadt«. Es müsse um die »bezahlbare Großstadt« mit neuen Finanzierungsmodellen und neuem Bürgersinn gehen und um die »Metropole des Grüns – die Metropole des Sports«. Seine Hoffnung für eine Internationale Bauausstellung: »Es könnte und es müsste darum gehen, den vielen bereits beschlossenen und eingeleiteten Projekten, jenen, die noch in Planung sind, und jenen, die für den Elbraum noch erfunden werden müssen, einen inhaltlichen, organisatorischen und zeitlichen Rahmen zu geben, der zum Ausdruck bringt, worum es eigentlich geht: Einen Mehrgenerationensprung der Hamburger Stadtentwicklung, der ohne ein Element konkreter Hoffnung und Utopie nicht auskommen und ohne Zielsetzung und Willenskraft nicht zustande kommen wird. Es kommt darauf an, nicht immer zu sagen ›So wird es nicht sein!‹, sondern einmal zu sagen ›So soll es sein!‹.«[122]

Das ist ambitioniert – ein »Mehrgenerationensprung«! – und knüpft mit dem »Element konkreter Hoffnung und Utopie« im Anspruch an die großen Traditionen der Stadtplaner an. Wann war schon mal ein Stadtplaner bereit, einen derartigen Anspruch zu formulieren, wo doch sonst in diesen Zeiten des Schrumpfens auf Bundesebene immer nur von Abbau, Niedergang und

▶ Jörn Walter,
Oberbaudirektor
seit 1999.

Beschränkung die Rede ist? Allerdings – ein »Mehrgenerationensprung« erfordert auch einen Bewusstseinssprung. Ob der in den Köpfen der Hamburger Bürger tatsächlich erreichbar ist, ist eine offene Frage. Ihn zu fordern und zu formulieren, ist dennoch richtig.

»Perlenkette«, »HafenCity«, Sprung über die Elbe – bei den großen Neuplanungen für Hamburg in den letzten zehn bis 15 Jahren waren und sind zwei Schwerpunkte von überragender Bedeutung. Der eine war die Anlage von gemischten Quartieren. Endlich wurde die Konsequenz daraus gezogen, dass heute Arbeiten nicht mit Schmutz, Lärm und schädlichen Emissionen gleichzusetzen ist. Die Erkenntnis kommt spät – noch die Planungen der 50er, 60er und 70er Jahre gingen im Kern von der Trennung der Funktionen aus, wie sie nach dem Ersten Weltkrieg sinnvoll und notwendig gewesen war. Aber der Niedergang der großen Industrien – in Hamburg die der Werften oder der Gewerbegebiete in Altona oder Harburg – hatte immerhin den Vorteil, dass heutige Arbeit einen anderen Charakter hat und dass die Gebiete des primären Industriesektors frei wurden: Die Binnenentwicklung wurde möglich,

◀ Das neu gestaltete Bavaria-Quartier auf dem ehemaligen Gelände der Traditionsbrauerei Bavaria-St. Pauli zwischen Davidstraße und Bernhard-Nocht-Straße, erbaut 2006–2007, Architekten: David Chipperfield Architects, Prof. Friedrich & Partner, Steidle & Partner, döll – atelier voor bouwkunst, Axthelm Architekten, Jan Störmer Partner, Herzog + Partner.

▶ Das Falkenried-
Quartier im Stadtteil
Hoheluft, erbaut
2002–2006: eine
Mischung aus Woh-
nen und Gewerbe.
Das Gelände der
ehemaligen Fahr-
zeugwerkstätten
Falkenried wurde
umgenutzt, städte-
bauliche Planung:
Bolles + Wilson.

»Konversion« wurde zum städtebaulichen Programm – und das ist der zweite
Schwerpunkt. Überzählige Flächen von Bahn, Post, Krankenhäusern, Kaser-
nen, Industrie und Hafen stehen für Wohnen und neue Gewerbenutzungen zur
Verfügung, um den Trend ins Umland zu stoppen. Das bietet in Zukunft noch
Chancen (Gleisdreieck Altona, Harburg und Wilhelmsburg, aber auch auf vielen kleineren Flächen), aber man kann heute bereits Ergebnisse betrachten: die
Bebauung des Bavaria-, des Kühne- oder des Falkenried-Geländes, die Nach-
verdichtung von Kasernenarealen oder Krankenhausgeländen, die zahlreichen
Umnutzungen von ehemaligen Fabrikbauten und -geländen (Zeise, Phoenix-
hof und andere). Sie alle sind Teil einer Abkehr von der »Stadtlandschaft« der
5oer Jahre, und, fast das Wichtigste, sie alle werden auch nachgefragt und angenommen; sie zählen zu den beliebtesten Wohn- und Arbeitsgebieten, gerade
weil sie mit der Stadt verbunden sind.

Dass das keineswegs zu einem Einheitsbrei führt, dass, ganz im Gegenteil, sehr
differenziert auf unterschiedliche Klientel eingegangen werden kann, zeigen
zwei gleichzeitig entstandene Wohnanlagen: die »Konversion« der Farmsener
Trabrennbahn und die des traditionsreichen HSV-Sportplatzes am Rotherbaum.
Das Gelände der aufgelassenen Trabrennbahn in Hamburg-Farmsen wurde mit
Wohnungen vier bis fünf Geschosse hoch bebaut. Und am Turmweg, mitten im
feinen Harvestehude, hat das für die Qualität seines Wohnungsbaus bekannte Schweizer Architekturbüro Atelier 5 eine Wohnbebauung entwickelt – das

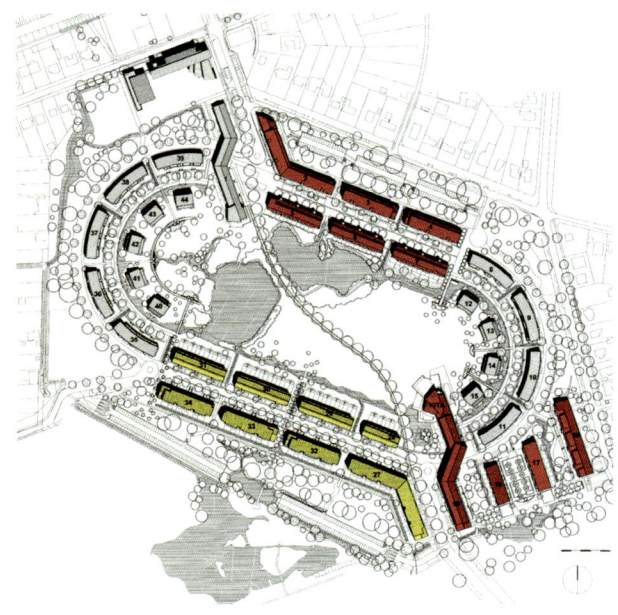

◂▾ Wohnsiedlung
Trabrennbahn Farm-
sen, Max-Herz-Ring /
Traberweg, erbaut
1995 – 1999, Umnut-
zung des Geländes
der ehemaligen
Trabrennbahn,
Architekten: PPL
Planungsgruppe
Prof. Laage, nps
und partner Nietz,
Prasch, Sigl, Tscho-
ban, Voss Archi-
tekten, Kontor
Freiraumplanung
Möller Tradowsky.

Büro, das mit der Siedlung Halen bei Bern (1958–1962) eine der international herausragenden Wohnanlagen der Nachkriegsmoderne entworfen hatte.

Der Stadtteil Harvestehude ist eine »Adresse« in Hamburg. Mit dieser Umgebung, die noch heute geprägt ist durch die Bebauung aus Stadthäusern und fünfgeschossigen Mietshäusern mit großen Wohnungen aus den Jahren um 1900, musste sich die Bebauung der schweizerischen Architekten auseinandersetzen. Sie versuchten, sich über bestimmte Merkmale der vorhandenen Umgebung in der Stadttopographie zu verankern. In diesem Fall sind es die in Hamburg seit dem Ende des 19. Jahrhunderts vertraute fünfgeschossige Blockrandbebauung und der Typus der sogenannten »Terrassen«, die als zweizeilige Hinterhofbebauung zur Verdichtung der großen Blockzuschnitte gebaut wurden – heute würde man sie als »spekulativen Arbeiterwohnungsbau« bezeichnen. Aber warum sollte der traditionelle Kleineleute-Wohnungsbau des 19. Jahrhunderts bei heutigen Wohlstandsbürgern zum Vorbild dienen?

Auch die – sehr viel größere – Siedlung auf der ehemaligen Trabrennbahn bezieht sich, sehr offensichtlich, auf den spezifischen Ort. Bei der Wahl zwischen Großform und Kleinteiligkeit entschieden sich die Architekten für beides: Die Wohnbauten folgen zweizeilig der Form der Trabrennbahn, sind aber immer wieder aufgebrochen und versetzt, vor allem durch einen diagonal hindurchführenden Weg, der an den Stellen, wo er das Oval durchschneidet, Torsituationen schafft und die Verbindung zwischen der U-Bahn-Station und einem entstehenden Bürohausviertel herstellt. Aber die Diagonale greift eben auch – was beinahe noch wichtiger ist – die alte Abkürzung durch das Bahnrund auf, sodass Funktion und Erinnerung an den Ort sich decken.

Das ist – in der Verschiedenheit beider Projekte – der Grund, weswegen sie hier hervorgehoben werden: Die Chance der innerstädtischen Verdichtung, die Chance der »Konversion« liegt (neben den offensichtlichen Vorteilen in ökologischer Hinsicht) darin, dass sich die Architektur mit einem vorhandenen Ort auseinandersetzen kann, und das heißt: mit einer Geschichte. Die neuen Bewohner werden – was ihnen vermutlich nicht bewusst wird, was aber ihr Lebensgefühl unterschwellig positiv beeinflusst – Teil eines großen Ganzen. Sie werden an dem neuen Ort zum Teil einer alten Stadt.

Das konnten die großen Siedlungen am Stadtrand nicht leisten – Osdorfer Born, Steilshoop, Lohbrügge-Nord: Sie alle haben einen ganz entscheidenden Beitrag dazu erbracht, dass Hamburg zurzeit noch einen einigermaßen entspannten Wohnungsmarkt hat – wer erinnert sich nicht der Zeit, da man mit 100 Konkurrenten auf das Erscheinen des Maklers wartete, der, gottgleich, die Entscheidung über »Mieter« oder »Nicht-Mieter« fällen konnte?

◄ Fassadensanierung der Wohnsiedlung Osdorfer Born durch die SAGA GWG, um 1990.

Aber diese Quartiere besaßen genau das nicht, was die innerstädtischen Quartiere heute haben: den »Ortsgeruch«. Stattdessen waren sie groß, anonym und wurden zur gleichen Zeit bezogen, was heißt: Die Kinder waren zur gleichen Zeit klein, zogen zur gleichen Zeit aus, und die Bewohner fragen heute zur gleichen Zeit nach dem Altersheim …

Mit anderen Worten: Nach 50 Jahren gibt es dort viele nicht nur bauliche, sondern vor allem soziale Probleme; dass Themen wie »Hartz IV« und »Migrationshintergrund« dabei ihre Rolle spielen, ist fast selbstverständlich. In anderen Städten werden und wurden derartige Wohnungsbestände der kommunalen Wohnungsgesellschaften gern an ausländische Investoren verkauft, um die Stadtkasse zu entlasten. Das geschieht in Hamburg nicht; auch im neuesten Koalitionsvertrag nach der Wahl im Jahr 2008 heißt es dazu lapidar: »SAGA/GWG werden nicht verkauft.«[123] Stattdessen übernimmt der größte Hamburger Wohnungseigentümer Verantwortung auch in sozialer Hinsicht, obwohl diese Siedlungen so gar nicht zu den Schauseiten Hamburgs zählen. Hier entsprechen die Leute nicht dem Ideal des jugendlich-dynamischen Singles, der wirtschaftlichen Erfolg perfekt darstellt.

In Hamburg funktionieren diese Quartiere trotz aller Probleme relativ gut – mit Betonung des Wortes »relativ«. Sie sind nicht nur gut belegt, sondern es gibt auch deutlich weniger Vandalismus, als es noch vor einigen Jahren der Fall war. Die Veddel, am Südufer der Elbe an die entstehende »HafenCity« angrenzend, wird inzwischen gar als neues »In-Viertel« gehandelt – eine geringfügige Übertreibung. Immerhin: Die kommunale Wohnungsgesellschaft SAGA / GWG investiert 250 bis 300 Millionen Euro Jahr für Jahr in Wohnungsmodernisierung und Stadtteilentwicklung – die positiven Folgen sind sichtbar.

Dabei ist die Rechnung auch für finanzpolitische Laien nachvollziehbar: Investitionen in die Pflege und Modernisierung von unternehmenseigenen Wohnungen sowie Investitionen in die Qualität des Wohnumfeldes kosten in der Summe kein Geld, sondern bringen welches, weil sie die Mieten auf einem vernünftigen Niveau halten, die Auslastung der Quartiere sicherstellen und mutwillige oder fahrlässige Zerstörung begrenzen.

Keine von den im Einzelnen durchgeführten Maßnahmen ist spektakulär: In Heimfeld zum Beispiel, einstmals als die »Bronx von Hamburg« berüchtigt, werden im Rahmen des bundesweiten Programms »Soziale Stadt« einem Bewohnergremium jährlich etwas über 6000 Euro für kleine, ortsbezogene Maßnahmen zur Verfügung gestellt, über die es entscheiden kann – von der Anschaffung von Fußbällen für eine Mädchengruppe bis zu Aufwandsentschädigungen für das Saubermachen von Grünflächen. Kleinkram, in der Tat, dessen Nutzen nur schwer in Zahlen oder Euros messbar ist – immerhin ist seitdem die Zahl der Gewaltdelikte dort um 30 Prozent gesunken. Keiner wird behaupten, die Anschaffung von Fußbällen reduziere Gewalt. Der entscheidende Punkt ist: Die Bewohner bekommen das Gefühl, dass man sie als Partner ernst nimmt.

Auf der Veddel hat die GWG, Nachfolgegesellschaft der Hamburger »Neuen Heimat«, seit 1994 rund 71 Millionen Euro in die Erneuerung der Wohnungen gesteckt. Eine besonders gute Idee war, leer stehende Wohnungen Studenten anzubieten – normale Wohnungen im Quartier, die mit Hilfe der Wohnungsbaukreditanstalt auf studentenfreundliche 178,- Euro heruntersubventioniert wurden. Inzwischen wohnen dort rund 300 Studenten, die das Viertel zwar nicht »aufmischen«, aber doch langsam verändern. All das zeigt den dortigen Bewohnern, dass ihr Stadtteil nicht vergessen wird.

Im Jahre 2001 wurde – seit 1957 zum ersten Mal – die CDU in Hamburg zur stärksten Partei gewählt. Ole von Beust wurde Erster Bürgermeister in einer Koalition mit der »Partei rechtsstaatlicher Offensive«, die auch »Schill-Partei« genannt wurde – das Wort »schillen« bekam eine ganz neue Bedeutung.

Sehr früh, schon am 3. April 2002, wurde ein Programm für einen neuen Wohnungsbau vorgelegt, das der erwünschten neuen Dynamik der Stadt entsprechen und die jungen Familien davon abhalten sollte, ins Umland zu ziehen: Das bedeutete ja auch Steuerverluste für die Stadt. Um dem entgegenzuwirken, sollte »mit einem differenzierten Wohnungsangebot reagiert werden, das in der Inneren Stadt verdichteten Geschosswohnungsbau in nachfragegerechten Bautypen vorsieht. In der Übergangszone teilen sich Einfamilienhäuser / Stadthäuser und Geschosswohnungen das Bauvolumen. In der dritten Zone, der äußeren Stadt, sollen überwiegend reine Einfamilienhausgebiete entstehen.

Mit dem Sofortprogramm Wohnbauflächen wird vor allem auf die drängende Umlandwanderung reagiert. [...] Der strategische Gesamtansatz, in den das Sofortprogramm eingebettet ist, wird ein Wohnungsbauvolumen von mehr als 25 000 Wohneinheiten bis 2005 ermöglichen. Hamburg ist damit für die kommenden Jahre gut gerüstet.«[124]

Das war also ein Programm für knapp 100 000 neue Einwohner; in Zeiten des Schrumpfens der Gesamtzahl der Bevölkerung der Bundesrepublik war das ein ehrgeiziges und mutiges Ziel: »Der Senat [...] betreibt eine Politik, die sich aktiv gegen negative Tendenzen wie Schrumpfungsprozesse oder selektive Wanderungen wendet. Der Senat beabsichtigt daher, den Trend umzukehren hin zu einer wieder wachsenden Metropole«. hieß es in einer Vorlage des zuständigen Senators zur Sitzung der Senatskommission für Stadtentwicklung vom 3. April 2002.

Tatsächlich ist das im Hinblick auf den Wohnungsbau leider bis heute nicht gelungen.

Noch im Jahr 1995 wurden fast 10 000 Wohnungen (genau 9750) fertiggestellt, 2001, im Jahr der Regierungsübernahme durch die neue Koalition, waren es noch rund 5000 (5054). Der Abwärtstrend konnte also nicht auf die neue Stadtregierung zurückgeführt werden. Aber er war von ihr auch nicht wirklich umkehrbar. Im Jahr 2005 wurden nur noch 3251 Wohnungen fertiggestellt, obwohl nach übereinstimmender Auffassung der Wohnungswirtschaft rund 6000 jährlich nötig waren. Inzwischen, 2008, ist die Zahl zwar wieder gestiegen, auf geschätzte 4300 Wohnungen – das sind aber immer noch deutlich weniger als erforderlich. Parallel dazu fielen Jahr für Jahr Wohnungen aus der Mietpreisbindung des sozialen Wohnungsbaus, sodass man von einem steigenden Druck auf dem Wohnungsmarkt und einer Steigerung des allgemeinen Mietniveaus ausgehen muss: »Die Hansestadt wächst, und die Mieten steigen«, meint daher »Die Welt« lapidar.[125]

Die Gründe für das Sinken der Neubauzahlen sind vielfältig, hängen aber auch damit zusammen, dass immer weniger Wohnungen von der Stadt subventioniert werden. Auch das ist ein bundesweiter Trend; der soziale Wohnungsbau in der Form, wie er in der Nachkriegszeit entwickelt und realisiert wurde, ist abgeschafft. Jörn Walter: »Eine Subventionierung der Wohnungsbauvorhaben über den Grundstückspreis ist haushaltsrechtlich (ohne Ermächtigung der Bürgerschaft) unzulässig und findet nicht statt.« Heißt im Klartext: Eine Subventionierung wäre mit Ermächtigung der Bürgerschaft durchaus zulässig, geschieht aber nicht. Der Hamburger Mieterverein hat festgestellt, dass im Jahr 2003 der Anteil von Wohnungen mit Quadratmeterpreisen unter fünf Euro netto über 26 Prozent gelegen habe, 2005 habe der Anteil nur noch 19 Prozent betragen. Die Mieten steigen schneller als die Preissteigerungsrate, was eine Folge der zu geringen Neubauzahlen und des zu geringen Sozialbauanteiles ist. Der aber wird von Jahr zu Jahr zurückgefahren. Im vom Senat verabschiedeten Wohnungsbauprogramm 2005/06 werden gut 100 Millionen Euro für Subventionen – nicht etwa nur für Neubauten, sondern auch für Modernisierung! – ausgewiesen. In der entsprechenden Senatsmitteilung heißt es aber auch: »Mit dem Förderprogramm der Jahre 2005 und 2006 ist eine Reduzierung der Subventionen gegenüber dem Jahr 2004 in Höhe von rund 13 Mio. Euro verbunden.«[126] In einem Gutachten von Ulrich Pfeifer (Empirica), das der Senat und die Hamburger Wohnungsbaukreditanstalt beauftragt hatten, ist von »verschärften Segregationsprozessen [...] in verschiedenen wenig attraktiven Nachbarschaften« die Rede: »Die Erosionsprozesse sind in erster Linie sozialer und wirtschaftlicher Natur. Die bauliche Erosion ist lediglich eine Folge. [...] Eine kritische Analyse wird in der Regel zu dem Ergebnis kommen, dass die soziale und wirtschaftliche Erosion auch auf unzureichende öffentliche Leistungen zurückgeht«; unter »keinen Umständen dürfen das öffentliche und finanzielle Engagement zurückgehen.«[127]

Von der Seite der Wohnungswirtschaft betrachtet, wird man sagen können: Die Tatsache, dass seit Jahren zu wenige Wohnungen gebaut werden, ist auf das seit Jahren sinkende staatliche Engagement zurückzuführen. Was an Wohnungen fehlt, sind nicht die hochpreisigen auf einem freien Wohnungsmarkt, sondern Wohnungen, die von der Mittel- und Unterschicht gemietet werden können. Das neueste Gesetz über die »Wohnraumförderung in der Freien und Hansestadt Hamburg (Hamburgisches Wohnraumförderungsgesetz – HmbWoFG)« vom 19. Februar 2008 legt die Grenzen einer Förderung fest. Danach wird als Ehepaar nur subventioniert, wer weniger als 1475,- Euro im Monat verdient – das ist, zu zweit in Hamburg, nicht eben viel. Mit einem darüber liegenden Einkommen muss sich das Ehepaar auf dem freien Markt bedienen. Die Grundstücks- und Baupreise aber lassen einen für diese Personengruppe angemessenen Mietpreis (das wären rund 25 Prozent des Einkommens) nicht zu. Die Folge ist eine zunehmende Verdichtung innerhalb der Wohnung, also weniger Fläche pro Person, oder eine Verdrängung ins preiswertere Umland.

Wir brauchen, zumindest in Hamburg, einen neuen sozialen Wohnungsbau!

VIII

Hamburg ist eine schöne Stadt. Die einmalige Gunst des Ortes mit seinen vielen Formen des Wassers – Strom, See, Flüsse und Beeken – bildet eine Herausforderung, der sich die Bürger immer wieder neu stellen müssen. Die Geschichte der letzten 100 Jahre zeigt die Unterschiedlichkeit der Lösungen und Ergebnisse. Die Herausforderungen der Zukunft werden nicht einfacher zu bestehen sein – von der Klimaveränderung über die Folgen der Globalisierung bis zu neuen technischen Revolutionen. Die folgenden Bemerkungen zeigen eine gesellschaftliche Tendenz auf, die sich derzeit andeutet. Aber Prognosen sind bekanntlich schwierig, vor allem, wenn sie die Zukunft betreffen – ein Satz, so wahr, dass sich Winston Churchill, Mark Twain und Karl Valentin um die Urheberschaft streiten. Vielleicht kommt also alles anders.

Am 11. Juli 2002 legte der 2001 neu gewählte Senat ein programmatisches, 80-seitiges Papier mit dem Titel »Leitbild: Metropole Hamburg – Wachsende Stadt« vor. Einer neuen Koalition 2009 geschuldet, nennt es sich heute »Hamburg. Wachsen mit Weitsicht«. Die Slogans selbst geben wenig Auskunft. Das Programmpapier 2002 tat das schon eher. Danach bezog sich das angestrebte Wachstum nicht nur auf die Zahl der Bewohner der Stadt, aber auch auf diese: »Ziel des Senats ist es, Hamburg durch einen Entwicklungsschub wieder zu einer wachsenden und pulsierenden Metropole mit internationaler Ausstrahlung zu entwickeln. Dabei darf sich Hamburg nicht auf seiner Spitzenstellung im innerdeutschen Vergleich ausruhen. Dynamische Metropolen wie Kopen-

hagen, Barcelona, Wien oder auch Seattle und Toronto sind der Maßstab, an dem sich die Hansestadt messen lassen muss«[128] – das konnte man nur in völliger Unkenntnis von Seattle sagen. Und die bekannte Hafenstadt Wien?

Nun gut. Wichtiger ist: Das Wachstum wird nicht als (nur) quantitatives betrachtet, sondern als ein qualitatives: »Gefragt ist ein gesteuertes, intelligentes Wachstum, das sog. ›Smart Growth‹.«[129]

Das klingt gut und ist auch gut gemeint, zumal es finanzpolitisch begründet wird über die durch Zuzügler und Industrieansiedlungen gesteigerten Steuereinnahmen und die Verringerung der Zahlungen in den Bundesfinanzausgleich. Aber es hat auch Folgen: »Ein Bevölkerungswachstum kann auch zu einer Erhöhung der Zahl der Empfänger von Sozialhilfe, Hilfen zur Erziehung (HzE) und Wohngeld führen. Aufgrund der zielgruppenorientierten Strategie wird sich allerdings auch die Einwohnerstruktur Hamburgs insoweit verändern, als von einem unterdurchschnittlichen Anteil dieser Personengruppen an den Zuziehenden auszugehen ist.«[130]

Das heißt, seit sieben Jahren wird eine Politik in Hamburg betrieben, die »zielgruppenorientiert« ist und dezidiert bestimmte Bevölkerungsgruppen nach Möglichkeit aus der Stadt ausschließen will.

Dabei kommt es keineswegs auf eine parteipolitische Kritik an. Vielmehr wäre dieser Trend bei der SPD nicht anders, und es steht zu befürchten, dass Die Grünen in der jetzigen Koalition auch kein Gegenmittel finden werden.

Das Problem ist nämlich, dass es hier um bundes-, wenn nicht weltweite Trends geht. Das Problem heißt: Abkehr vom Leitbild einer »Stadt für alle, die durch die Solidarität einer Gesamtgesellschaft entsteht« hin zu einem neoliberalen »Hilf dir selbst«. Die Hinzufügung, der liebe Gott werde es dann schon richten, kann in heutigen gottlosen Zeiten nicht mehr vermutet werden.

In den 90er Jahren wurde bereits (von einem SPD-geführten Senat) untersucht, ob man die Obdachlosen und Bettler nicht durch Verpachtung der Bürgersteige aus der Innenstadt verbannen könne. Damals wurde mit dem Fleetplatz auch der erste privatisierte Platz in der Innenstadt eingerichtet, auf dem private Ordnungsdienste das Hausrecht ausüben; heute kann man die Fortsetzung am neu hergerichteten Neuen Wall sehen. Der Anblick ist erfreulich.

Und genau das ist das Problem.

Man kann das an vielen Beispielen sehen; sie haben damit zu tun, dass öffentliche Aufgabenbereiche der Stadt zunehmend privatisiert werden. Bereits 1994 hatte der damalige Wirtschaftssenator Erhard Rittershaus (STATT-Partei) über den öffentlichen Straßenraum gesagt: »Soweit eine Privatisierung mit den Interessen des Gemeinwohls vereinbar ist, sollte sie kein Tabuthema mehr sein«[131] – wer aber definiert die »Interessen des Gemeinwohls«? Elektrizitätswerke, Gaswerke, Landesbetriebe Krankenhaus, Berufsschulen, Pflegezentren, HHLA – alles steht oder stand zur Disposition, wenn nicht die Bürger dem widerstanden haben. Die Privatisierung sämtlicher Berufsschulen konnte nur durch ein Volksbegehren gestoppt werden. Die Zahl der kommunalen Freibäder sank von 29 (1976) auf 15 im Jahr 2006 – nun heißen sie »Bäderland« und sind im Vergleich zu anderen Städten teuer. Die Reparaturen an öffentlichen Bauten – Schulen oder Kindergärten – sollen in PPP-Projekte verlagert werden, wie überhaupt die Errichtung einstmals öffentlicher Hochbauten durch private Investoren, von der geplanten Bebauung am Domplatz bis zur Elbphilharmonie, fortschreitet. Dass das preiswerter wird – das Argument des Staates –, konnte man gerade an letzterer sehen …

Dabei ist die Frage der Kosten nur die eine Seite. Der ehemalige Bundespräsident Johannes Rau hat in einer bemerkenswerten Rede zum ersten Konvent der Baukultur am 4. April 2003 auf eine viel wichtigere Dimension verwiesen: »Viele öffentliche Gebäude sind in einem katastrophalen Zustand. Das gefährdet nicht nur die Bausubstanz. Das wirkt tiefer. Wenn der Putz von der Decke fällt, wenn Fenster nicht mehr richtig schließen, wenn ganze Gebäudeteile wegen Einsturzgefahr geschlossen werden müssen, dann vermittelt all das eine Botschaft: Öffentliche Einrichtungen sind uns nichts wert. Das ist eine Botschaft, die rührt an die Fundamente unserer demokratischen Ordnung.«[132]

Die Fundamente der Demokratie werden durch Reparaturstau oder Verkauf öffentlicher Einrichtungen berührt? Tatsache ist, dass die öffentliche Hand, das Land Hamburg, hohe Schulden hat, Schulden, die auch durch soziale Dienstleistungen entstanden sind, die wir alle gern in Anspruch nehmen. Insofern darf die Frage, ob Lehrer oder Müllmänner städtische Beamte sein oder ob Krankenhäuser vom Staat gebaut und geführt werden müssen, zumindest gestellt werden. Nur wird diese Diskussion, die Diskussion darüber, *was* Aufgabe des Staates ist und *wie* das dann finanziert werden soll, allenfalls ansatzweise geführt, nämlich immer dann, wenn ein weiteres »Stück Staat« privatisiert werden soll. Die Frage aber sollte nicht sein, ob der Staat dieses oder jenes Stück Eigentum verkaufen kann, um dieses oder jenes Haushaltsloch zu stopfen, sondern die, wie die Bürger die Aufgaben des Staates definieren und wie dann deren Finanzierung gesichert werden kann.

Nehmen wir den neu gestalteten, schönen Neuen Wall: Wenn der mit öffentlichen Finanzmitteln renoviert würde, dann zahlt die Gesamtheit der Bürger für die Erneuerung von Hamburgs teuerster Einkaufsstraße, die viele von ihnen nie betreten. Also sollen doch die direkt Betroffenen zahlen? »Business Improvement Districts« wie am Neuen Wall bedeuten: Die privaten Geschäftsleute sorgen für die Erneuerung der Infrastruktur und für ein kundenfreundliches Aussehen des Straßenraums; die Anzeigen wegen Parkvergehen werden von den privaten Sheriffs an die Polizei weitergereicht, diese tritt nicht

▶ Der neue Neue Wall: Die parkenden SUVs (Sport Utility Vehicles) genießen den gleichen Steinbelag wie die Flaneure.

mehr selbst auf. Der Jungfernstieg kann nur mit Hilfe eines privaten Vereins hergerichtet werden, die Weihnachtstanne in der Alster muss von Privatleuten gestiftet werden. Und das »Überseequartier« in der »HafenCity«, das dortige Einkaufszentrum, kommt zwar ohne Überdachung und Eingangstüren aus, aber die Straßen sind keineswegs öffentlich, sondern werden vom privaten Investor freundlicherweise den Besuchern zur Verfügung gestellt.

Keine Frage, dass das einen Mehrwert an Sauberkeit, Sicherheit und Schönheit bedeutet. Was aber bedeutet es für die Stadt als Ganzes, die eben nicht so schön hergerichtet wird? Andererseits: Wenn die Öffentlichkeit der Bürger die Neugestaltung des Neuen Walls nicht finanzieren will, dann werden deren Immobilienbesitzer und Ladeninhaber auch nicht die Sanierung der Großen Bergstraße in Altona oder des Marktplatzes in Billstedt bezahlen wollen. Dann bricht die Solidargemeinschaft der Bürger einer Stadt zusammen, und es geht nur noch um das Recht des Stärkeren. Das funktioniert auch – man kann es an der Stadt des 19. Jahrhunderts sehen.

Aber es funktioniert anders, als es die gesellschaftliche Verabredung von 1949 vorsah.

STADT-PERSPEKTIVEN

Vom sozialen Wohnungsbau bis zur Elbphilharmonie kann man sehen, dass der Staat heute nicht mehr in der Lage ist, die als öffentlich angesehenen Aufgaben zu übernehmen. Das ist keine parteipolitische und schon gar keine spezifisch hamburgische Frage, sondern ein grundsätzliches, überaus vielschichtiges Problem. Es lässt sich auf die Frage reduzieren, was uns die europäische Stadt noch bedeutet.

Der Soziologe Walter Siebel definiert diese folgendermaßen:
»1. Wir verbinden mit der europäischen Stadt eine Hoffnung: Stadtluft macht frei. Die Attraktivität der europäischen Stadt ist gar nicht zu verstehen ohne die Perspektive der Emanzipation, die Hoffnung, als Städter ein besseres Leben führen zu können.

2. Die europäische Stadt wird durch eine bestimmte Lebensweise charakterisiert, die wir urban nennen. Sie ist gekennzeichnet durch die Polarität von Öffentlichkeit und Privatheit, die Trennung von Wohnen und Arbeiten, ein gesittetes, zivilisiertes Verhalten.

3. Gefäß, Ort und Symbol dieser Lebensweise und dieser Hoffnungen ist die Gestalt der europäischen Stadt. Das Bild von der traditionellen europäischen Stadtgestalt ist das dritte Element unseres Begriffes von der europäischen Stadt.«[133]

Emanzipation des Individuums, Polarität von Öffentlichkeit und Privatheit und eine gebaute Form für beides – wie wichtig ist uns das heute noch? Ein Beispiel, das zeigt, wie das Normale des Stadtbürgers von der scheinbaren Sensation überdeckt wird, ist die Inszenierung der Stadt in einer Freizeitgesellschaft. Vom

▶ Event und Rathaus, Rathaus und Event – fließende Übergänge, hier das »German Masters Beach Volleyball 2007«.

Hafengeburtstag bis zum *Stuttgarter Weindorf* auf dem Rathausmarkt, vom *Größten Bauernfrühstück der Welt* (fand logischerweise auf dem Hamburger Fischmarkt statt) bis zu den *Hamburg Cruise Days* scheint die Abfolge von Events die auffälligste Konstante von Stadt zu sein.

Aber was bei der Inszenierung der Stadt als täglichem Fun-Spektakel vernachlässigt wird, ist der Bürger selbst. Ist die städtische Öffentlichkeit. Die definiert sich, altmodischerweise, nicht über Events, sondern über den Diskurs. Über den gleichberechtigten Umgang miteinander. Über eine – ebenfalls altmodisch anmutende – Verantwortung für das Gemeinwohl. Die Stadt heute – und das ist kein allein hamburgisches Phänomen – wird zunehmend zur umfassenden Inszenierung. Das mag man bedauern – aber wer will es verhindern? Sind der Glaube an Öffentlichkeit und das Freiheitsversprechen der europäischen Stadt, ist das inzwischen reine Nostalgie, sind sie nur die Sehnsucht nach etwas, das es vielleicht nie gegeben hat – außer als Ideal?

In einer (übrigens öffentlichen) Diskussion wurde dem Autor vom Manager eines Einkaufszentrums vorgehalten, 2,5 Millionen Menschen besuchten täglich die Einkaufszentren; er wisse nicht, was öffentlicher sei. Aber genau das ist das Missverständnis, und es betrifft nicht nur Manager von Einkaufszentren: *Öffentlichkeit* heißt, wir selbst geben uns Regeln des Umgangs. *Privatheit* heißt, ein anderer gibt mir Regeln vor, nach denen ich mich verhalten soll. Das bedeutet nicht, man könne im ersteren Fall alles machen, im anderen werde man eingeschränkt. Es heißt nur: Die Regeln des Umgangs in den privat-öffentlichen Räumen sind nicht demokratisch legitimiert. Privatheit bedeutet grundsätzlich immer die rechtliche Möglichkeit, Personen auszuschließen – es heißt aber nicht, dass automatisch davon Gebrauch gemacht wird. Die Drohung macht's: Man muss sich die – meist gut getarnten – Verhaltensregeln an den Türen der Einkaufszentren oder den neuen Bahnhöfen nur ansehen – keine Raucher, keine Inlineskater, und schon gar keine Bettler.

Es ist doch eine ziemlich einfache Rechnung: Je mehr Öffentliches verschwindet – vom Fleetplatz bis zum »Überseequartier« in der »HafenCity« –, desto weniger Öffentliches gibt es. Was verloren geht, ist damit nicht die eine oder andere öffentliche Fläche oder Einrichtung, sondern die Öffentlichkeit selbst. Denn jede »öffentliche Einrichtung« ist eine, die für alle gilt – der Starke ist ohnehin am mächtigsten allein, wusste schon Schiller: Wer genug Geld hat, braucht keine sozialen Sicherungssysteme. Öffentlichkeit aber beruht auf der Solidarität einer Gesamtgesellschaft und auf dem zivilen Umgang zwischen dem Verschiedenartigen. Öffentlichkeit ist nicht Friede, Freude, Eierkuchen. Öffentlichkeit ist Auseinandersetzung. Wenn der Druck entfällt, sich miteinander nach bestimmten, nämlich zivilen Regeln auseinanderzusetzen, dann fehlt auch die Fähigkeit dazu. Zivilisation bedeutet: Wir verkehren nach von uns

► Geplantes Übersee-Quartier in der Hafencity. Am Südrand von links nach rechts: Kreuzfahrtterminal und Hotel (Architekt: Massimiliano Fuksas), Water Front Towers (Architekt: NN), Science Center (Architekt: Rem Koolhaas, Office for Metropolitan Architecture).

definierten Regeln des Umgangs. Und was in jedem Spiel richtig ist, nämlich das Einhalten von Regeln, das ist in der städtischen Zivilisation ebenso richtig. Aber diese Auseinandersetzung muss gelernt sein. Wenn wir die Senioren ins Seniorenheim, die Kranken ins Krankenhaus, die Jugendlichen in die Schule oder ins Jugendheim, die Bürger ins Bürgerhaus, die Migranten ins Migrationszentrum und die Bettler ins Obdachlosenasyl stecken, dann ist zwar für alle bestens gesorgt – nur die Stadt ist dann tot: aus den Augen, aus dem Sinn.

Darüber, dass sich das untere Bevölkerungsdrittel der sozial Schwachen in den Trabantenstädten und den Wohnungen des sozialen Wohnungsbaus der 60er und 70er Jahre konzentriert, gibt es inzwischen soziologische Untersuchungen. Das heißt aber auch, dass sich dort mit zunehmendem Sozialabbau ein bestimmtes Konfliktpotenzial konzentriert, und die SAGA sei noch einmal gelobt, weil sie dem entgegenarbeitet: »Zu Beginn des neuen Jahrhunderts hat sich das Gesicht der Ungleichheit in unserer Gesellschaft gewandelt. Wenn von der Hauptschule als ›Restschule‹, von einer sich abkapselnden Unterschicht oder von einem abgehängten Prekariat die Rede ist, dann ist von der sozialen Spaltung unserer Gesellschaft die Rede. [...] Diese Menschen trifft man in Gegenden, die gar nicht weit entfernt sind von den Zentren der Initiative, der Innovation und des Individualismus. Es reicht vom Wall in Hamburg, von der Königstraße in Stuttgart oder vom Hackeschen Markt in Berlin eine Fahrt von einer halben Stunde mit der U-Bahn [...]: Jedes Mal gerät man in eine soziale Zone mit hoher Arbeitslosigkeit oder massiver Unterbeschäftigung, wo die Straßen dreckig, die Bushaltestellen demoliert, die Häuser mit Graffiti übersät und die Schulen marode sind. Hier treffen ökonomische Marginalisierung, ziviler Verfall und räumliche Abschottung zusammen. [...] Es herrscht eine Atmosphäre abgestumpfter Gleichförmigkeit. Hier leben Menschen, die sich daran gewöhnt haben, wenig zu besitzen, wenig zu tun und wenig zu erwarten. Sie kommen selten in andere Gegenden, lernen kaum andere als Ihresgleichen kennen und misstrauen den Angeboten, die ihnen von Stadtteilinitiativen oder Beschäftigungsprojekten nahegelegt werden«, beschreibt der Soziologe Heinz Bude die Situation, und, noch einmal betont, sie ist nicht Parteien zuzuordnen und nicht auf Hamburg beschränkt.[134]

Befunde wie diese zur heutigen Krise der Stadt sind nicht neu. Sie werden in der Wissenschaft beschrieben und beklagt, sie werden vielleicht sogar von Politikern bedauert. Aber bisher ist noch niemandem eine wirkliche Therapie eingefallen. Die Therapie scheitert nämlich nicht zuletzt daran, dass sie nicht mehrheitsfähig ist. Wenn der Begriff der »Zweidrittelgesellschaft« einigermaßen zutreffend ist, dann heißt das: Diese zwei Drittel haben eine satte Mehrheit! Davor macht sich die Aufforderung zu »mehr Solidarität« zwar hübsch, ist aber nicht durchsetzbar, ein Verbot von Privatisierungen oder von Einkaufszentren ebenso wenig, und Steuererhöhungen für die bessere Ausstattung des Staates und seiner Aufgaben sind auch nicht gerade Themen, mit denen man Wahlen gewinnt. Eine allgemeine Diskussion und Abstimmung darüber, was wir Bürger von der Stadt erwarten, könnte gut mit Mehrheitsbeschlüssen enden, die da heißen: »Bettler ›raus aus der Stadt«, »Keine Demos mehr« oder »Mehr Privatisierung öffentlicher Plätze«, weil bei Letzteren zukünftig Sauberkeit und Sicherheit gewährleistet sind.

Das Bild, das (so steht zu befürchten) hinter diesen Parolen steht, ist nachgerade ein Klassiker der Diskussion – wir erleben mit der heutigen Finanzkrise einmal mehr seine Renaissance: »Privatisierung der Gewinne, Sozialisierung der Verluste!« Das bereits heute in der Stadt allgemein und eben auch in Hamburg sichtbare Ergebnis ähnelt Überlegungen, wie sie im Hinblick auf die Finanzkrise angestellt werden: Dort denkt man über eine »Bad Bank« nach, damit der Rest wieder funktioniere.

Die scheinbare Lösung für die Stadt wäre entsprechend eine »Bad City«. Im Film hat es die schon gegeben: John Carpenters »Die Klapperschlange« wurde 1981 gedreht und beschrieb eine Wirklichkeit von 1997 mit Manhattan als Ort für drei Millionen Kriminelle. Bezogen auf die heutige Stadt hieße das:

Die Zentren und bestimmte Wohngebiete würden privatisiert und in die Hände von Managern gelegt, die vom Straßenbelag bis zum Ordnungsdienst alles auf privatwirtschaftlicher Basis organisieren. Der Zugang wäre für bestimmte Einkommensschichten unerwünscht (von Pflastermalern, Straßenmusikanten und politischen Demonstrationen ganz zu schweigen). Diejenigen, die diese Zonen nicht betreten sollen, würden in den Mümmelmannsbergen dieser Stadt gesammelt – auch sie haben Einkaufszentrum, Seniorentreff und Schulen, finanziert von den allgemeinen Steuern. Alle ein wenig dreckiger, mit Graffitti bemalt, eben mit wenig Mitteln vom Staat unterhalten. Die Zweidrittel der Gesellschaft zahlen gern für das untere Drittel Steuern, solange die stadträumliche Trennung aufrechterhalten bleibt.

Diese gesellschaftliche Gefährdung ist nicht die einzige Veränderung, mit der sich die Stadt, mit der sich Hamburg konfrontiert sieht. Wie die Stadt im Klimawandel in 100 Jahren tatsächlich aussehen wird, kann kaum prognostiziert werden. Ob und welche technischen Innovationen die wirtschaftliche Lebensgrundlage der Stadt beeinflussen – auch das kann man nicht seriös vorhersagen. Auch die Stadt des Industriezeitalters hielt sich für gefestigt, bis die Industrien ziemlich plötzlich weg waren. Die Entwicklung muss keineswegs negativ sein – die überraschende Öffnung nach Osten hat Hamburg ganz plötzlich eine positive Dynamik gebracht. Und die »Bad City« kann zum Kern von etwas Neuem, Großartigem werden; schließlich soll ja die »Bad Bank« auch die Finanzprobleme der Welt lösen. Vielleicht entsteht ja in den Stadtvierteln der »Bad City« ein ganz neues kreatives Potenzial, das die Stadt von heute auf eine neue, bessere Entwicklungsstufe hebt – schließlich sind ganze Zukunftstechnologien einmal in den Garagen des Silicon Valley entstanden. Insofern ist die einzige Gewissheit die, dass die Zukunft ungewiss ist.

Ein Signal für einen neuen Aufbruch ist die IBA 2013, die sich des in Hamburg eher am Rande des kollektiven Bewusstseins sitzenden Ortes Wilhelmsburg annimmt. Dabei wird es nicht um die Verschönerungspolitik von Stadtteilplätzen und Einkaufsstraßen gehen. Die oben genannten Themen zeigen, dass es vielmehr um ein neues Verständnis von Stadt geht, weil sich die Gesellschaft in dieser Stadt grundlegend verändert hat gegenüber der vom Beginn des 20. Jahrhunderts. Der Stadtplaner Thomas Sieverts hat in einer Auftaktveranstaltung zur IBA gefordert, eine »Hamburger Bauausstellung sollte die ›New Frontiers‹ unserer Gesellschaft thematisieren und Raum bereitstellen für ›Raumpioniere‹, also für Bau- und Lebensversuche junger Menschen, für Einwanderer und für strukturell aus der formalen Arbeitswelt Ausgeschlossene«.[135] Genau darum geht es, und die Hoffnung auf das Gelingen des Expe-

STADT-PERSPEKTIVEN

riments nicht nur, aber auch für Hamburg ist groß – ein »Experiment jenseits von ja oder nein«[136], wie es Jörn Walter nennt, sondern mit einem dritten Weg jenseits einer privatisierten Innenstadt und der »Bad City«.

Im Jahr 1909 wurde Fritz Schumacher zum Oberbaudirektor in Hamburg berufen. Er war kein Revolutionär; er kämpfte in einem liberalkapitalistischen Staat für eine Stadtgesellschaft, in der jeder seinen Ort hat, den er als angemessen für sich empfand. Einen Ort, in dem die Pflichten zwischen Individuum und Staat eindeutig verteilt waren und in der Struktur der Stadt und ihrem architektonischen Bild ausgedrückt wurden. Seine Sicht, die des Jahres 1909, muss nicht die unsere sein. Aber die Verpflichtung bleibt, eine Antwort auf die heutige, veränderte Gesellschaft zu finden. Eine Antwort, die ebenfalls allgemein akzeptiert wird und das Bild der Gesellschaft im Bild der Stadt ablesbar macht.

◄ Die Elbinsel Wilhelmsburg, Gebiet der Internationalen Bauausstellung IBA 2013 und der zeitgleich dort stattfindenden Internationalen Gartenschau igs, der großen »Motoren« für das Leitprojekt »Sprung über die Elbe« (Projektgebiet blau markiert). Für den Zeitraum von 2009 – 2012 stellt die Stadt 120 Millionen Euro für Infrastrukturmaßnahmen bereit.

► Kultur- und Stadtfest »Altonale«.

Anmerkungen

1 Bahrdt, 1998, S. 83.

2 Reincke, 1951, S. 178.

3 Reichstagsabgeordneter A. Südekum (SPD) um 1890; in: Deutsche Geschichte, 2000, S. 159ff.

4 Victor Böhmert: Die sozialen Aufgaben der Gemeinden. Zitiert nach: Reulecke, 1997, S. 102.

5 Hamburg und seine Bauten, 1914, 1. Bd., S. 75.

6 Schumacher, 1935, S. 264.

7 Ebd.

8 Hartmut Frank: »Genius loci und Genius temporis«, in: H. Frank, 1994, S. 15.

9 Stufen des Lebens, a.a.O., S. 292.

10 Stadtbaurat von Leipzig und früherer Arbeitgeber von F.S.

11 Schumacher 1935, S. 289.

12 Schumacher, 1935, S. 289f.

13 Ebd.

14 Schumacher, [1920], S. 46f.

15 Hamburg und seine Bauten, 1914, 2. Bd., S. 205.

16 Ebd.

17 Hermann Hipp: Wie eine Starkstromleitung: Die Mönckebergstraße, in: Plagemann 1984, S. 38.

18 Schumacher 1923, in: Kähler: Brandenburger, 1988, S. 117.

19 Schumacher 1928, in: Kähler: Brandenburger, 1988, S. 205.

20 Hartmut Frank: »Genius loci und Genius temporis«, in: H. Frank, 1994, S. 18.

21 Zitiert nach: Witt, 1971, S. 21.

22 Lippmann, 1964, S. 292.

23 Magazin für Alle, 4. Jahrgang, Heft 7, Juli 1929. Zitiert nach: Neue Gesellschaft, 1972, S. 154.

24 Hamburg und seine Bauten, 1929, S. 1.

25 Siehe Posener, 1979, S. 289ff.

26 Hamburger Echo v. 29.3.1939, zitiert nach: Projektgruppe Arbeiterkultur 1982, S. 11.

27 Hamburg und seine Bauten, 1929, S. 32.

28 Zu diesem Thema: Marianne Rodenstein, Stefan Böhm-Ott: Gesunde Wohnungen und Wohnungen für gesunde Deutsche, in: Kähler, 1996, S. 453ff.

29 Adelheid von Saldern: Gesellschaft und Lebensgestaltung. Sozialkulturelle Streiflichter, in: Kähler, 1996, S. 51.

30 So der Titel eines Kongresses der CIAM, einer internationalen Vereinigung moderner Architekten.

31 Lippmann, 1964, S. 462.

32 Schumacher, 1940, S. 68.

33 Ebd.

34 Schumacher, 1932, S. 8.

35 Ebd.

36 Nach: Kristiana Hartmann: Alltagskultur, Alltagsleben, Wohnkultur, in: Kähler, 1986, S. 291ff.

37 Viktor Engelhardt, 1924, zitiert nach: Funkkolleg Jahrhundertwende 1988, S. 51.

38 Zitiert nach: Teut, 1967, S. 251.

39 Feder, 1934, S. 266.

40 Hamburg und seine Bauten, 1953, S. 63.

41 Derlam, 1939, S. 1.

42 Noack, 1934, S. 390.

43 Ebd.

44 Abgedruckt in: Bauche, 1991, S. 475.

45 Wegweiser zu den ehemaligen jüdischen Stätten, 1989, S. 13.

46 U. a. zitiert als »Stolperstein«: http://87.106.6.17/stolpersteine-hamburg. de/index. php?&LANGUAGE=DE&MAIN_ ID=7&BIO_ID=262.

47 Hamburg und seine Bauten, 1953, S. 23.

48 Hamburger Tageblatt vom 10.6.1937, zitiert nach: Durth, Gutschow, 1988, S. 599.

49 Alle Zitate wie auch die Zusammenfassung der Inhalte zur »Neugestaltung des Elbufers« nach: Durth, Gutschow, 1988, S. 597ff.

50 Ebd.

51 Zu den »biografischen Verflechtungen« neben dem oben genannten Buch auch: Durth, 1986.

52 Aus einem Brief von Heinz Masuch vom 28. August 1943, zitiert nach: Hauschild-Thiessen, 1993, S. 98.

53 Zitiert nach ebd. S. 162.

54 H. Schönbein, »Leiter der Abteilung ›Bauwirtschaft‹ des Reichswohnungskommissars«: Der Kriegseinheitstyp für den Wohnungsbau, zitiert in: Kähler, 1986, S. 444.

55 Max Brauer, Paul Nevermann, in: Hamburg und seine Bauten, 1953, Zum Geleit.

56 Siehe noch einmal: Durth, Gutschow, 1988, und: Durth, 1986, sowie: Düwel, Gutschow, 2008.

57 Zitiert nach: Durth, Gutschow, 1988, Bd. 2, S. 607.

58 Werner Hebebrand: Wandlungen der städtebaulichen Grundsätze, in: Hamburg und seine Bauten, 1953, S. 12.

59 Zitiert nach: Durth, Gutschow, 1988, Bd. 2, S. 613.

60 Günter Neumann, Heinz Pauck: Lied aus dem 1958 gedrehten Film »Wir Wunderkinder« (Regie: Kurt Hoffmann).

61 Bastian, 1997, S. 12.

62 Nachzulesen u. a. in: http://www.kas.de/ wf/de/33.813/.

63 Zitiert nach: Schütt, 1991, S. 497.

64 Jasper, 1957, S. 36.

65 http://www.aww.uni-hamburg.de/schildt. pdf, S. 5.

66 Die Rede Schumachers ist vollständig abgedruckt u.a. in: Durth, Gutschow, 1988, Bd. 2, S. 700ff.

67 Werner Hebebrand: Die Entwicklung der Architektur von 1929 bis 1953, in: Hamburg und seine Bauten, 1953, S. 64.

68 Zitiert nach: Durth, Gutschow, 1988, Bd. 2, S. 654.

69 Friedrich R. Ostermeyer: Der Generalbebauungsplan 1947, in: Hamburg und seine Bauten 1953, S. 39.

70 Ebd.

71 Werner Hebebrand, in: Hamburg und seine Bauten, 1968, S. 30.

72 Rainer, 1947, S. 18f.

73 Werner Kallmorgen, 1957, zitiert nach: Freie Akademie, 2000, S. 27.

74 Ausführliche Projektbeschreibung, in: Hamburg und seine Bauten, 1968, S. 239.

75 Sowohl die »Treppenstraße« in Kassel wie die Holstenstraße in Kiel wurden schon 1953 eröffnet.

76 Verordnung zur Gestaltung von Neu-Altona vom 13. November 1956.

77 Farenholtz, 1986, S. 1072ff.

78 Kossak, 1989, S. 162.

79 J. R. Mramor: Wandlungen der Architektur, in: Hamburg und seine Bauten, 1968, S. 236.

80 Edmund Schmidt-Eichberg, Theodor Schüler: Der Aufbauplan 1960, in: Hamburg und seine Bauten, 1968, S. 30.

81 Ebd. S. 32.

82 Hebebrand, 1969, S. 22.

83 Werner Hebebrand: Neue Stadt an der Elbe II, in: Hebebrand, 1969, S. 90.

84 Zitiert in: Der Spiegel 29/1966, S. 81.

85 Zitiert in ebd.

86 Ralf Lange: Von der Führerstadt zur City Nord, in: Freie Akademie, 2000, S. 11.

87 Klaus Müller-Ibold: Plätze in Hamburg, in: Hamburg und seine Bauten, 1984, S. 78.

88 Häußermann, Kronauer, Siebel, 2004, S. 10.

89 Mayer, 2004, S. 4.

90 Der Baumeister 12/1972, S. 1414.

91 Peters, 1974, S. 665.

92 Hans-Jürgen Gehrts: Der Flächennutzungsplan Hamburg, in: Hamburg und seine Bauten, 1984, S. 16.

93 Tassilo Braune: Billwerder-Allermöhe, in: Hamburg und seine Bauten, 1984, S. 128.

94 Zitiert nach: Hamburger Abendblatt vom 24./25.2.1973, S. 7.

95 Der Spiegel, vom 5.11.1973, S. 78.

96 Ebd.

97 Florian Marten: Von der Mauerblume zur multikulturellen Metropole, in: Hamburg und seine Bauten, 2000, S. 264.

98 Die Zeit vom 3.1.1975, Sonderheft »Zeit magazin«.

99 Manfred Sack, in: Die Zeit vom 5.3.1982.

100 Ebd.

101 Die Zeit vom 10.9.1976.

102 Ebd.

103 Illies, 1981, S. 1770f.

104 Manfred Sack, in: Die Zeit vom 2.12.1977, Nr. 50.

105 Der Spiegel vom 26.5.1980, S. 115.

106 Von Gerkan, Marg und Partner, 1973.

107 Ebd. Pkt. 1.0.

108 Ebd. Pkt. 2.0.

109 Susanne von Bargen: Die Baubehörde setzt jetzt auf Gestaltung, in: Hamburger Abendblatt vom 15.7.1980.

110 TEU = Standardcontainer mit 20 Fuß Länge.

111 Kossak, Markovic, 1989, S. 37.

112 Kossak im Interview mit Dirk Meyhöfer, Gert Kähler und Manfred Sack, 1990, S. 85.

113 Wilhelm Rahlfs, zitiert nach: Gert Kähler: »Einmal muss es vorbei sein …«, in: Architektur in Hamburg, 1992, S. 138.

114 Kossak, Markovic, 1989, S, 50.

115 Ebd. 1989, S. 198.

116 Martin Knopp; in: Die Welt vom 1.1.2006.

117 Landesbausparkasse Hamburg LBS, 2003, S. 23.

118 Ebd. 25.

119 In einem Gespräch mit dem Autor 1990.

120 Broschüre zur Olympia-Bewerbung »Feuer und Flamme für Olympia in Hamburg«, S. 9. http://www.belebte-bruecke.de/site/downloads/114_32_olympia_broschuere_property=source.pdf.

121 Zukunftskonferenz Wilhelmsburg. Insel im Fluss. Brücken in die Zukunft, S. II. http://www.pure-stuff.de/_Forum_Wilhelmsburg/weissbuch/zuko_bericht_pdf.pdf.

122 Jörn Walter, 2003, aus einem nicht veröffentlichten Manuskript.

123 Vertrag über die Zusammenarbeit in der 19. Wahlperiode der Hamburgischen Bürgerschaft zwischen der Christlich Demokratischen Union, Landesverband Hamburg und Bündnis 90 / Die Grünen, Landesverband Hamburg, GAL, vom 17.4.2008, S. 41.

124 Freie und Hansestadt Hamburg, 2002; http://fhh1.hamburg.de/fhh/aktuelle_meldungen/archiv_2002/april/pe_2002_04_03_senko_01.pdf.

125 Gisela Schütte: In Hamburg werden zu wenige Wohnungen gebau, in: Die Welt online; http://www.welt.de/hamburg/article3043734/In-Hamburg-werden-zu-wenige-Wohnungen-gebaut.html.

126 Pressemeldung des Hamburger Senats vom 14.12.04.

127 Pfeiffer, Baba, 2002, S. 21; http://www.empirica-institut.de/kufa/empi064lb.pdf.

128 Freie und Hansestadt Hamburg (Hg.): Leitbild: Metropole Hamburg Wachsende Stadt, Hamburg 2002, S. 4; http://www.cdu-harburg.de/content/wachsendestadt.pdf.

129 Ebd., S. 12.

130 Ebd., S. 11.

131 Hamburger Abendblatt vom 6.4.1994, S. 1.

132 Johannes Rau am 4.4.2003; s.a. http://www.bundespraesident.de/dokumente/-,2.91875/Rede/dokument.htm. Walter Siebel: Verfallsgeschichten, in: Flagge, Pesch, 2001, S. 53.

133 Walter Siebel: Verfallsgeschichte, in: Flagge, Pesch 2001, S. 53

134 Bude, 2008, S. 9f.

135 Thomas Sieverts: Entwicklung der Metropolen im Zeitalter der Globalisierung, in: Freie und Hansestadt Hamburg, 2005, S. 62.

136 Jörn Walter: Ausblick auf eine Internationale Bauausstellung in Hamburg, in: Freie und Hansestadt Hamburg, 2005, S. 62.

Literatur (zitierte Werke und weitere Literatur zur Stadt Hamburg)

Apel, Linde (Hg.): In den Tod geschickt. Die Deportation von Juden, Roma und Sinti aus Hamburg 1940 bis 1945, Hamburg 2009

Architekten- und Ingenieurverein zu Hamburg (Hg.): Hamburg und seine Bauten, Hamburg 1914

Architekten- und Ingenieurverein zu Hamburg (Hg.): Hamburg und seine Bauten, Hamburg 1929

Architekten- und Ingenieurverein Hamburg e.V. (Hg.): Hamburg und seine Bauten 1929–1953, Hamburg 1953

Architekten- und Ingenieurverein zu Hamburg (Hg.): Hamburg und seine Bauten 1954–1968, Hamburg 1968

Architekten- und Ingenieurverein und Patriotische Gesellschaft von 1765 (Hg.): Hamburg und seine Bauten 1969–1984, Hamburg, 1984

Architekten- und Ingenieurverein und Hamburger Architekturarchiv (Hg.): Hamburg und seine Bauten 1985–2000, Hamburg 2000

Architekten- und Ingenieurverein Hamburg (Hg.): Konstruktion zwischen Kunst und Konvention, Hamburg 1950–2000, Hamburg 1994

Bahrdt, Hans Paul: Die moderne Großstadt, Opladen 1998 (zuerst 1961)

Bartels, Olaf (Hg.): Die Architekten Langmaak, Hamburg 1978

Bartels, Olaf (Hg.): Rudolf Lodders. Schriften zum Neuaufbau 1946–1971, Hamburg 1989

Bartels, Olaf: Altonaer Architekten. Eine Stadtbaugeschichte in Biografien, Hamburg 1997

Bastian, Till: Auschwitz und die »Auschwitz-lüge«, München 1997

Baubehörde Hamburg (Hg.): Stadt im Fluss. Städtebauliche Entwicklung am Beispiel Hamburg, Hamburg 1978

Bauche, Ulrich, Museum für Hamburgische Geschichte (Hg.): Vierhundert Jahre Juden in Hamburg, Hamburg 1991

Baues, Norbert, Hedwig Heggemann: Eine Stadt braucht Luft. Bauen in Hamburg 1945–65, Hamburg 1994

Behörde für Stadtentwicklung und Umwelt (Hg.): Sprung über die Elbe, Hamburg

auf dem Weg zur internationalen Bauausstellung, Hamburg 2005

Bruch, R. von, B. Hofmeister (Hg.): Deutsche Geschichte in Quellen und Darstellung, Bd. 8, Stuttgart 2000

Bucciarelli, Piergiacomo: Fritz Höger. Hanseatischer Baumeister 1877–1949, Berlin 1992

Bude, Heinz: Die Ausgeschlossenen. Das Ende vom Traum einer gerechten Gesellschaft, München 2008

Büttner, Ursula: Hamburg zur Zeit der Weimarer Republik, Hamburg 1996

Cornehl, Ulrich: »Raummassagen«. Der Architekt Werner Kallmorgen, Hamburg 2003

Derlam: Die Frankfurter Altstadtgesundung, in: Bauwelt, 5/1939, S. 1

Deutsch-Jüdische Gesellschaft (Hg.): Wegweiser zu den ehemaligen jüdischen Stätten des Leidens in Hamburg und im übrigen Europa – wissenschaftliche Dokumentationen, Reihe 2, Heft 1, Hamburg 1989

Deutsches Institut für Fernstudien an der Universität Tübingen (Hg.): Funkkolleg Jahrhundertwende 1880 – 1930, Studienbegleitbrief 2, Weinheim, Basel 1988

Düwel, Jörn, Niels Gutschow: Fortgewischt sind alle überflüssigen Zutaten, Hamburg 1943: Zerstörung und Städtebau, Berlin 2008

Durth, Werner: Deutsche Architekten. Biographische Verflechtungen 1900 … 1970, Braunschweig, Wiesbaden 1986

Durth, Werner, Niels Gutschow: Träume in Trümmern, Bd. 2, Braunschweig, Wiesbaden 1988

Ebert, Klaus-Dieter: Entwicklungsraum City. Hamburger Initiativen, in: Bauwelt, 18/1986, S. 644-646

Farenholtz, Christian: Die Planung von Neu-Altona, in: Bauwelt, 28/1986, S. 1072-1074

Feder, Gottfried: Das deutsche Siedlungswerk, in: Zentralblatt der Bauverwaltung, 20/1934, S. 265

Fischer, Manfred F.: Fritz Schumacher. Das Hamburger Stadtbild und die Denkmalpflege, Hamburg 1977

Flagge, Ingeborg, Franz Pesch: Stadt und Kultur, Wuppertal 2001

Frank, Hartmut (Hg.): Fritz Schumacher. Reformkultur und Moderne, Stuttgart 1994

Freie Akademie der Künste in Hamburg
(Hg.): 25 Jahre Planen und Bauen in der
Demokratie 1950 – 1975, Hamburg 2000

Freie und Hansestadt Hamburg – Staatliche
Pressestelle (Hg.): Sofortprogramm
Wohnbau- und Gewerbeflächen für die
wachsende Stadt vom 3.4.2002

Freie und Hansestadt Hamburg (Hg.):
Leitbild: Metropole Hamburg –
Wachsende Stadt. Hamburg, 2002

Freie und Hansestadt Hamburg (Hg.):
Sprung über die Elbe, Hamburg 2005

gmp von Gerkan, Marg und Partner:
Hamburg – Bauen am Wasser, 1973

Funke, Hermann: Geschichte des Miets-
hauses in Hamburg, Hamburg 1974

Geschichtswerkstatt Wilhelmsburg (Hg.):
Wilhelmsburg. Hamburgs große Elbinsel,
Hamburg 2008

Grobecker, Kurt: Hafen Hamburg.
Skizzenblätter der Nachkriegsgeschichte,
Herford 1985

Grobecker, Kurt u.a. (Hg.): … mehr als ein
Haufen Steine, Hamburg 1995

Häußermann, Hartmut, Martin Kronauer,
Walter Siebel (Hg.): An den Rändern
der Städte. Armut und Ausgrenzung,
Frankfurt / Main 2004

HafenCity GmbH (Hg): Vom Werden
einer Stadt, Hamburg 2006

Hamburgische Architektenkammer (Hg.):
Architektur in Hamburg. Jahrbücher
1989 – 2008, Hamburg 1989 – 2008

Hansen, Ingrid: Hamburger Bau- und
Kulturdenkmale. Innenstadt und Hafen-
rand, Hamburg 1989

Hauschild-Thiessen, Renate: Die Hamburger Katastrophe vom Sommer 1943 in
Augenzeugenberichten, Hamburg 1993

Hebebrand, Werner: Zur neuen Stadt,
Berlin 1969

Hipp, Hermann: Siedlungsbauten der
zwanziger Jahre, Hamburg 1980

Hipp, Hermann: Wohnstadt Hamburg,
Hamburg 1982

Hipp, Hermann: Freie und Hansestadt
Hamburg, Köln 1989

Höhns, Ulrich: Das ungebaute Hamburg,
Hamburg 1991

Hoffmann, Paul Theodor: Neues Altona
1919 – 1929. Zehn Jahre Aufbau einer
deutschen Großstadt, Jena 1929

Illies, Peter: Die Hamburger Passagen;
in: Bauwelt, 40-41 / 1981, S. 1770-1772

Jasper, Fritz: Handbuch moderner
Architektur, Berlin 1957

Kähler, Gert: Wohnung und Stadt. Hamburg,
Frankfurt, Wien – Modelle sozialen
Wohnens in den zwanziger Jahren,
Braunschweig, Wiesbaden 1985

Kähler, Gert, D. Brandenburger: Architek-
Tour. Bauen in Hamburg seit 1900,
Braunschweig / Wiesbaden 1988

Kähler, Gert: HafenCity Hamburg. Spuren
der Geschichte, Hamburg 2001

Kähler, Gert: Stadt im Fluß – Stadt im Bach?,
in: Bauwelt, 7 / 1993, S. 296

Kähler, Gert (Hg.): Geschichte des Wohnens,
Bd. IV, Stuttgart 1996

Kirchner, Martin: II. Hamburger Bauforum,
in: Der Baumeister 10 / 1985, S. 12

Koch, Robert, Eberhard Pook (Hg.): Karl
Schneider Leben und Werk, Hamburg 1992

Kossak, Egbert mit Mirjana Markovic:
Stadt im Fluss, Hamburg 1989

Kossak, Egbert: Stadt im Überfluss,
Hamburg 1993

Landesbausparkasse Hamburg LBS:
Belebung der Innenstadt – Chancen und
Herausforderungen innerstädtischen
Wohnens in Hamburg, Hamburg 2003

Lange, Ralf: Hamburg – Wiederaufbau und
Neuplanung 1943 bis 1963, König-
stein / Ts. 1994

Lange, Ralf: Architekturführer Hamburg,
Stuttgart 1995

Lippmann, Leo: Mein Leben und meine
amtliche Tätigkeit, Hamburg 1964

Maak, Karin: Die Speicherstadt im
Hamburger Freihafen, Hamburg 1985

Marg, Volkwin, Rainer Schröder: Architektur
in Hamburg seit 1900, Hamburg 1993

Mayer, Hans-Norbert: Hamburgisches Stadt-
teilentwicklungsprogramm. Zwischen-
evaluation 2003 in acht Quartieren. Ein
Gutachten der Arbeitsgruppe Stadtfor-
schung Carl von Ossietzky Universität
Oldenburg im Auftrag der Freien und
Hansestadt Hamburg Behörde für Bau
und Verkehr, Hamburg 2004

Meyhöfer, Dirk: Neue Architektur in
Hamburg. Ein Führer zu den Bauten
der neunziger Jahre, Hamburg 1999

Meyhöfer, Dirk, Klaus Frahm: Hamburgs
Backstein, Hamburg 1986

Michelis, Peter (Hg.): Der Architekt Gustav
Oelsner. Licht, Luft und Farbe für Altona
an der Elbe, München, Hamburg 2008

Neue Gesellschaft für Bildende Kunst (Hg.): Wem gehört die Welt. Kunst und Gesellschaft in der Weimarer Republik, Berlin 1972

Noack, Victor: Die Umgestaltung des Gängeviertels in Hamburg, in: Bauen Siedeln Wohnen 1934, S. 390

Pahl-Weber, Elke, Dirk Schubert: Großstadtsanierung im Nationalsozialismus, Soz. wiss. Informationen, 2/1987, S. 108

Peters, H.: Die Wohnungswirtschaft Hamburgs vor und nach dem Kriege, Hamburg 1933

Peters, Paulhans: Von Steilshoop nach Billwerder-Allermöhe – Wie?, in: Der Baumeister, 6/1974, S. 661-669

Pfeiffer, Ulrich, Ludger Baba (empirica Wirtschaftsforschung und Beratung GmbH) im Auftrag der Baubehörde der Freien und Hansestadt Hamburg und der Hamburgischen Wohnungsbaukreditanstalt: Perspektiven des Wohnungsmarktes der Freien und Hansestadt Hamburg bis 2030, Berlin 2002

Plagemann, Volker (Hg.): Industriekultur in Hamburg, München 1984

Polkowski, Dieter: Hamburg Allermöhe-West, in: RaumPlanung, 65/1994, S. 95

Pook, Eberhard, Ruth Asseyer, Hermann Hipp: Karl Schneider Revisited, Hamburg 2006

Posener, Julius: Berlin auf dem Wege zu einer neuen Architektur, München, New York 1979

Projektgruppe Arbeiterkultur Hamburg (Hg.): Vorwärts – und nicht vergessen. Arbeiterkultur in Hamburg um 1930, Berlin 1982

Rainer, Roland: Die Behausungsfrage, Wien 1947

Reichel, Peter (Hg.): Das Gedächtnis der Stadt. Hamburg im Umgang mit seiner nationalsozialistischen Vergangenheit, Hamburg 1997

Reincke, Heinrich: Forschungen und Skizzen zur hamburgischen Geschichte, Hamburg 1951

Reulecke, Jürgen (Hg.): Geschichte des Wohnens, Bd. 3, Stuttgart 1997

SAGA (Hg.): 50 Jahre SAGA [o.O. o.J.]

Schädel, Dieter (Hg.): Von Wimmel bis Schumacher: Hamburger Stadtbaumeister von 1841 – 1933. Wie das Kunstwerk Hamburg entstand, Hamburg 2006

Schildt, Axel: Die Grindelhochhäuser, Hamburg 2007

Schütt, Ernst Christian: Die Chronik Hamburgs, Dortmund 1991

Schumacher, Fritz: Das Wesen des neuzeitlichen Backsteinbaus, München o.J. [1920]

Schumacher, Fritz: Das Entstehen einer Großstadtstraße, Braunschweig, Hamburg 1923

Schumacher, Fritz: Ein Volkspark, München 1928

Schumacher, Fritz: Das Werden einer Wohnstadt, Hamburg 1932

Schumacher, Fritz: Stufen des Lebens, Stuttgart 1935

Schumacher, Fritz: Probleme der Großstadt, Leipzig 1940

Senat der Freien und Hansestadt Hamburg (Hg.): Hamburg 1945–1965–1975, Hamburg 1965

Teut, Anna: Architektur im Dritten Reich 1933–1945, Berlin, Frankfurt/Main, Wien 1967

Themenheft »Hamburger Passagen«, Bauwelt, 40-41/1981

Themenheft »Hamburg«, Baukultur, 1/1984

Themenheft »HafenCity«, Bauwelt, 1-2/2008

Timm, Christian: Gustav Oelsner und das Neue Altona, Hamburg 1984

Witt, F.-W.: Die Hamburger Sozialdemokratie in der Weimarer Republik unter besonderer Berücksichtigung der Jahre 1929/30–1933, Hannover 1971

Abbildungsnachweis

II. Hamburger Bauforum 1985: S. 188 (Plakat)

Architekten- und Ingenieurverein zu Hamburg (Hg.): Hamburg und seine Bauten, 1918–1929: S. 76

Architekten- und Ingenieurverein Hamburg (Hg.): Hamburg und seine Bauten 1929–1953: S. 90

Architekten- und Ingenieurverein zu Hamburg (Hg.): Hamburg und seine Bauten 1954–1968: S. 128

Norbert Baues, Hamburg: S. 41

Bilderberg: S. 152/153 (Foto: Hans-Joachim Ellerbrock), 212/213 (Foto: Till Leeser)

Bundesarchiv, Bilddatenbank: S. 45, 47

Datenland-BRT, Architekten Bothe Richter Teherani: S. 192

Denkmalschutzamt Hamburg, Bildarchiv: S. 8/9, 22 (Foto: J. Hamann), 42/43, 56, 81, 84, 121, 164 o., Umschlagabb. vorne

Deutsche Bauzeitschrift, 66/1912: S. 20

Deutsches Historisches Museum: S. 86

dpa Picture-Alliance GmbH: S. 155

ELBE&FLUT (Foto: Thomas Hampel): S. 194, 221

Feuer und Flamme für Hamburg 2012, Bewerbung der Freien und Hansestadt Hamburg an das Nationale Olympische Komitee für Deutschland als Bewerberstadt für die Spiele der XXX. Olympiade 2012: S. 201

Klaus Frahm, Hamburg: S. 218

Freie und Hansestadt Hamburg, Baubehörde, Vermessungsamt: S. 145

Freie und Hansestadt Hamburg, Behörde für Stadtentwicklung und Umwelt: S. 23, 125 o., 143, 167, 174, 187, 193, 203, 204, 205

Geschichtswerkstatt Barmbek: S. 103 r.

gmp von Gerkan, Marg und Partner: S. 172 (Foto: Klaus Frahm), 196

Hamburger Hochbahn AG: 46

Hamburgisches Architekturarchiv: S. 18, 26 u., 27 u. (Foto: Otto Rheinländer), 29 (Foto: Otto Rheinländer), 34 (Foto: Gert von Bassewitz), 40, 53, 55, 60 (Foto: Ernst Scheel), 63 o. (Foto: Ernst Scheel), 63 u. (Foto: Gert von Bassewitz), 66, 71 o., 71 u. (Foto: Gebrüder Dransfeld), 72 (Foto: Otto Rheinländer), 74, 75 (Neue Heimat Monatshefte, 10/1956), 77 (Foto: Ernst Scheel), 82, 88, 89, 95 (Statistisches Landesamt (Hg.): Stat. Übersichten über Groß-Hamburg, Hamburg 1937), 96 (Koralle, 6/1938/39), 97, 98, 100, 102, 105, 112, 114 (Foto: AZ), 116, 119 (Foto: Anny Breer), 120 o., 120 u. (Foto: Otto Rheinländer), 123 (Foto: Deutsche Luftbild KG), 127 (FHH (Hg.): Schriftenreihe der Baubehörde zum Bau- und Siedlungswesen, H. 23, Hamburg 1958), 132 (Foto: Baubehörde Lichtbildnerei), 133 (Foto: Otto Rollar), 136/137, 139 (Foto: Hermann Niese), 141 (Foto: Ernst Scheel), 142 (Foto: Otto Rheinländer), 147 (Foto: Christian Spindler), 149, 156, 151, 162, 164 u., 171, 178 (Foto: Mathias Friedel), 185 (Foto: Andrea Stappert)

Herzog & de Meuron: S. 200, Umschlagabb. vorne

HHLA, Hamburger Hafen und Logistik AG: S. 78/79, 84 u., 85, 158,

Karl Heinz Hoffmann, Hamburg: S. 225

IBA Hamburg: S. 202, 224

Gert Kähler, Hamburg: S. 20 (Postkarte), 57 (Postkarte), 59, 103 l., 159, 169, 215, 217

Heinrich Kraeger: Die Abiturienten des Alten Gymnasiums zu Bremen, Ostern 1889, Oranienburg-Berlin 1929: S. 31

Fritz Lachmund: Die Alster, Christians Verlag, Hamburg 1973: Umschlagabb. hinten

Museum für Hamburgische Geschichte: S. 15

Theo Pinkus (Hg.): Frans Masereel, Bilder der Großstadt, Verlag zweitausendeins, Frankfurt a.M. 1987: S. 125 u.

PPL Planungsgruppe Prof. Laage: S. 206

Preußischer Kulturbesitz: S. 11, 15 (Foto: Paul Wutcke), 101 (Foto: Hans Brunswig)

SAGA GWG, Bildarchiv: S. 208

Dieter Schneider: ... damit das Elend ein Ende hat. Hundert Jahre Zentralorganisation der Hafenarbeiter, Courier-Verlag, Stuttgart 1990: S. 12

Fritz Schumacher: Das Entstehen einer Großstadtstraße, Hamburg 1923: S. 37

Fritz Schumacher: Das Werden einer Wohnstadt, Hamburg 1932: S. 36, 50, 73

Spörhase, Rolf: Bauverein zu Hamburg, Berlin 1940: S. 26 o., 27 o.

Staats- und Universitätsbibliothek Carl von Ossietzky Hamburg (Nachlass Gustav Oelsner): S. 64, 68

Staatsarchiv Hamburg: S. 16 (Foto: Neue Photographische Gesellschaft), 62 (Nachlass Fritz Höger), 65 (SAGA-Bericht 1927)

Ullstein Bild: S. 12, 17, 24, 38, 93, 106/107, 110, 111, 120, 135, 183

www.bildagentur-hamburg.com: S. 180/181

www.bildarchiv-hamburg.de: S. 94

www.hamburgtourismus.de: S. 190, 219

www.mediaserver.hamburg.de: S. 176

www.wikipedia.de »Hafenstraße«: S. 161